Légendes du Vieux Paris

TIRÉ A 1000 EXEMPLAIRES

Propriété de l'auteur.

Clichy. — Impr. Maurice Loignon et Cie, rue du Bac-d'Asnières, 12.

Richebourg, Photographe Quai de l'Horloge, 29. P

AMÉDÉE DE PONTHIEU

LÉGENDES

Vieux Paris

PARIS
LIBRAIRIE BACHELIN-DEFLORENNE

AMÉDÉE DE PONTHIEU

LÉGENDES

DU

Vieux Paris

**Ornées d'une composition de M. James Walker
Photographiée par M. Richebourg**

PARIS

LIBRAIRIE BACHELIN-DEFLORENNE, QUAI MALAQUAIS, N° 3

MDCCCLXVII

Tous droits réservés

> La vie est une légende qui commence dans le ciel, continue sur la terre dans une vallée de larmes et se termine?.... Dieu le sait...
>
> Am.... de P.......

INTRODUCTION

Encore un livre sur Paris. — Quelle ville a plus de légendes ? — Ruines et rêverie. — Le *De profundis* du souvenir. — Les petites vignettes de la grande histoire. — Ne les dédaignons pas. — La petite étoile des pastoureaux. — Plaidoyer pour mon musée. — La morale dans les légendes. — L'histoire dans la rue.

Encore un livre sur Paris?

Oui, amis lecteurs.

Au moment où le Paris de nos pères se métamorphose ou disparaît, il m'a paru utile de recueillir les petites légendes qui peuplaient ses ruelles, carrefours et monuments, épaves curieuses qui, ramassées dans la poussière des siècles passés, sont dignes de respect, et que je me suis empressé d'étiqueter sur les tablettes de ce petit musée au frontispice duquel vous lisez : *Légendes du vieux Paris*.

Dans l'introduction de mon dernier ouvrage :

Les Fêtes légendaires, j'ai rapidement crayonné les différentes branches de ce rosier toujours fleuri qui se dresse au seuil du temple de l'Histoire, et se nomme la légende. « Les unes, ai-je dit, se rattachent aux villes », et quelle ville en a plus que Paris? quelle ville dans le monde, excepté Rome, laisse dans l'âme de celui qui l'a vue plus de souvenirs historiques et artistiques empreints d'une grandeur et d'une majesté qui ne s'oublient jamais, parce qu'ils se rattachent à la vie du peuple qui a le plus fait progresser l'humanité?

Que de fois, en parcourant les vieux quartiers, je me suis surpris à rêver devant ces antiques demeures féodales silencieuses et recueillies, les unes au portail majestueux flanqué de tourelles élégantes, les autres abritées derrière de hautes murailles couronnées de créneaux, fortes et solides comme des bastions!

Sur leurs façades mélancoliques enveloppées dans le souvenir comme dans un crêpe funèbre, le temps a buriné en lézardes bizarres des caractères hiéroglyphiques qui racontent leur histoire. Sur tous ces débris plane mystérieusement l'âme du passé, et, dans une vision à demi fantastique voilée de brumes, la pensée ressuscite les acteurs du temps jadis.

Derrière ces murailles crénelées, les hommes d'armes poussèrent le cri de guerre dont l'écho sinistre était l'effroi du laboureur et du paisible marchand. Dans cette cour d'honneur entourée d'écussons mutilés se convoquaient le ban et l'arrière-ban des vassaux du vaillant sire chevalier; au portail flottaient pennons et bannières fleurdelisés. C'est là que fut poussé par des poitrines vaillantes et convaincues le cri enthousiaste des croisades : « Dieu le veut! » Sous les voûtes massives de cette large galerie lambrissée de panoplies d'armes conquises, enguirlandées de devises orgueilleuses, les ménestrels ont chanté la ballade du preux chevalier sans peur. Cachées derrière l'ogive fleurie de cette mignonnette tourelle, de nobles dames au corps gent, au clair visage, et de fières damoiselles au regard azurin, au cœur tendrelet, qui servirent de modèles aux enlumineurs du temps, ont soupiré en entendant le lai d'amour que chantait la lyre du troubadour au gai savoir, etc...

Preux, vassaux, bannières, soudards bardés de fer, troubadours, pages et châtelaines, où tout cela est-il allé?

« Où vont les neiges d'autan. »

Poëte, artiste, philosophe, légendiste, tout homme enfin qui comprend la poésie et l'enseignement de toute chose que le temps a frappée de son aile meurtrière, s'arrête malgré soi devant ces antiques demeures où la noblesse menait une existence fière et opulente, aujourd'hui froides, mornes et lugubres comme une tombe vide; et l'on devient tout pensif. On s'agenouillerait même, comme au milieu d'un cimetière, prêt à murmurer le *De profundis* du souvenir sur ces grandes races disparues. Des fantômes voltigent autour de vous, votre extase sympathique vous laisse toujours, avec le désir de soulever le voile, une respectueuse mélancolie. Ces murs abandonnés sont des nids de légendes.

Mainte et mainte fois j'ai remarqué que l'on négligeait trop les petits faits, menue monnaie de l'histoire. Les grands auteurs les dédaignent et ne s'arrêtent que sur les sommités. Ainsi les vieux échevins de Paris tenaient registre des faits et gestes de leurs édiles « pour transmettre à la cognoissance de leurs enfants, vrais et légitimes héritiers, leurs dons, droits, priviléges et immunités, à eux faits par la munificence de leurs princes naturels et légitimes. »

Un clerc du Parloir-aux-Bourgeois compilait chaque année les faits de cet inventaire qui composait « un ample et très-beau patrimoine », et il terminait par un anathème contre « le sacrilége qui causerait confusion et désordre à ce qui a coûté si cher, et fait veiller maintes nuits, et les mains légères et larronnesses qui voudraient y faire larcin. »

Ces documents habilement fouillés fournissent les matériaux des histoires de Paris qui paraissent successivement: mine féconde, inépuisable, champ banal où tous les auteurs vont glaner avec plus ou moins d'intelligence et de goût; car les uns s'embourbent dans les ornières déjà tracées, et d'autres s'égarent dans des routes nouvelles. — Et les légendes, vignettes charmantes des grandes chroniques parisiennes, tantôt gracieuses, tantôt terribles, sont abandonnées dans les orties. Je viens après eux ramasser pieusement ces bleuets oubliés dans le chaume, fleurettes précieuses que le vent emporte une à une comme les feuilles de rose tombées de la tige.

Il n'y a pas de petits faits pour l'histoire; et ces menus récits, ces grains de poussière, sont d'un grand prix. Ce sont les faits divers d'un temps qui n'est plus, et, parmi ces faits divers que chaque siècle enregistrait au jour le jour dans sa chronique, il y en a qui sont remplis d'un grand enseignement. Ces modestes traditions servent à caractériser d'une manière pittoresque, naïve, et surtout plus intime, la situation morale d'une époque. Je les préfère aux faits racontés par le grand chroniqueur; car il sait qu'il parle pour l'avenir et écrit presque toujours sous l'influence de son impression personnelle souvent peu réfléchie, et à laquelle il lui est très-difficile de se soustraire, tandis que la légende est le récit de tout le populaire, moins facile à tromper que le moine, qui, du fond de sa cellule, subit la pression de son ordre, ou le clerc scribe, dévoué au prince qui garnit son escarcelle.

Ne rejetons donc pas nos légendes. Si, selon le vieux proverbe : — « Petit vent allume grand feu, » — petite légendette éclaire grand siècle.

Nos savants zoologistes recomposent les races perdues avec un fragment d'os retrouvé sous un bloc calcaire antédiluvien : avec une légende nous pouvons recomposer toute une époque; elle se reflète vivante et pittoresque avec sa grâce comme avec sa laideur, dans ce petit miroir au cadre gothique oublié dans un coin, aux parois disloquées de la hutte la plus humble du vieux paysan de France, ou dans la ruine orgueilleuse de quelque antique castel dont la silhouette robuste se dresse encore sur la crête de la lande déserte.

Une simple médaille trouvée au fond d'une fouille renverse souvent l'échafaudage savamment chevillé d'hypothèses, — laborieuses puérilités, — de nos plus grands historiens.

Je le redis encore : ne dédaignons pas les petites choses.

L'étoile qui vint briller au-dessus de la chaumine des pastoureaux était bien petite; cependant c'est cette petite étoile qui les conduisit à la crèche où vagissait le divin poupon apportant la parole de vie qui régénéra le monde entier. S'ils eussent dédaigné cette petite médaille lumineuse que leur œil inquiet, en fouillant dans le ciel, vit marcher vers l'Orient, tandis que d'un autre côté les rois Mages, inspirés comme eux, suivaient la même route que leur traçait aussi cette petite messagère céleste, ils n'auraient pas découvert le fils d'un Dieu dans l'humble étable d'un petit hameau de Judée.

Pardon, chers lecteurs, de ce plaidoyer pour mon reliquaire. Mais, quoique les légendes, dans notre siècle fureteur où l'on vit si vite, où l'on est si curieux, semblent être revenues en faveur, il est encore un grand nombre d'esprits prosaïques complétement gâtés par l'anarchie morale de nos jours, qui les dénigrent parce qu'ils ne peuvent en comprendre la poésie, le charme et l'utilité. Ces fleurs qui ne se fanent jamais sont choses trop délicates pour leur esprit blasé ; ils les regardent comme des puérilités bonnes tout au plus pour les faibles d'esprit et les enfants.

Les légendes, ainsi que l'a dit un grand poëte, sont filles de la religion et mères de la poésie. On y trouve toujours une leçon contrôlée par l'expérience populaire, elles instruisent, intéressent et moralisent, trio sacré qui inspire les bons écrits. De plus, un grand nombre nous donnent la clef d'une foule de proverbes, dictons et coutumes qui vivent encore.

Les vieilles traditions, comme les vieux monuments, qui ne sont pour moi que des légendes pétrifiées sur lesquelles le temps a jeté son manteau de lierre et de mousse, sont plus faciles à déchiffrer et nous racontent comme eux l'histoire des générations disparues. Elles servent à élargir le cercle de nos connaissances modernes, en ajoutant aux lumières du présent celles du passé. Ce sont nos guides pour l'avenir. Soldat de mon opinion, je jette le blâme à la face de cette petite coterie moderne qui, parce qu'elle a gravé sur son drapeau le mot : *Avenir*, se croit le droit de briser la chaîne de fer et de sang qui nous lie au passé, et de repousser dédaigneusement du pied dans l'abîme les vieilles croyances, légendes, traditions et chroniques qui s'y rattachent.

On retrouve encore dans les légendes du vieux Paris, si curieuses au point de vue historique, les changements successifs intervenus dans la physionomie des rues, dans les idées et les mœurs. On suit pas à pas la marche pénible du progrès dans les tableaux changeants de notre grande cité qui deviendra la ville éternelle, titre que l'orgueil romain décerna jadis à la Rome païenne, et, au milieu de cette galerie de tableaux, on voit passer, drapée dans la majestueuse simplicité de son manteau fleurdelisé, l'histoire de notre vieille capitale.

J'ai donc l'espoir, en la faisant connaître davantage dans son passé, de la faire admirer encore plus dans son avenir.

Paris, 1ᵉʳ janvier 1867.

AMÉDÉE DE PONTHIEU.

LA CITÉ.

ET SES LÉGENDES

I

La chasse aux légendes. — La formation d'une ville. — Le baptême historique et légendaire de ses rues. — La malice de nos aïeux. — Un vieux rébus municipal. — Les vieilles rues de la Cité. — Ce qu'on voit par la fenêtre gothique de la tourelle du coin. — C'est l'histoire de France qui passe. — La rue de la Licorne. — Son ancien nom. — La demeure de Jean Pitard. — **La** confrérie des chirurgiens. — Le puits de sa maison. — Les oubliers et leurs statuts. — Origine du jeu de macarons. — Origine du pain bénit. — La Licorne et sa légende. — La rue Saint-Landry. — L'échelle patibulaire des évêques de Paris. — La chapelle de Saint-Landry. — Le premier asile des enfants trouvés. — Grandeur et décadence d'Isabeau de Bavière.

Quelle joie pour l'antiquaire lorsque, l'œil fixé sur les horizons lointains de notre histoire, il découvre l'empreinte d'une tradition primitive! Avec quelle ardeur il suit le fil qui le conduit dans ce labyrinthe de débris glorieux, ramassant çà et là, miette à miette, les épaves des siècles passés, dispersées par la main du temps et des révolutions! Qu'il est heureux quand, sortant de nos catacombes historiques, où il a fait la chasse aux légendes, il peut s'écrier, comme Archimède : J'ai trouvé !

Dans ce corset de pierre qui formait jadis la limite d'une ville, des générations successives se sont posées l'une sur l'autre, en laissant chacune quelques traces gravées par leur génie et souvent cimentées avec leur sang. Chacune a eu ses grands événements, ses jours de joie et de deuil racontés par les monuments, les églises, les places publiques, les palais, les rues, les ponts, les statues, les fontaines, etc. Ici, un guerrier fameux a repoussé l'ennemi et sauvé la ville du pillage ; la reconnaissance publique donne son nom au quartier illustré par son héroïsme. Là, un traître a vendu ses frères ; l'indignation de la cité se venge en appliquant son nom ridiculisé à un quartier qui sert de dépôt aux immondices, afin d'exprimer son mépris. Ailleurs, c'est un miracle, un crime ou un acte de dévouement, dont la mémoire se transmet par une inscription ou le simple nom de son auteur. C'est ainsi que se fait le baptême historique ou légendaire d'une ville ; chaque génération y laisse sa marque avant de descendre dans la tombe.

Toutes les villes ont donc leur bagage de chroniques. Paris, la *grande ville*, l'antique capitale du royaume de Clovis, est, plus que les autres, riche en souvenirs.

Longtemps pauvre et chétive, tenant pour ainsi dire dans la barque d'un nautonnier, elle s'est souvenue, lorsque brilla pour elle son jour de splendeur, de son humble origine, et prit pour écusson la nacelle primitive qui, voguant sur la rivière de Seine, portait Lutèce et sa fortune.

Peu à peu, elle s'agrandit; elle est chez elle; comme une bonne ménagère, elle organise sa maison. Il lui faut des moulins pour moudre son blé : elle crée la *rue des Moulins*; un four pour cuire son pain, elle a la *rue du Four*; la *rue des Poules* et du *Vieux-Colombier* pour sa basse-cour; la *rue des Noyers* pour faire de l'huile; la *rue du Bon-Puits* pour l'eau de sa table; la *rue des Vignes* conduisant au clos qui remplit ses celliers; la *rue des Rosiers* et du *Jardinet* pour sa promenade. Viennent ensuite les denrées et les industries nécessaires à sa vie matérielle : de là les quartiers de la *Boucherie*, de la *Poissonnerie*, de la *Panneterie*, de la *Tannerie, Saulnerie, Mercerie, Coutellerie, Mégisserie, Ferronnerie*, etc.

Les hommes célèbres s'y succèdent. Alors le baptême légendaire continue : *rue de Clovis, de Childebert, Clotaire, Dagobert, Saint-Éloi, Saint-Landry*, etc. Les couvents se forment et enfantent de nouveaux noms : *Saint-Denis, Saint-Martin, Saint-Benoît, Saint-Germain, Saint-Magloire, Saint-Marcel, Saint-Christophe, Sainte-Geneviève*, etc.

Le vieil esprit gaulois s'en mêle, et alors nous voyons grimacer, au milieu de toutes ces dénominations, une foule de noms singuliers et d'inscriptions joviales; la liste en serait trop longue, en voici seulement quelques exemples : *rues Vide-Gousset* et *Maudétour*, ainsi nommées à cause de nombreux larcins qui s'y commettaient; *rue des Orties* et *rue des Chiens*, parce qu'elles étaient solitaires et malpropres; *rue de la Muette*, parce qu'elle conduisait à un cimetière, et que les personnes mortes ne parlent plus; *rue du Demi-Saint*, parce qu'à son entréc il y avait une grande statue de saint à moitié brisée, placée de manière à interdire le passage aux chevaux ; la célèbre *cour des Miracles,* si bien exploitée par nos romanciers modernes depuis le réveil du romantisme ; la *vallée de Misère* ; la *rue Tirechappe,* ainsi nommée des nombreux fripiers qui y tenaient boutique et harcelaient les passants à droite et à gauche, en les tirant par leur chappe afin de les engager à entrer pour vendre ou pour acheter ; ils criaient quand les clercs passaient : *cote et surcot raféteroi* (je racommode), et comme les écoliers avaient plus de trous aux genoux et aux coudes que de blancs d'angelots ou de sols parisis dans leurs surcots, ils s'esquivaient au plus vite.

D'autres fois, ce sont des enseignes célèbres qui donnent leurs noms aux rues ; telles les rues *du Croissant, de la Licorne, du Pélican, des Trois-Canettes, de la Femme-sans-tête.* La rue *du Bout-du-Monde* tire son nom d'une enseigne qui pendait à la cinquième maison à droite, entrant par la rue Montmartre ; elle portait le rébus suivant : un os, un bouc, un duc (oiseau) et un globe, figure du monde, avec l'inscription : *Os, Bouc, Duc, Monde* (au bout du monde). Il y en avait bien d'autres rédigées dans le même esprit que nous retrouverons plus loin.

Beaucoup de noms nous sont parvenus tronqués ou défigurés ; ainsi qui reconnaîtrait la rue *Jeux-Neufs,* dans la rue *des Jeûneurs,* et la rue *Sainte-Marie l'Égyptienne,* dans le mot *de la Jussienne* ?

Enfin un grand nombre tirent leurs noms d'une tradition populaire, ce sont celles-là qui nous occuperont tout particulièrement.

L'Hôtel-Dieu doit prendre dans notre vieille Cité la place de rues anciennes qui, en disparaissant, vont entraîner avec elles dans l'oubli les souvenirs, les légendes et les traditions qu'elles rappellent. C'est donc un pieux devoir de remonter à leur origine et, avant de leur dire un dernier adieu, de raconter leur chronique.

Dans toutes les villes, chaque nom de rue a sa signification, sa chronique locale et légendaire; mais pour Paris, la glorieuse capitale, ces souvenirs se rattachent souvent à l'histoire nationale; dans la Cité surtout, berceau de la monarchie, qui renferme à ses deux extrémités les deux grandes colonnes de la civilisation, la religion et la justice, autour desquelles s'agitèrent d'abord, petits et faibles, les ancêtres de ceux qui plus tard parcoururent l'Europe en vainqueurs.

Si, montant par l'escalier à vis tout vermoulu de la tourelle du coin, nous mettons la tête à la fenêtre gothique, et que, accoudé au balcon branlant, nous prêtions l'oreille aux chuchotements des bons bourgeois qui vont besogner, nous connaîtrons leurs mœurs et leurs usages ; nous saisirons au passage les croyances, les joies et les douleurs qui les animaient. Écoutons bien, car c'est dans la Cité que s'agitèrent, pendant huit siècles, les destinées de la vieille France.

Notre histoire nationale a commencé dans ces rues étroites et sombres. Là, un roi a passé, suivi de son brillant cortége, et le bon peuple a crié : Noël! Une reine a fait largesse ; dans une grande famine, un évêque a vendu les vases sacrés pour secourir les malheureux décimés par le fléau ; un martyr a été torturé ; un saint a fait un miracle. Ailleurs, c'est le logis d'un guerrier fameux; on pouvait jadis pénétrer dans sa vie intime, toucher les armes et les meubles qui lui avaient servi; ces reliques historiques ont été dispersées par les révolutions : on n'en trouve plus que des débris pieusement recueillis dans nos musées.

On entend encore, en passant, comme un écho lointain répétant les grandes querelles des vieilles factions civiles qui se disputaient, aux époques malheureuses, les morceaux d'un trône mal gardé.

Voyez-vous ce porche sombre, cette encoignure d'un aspect sinistre : c'est là que catholiques et huguenots s'égorgèrent. Regardez bien, vous verrez encore, sur le bord du ruisseau, des taches de sang... Sur cette borne usée, un moine a monté pour appeler la colère de Dieu sur la tête de celui qu'il nommait l'*Hérode* de France, et prêcher l'assassinat politique. Voyez-vous, le long des contreforts de ce couvent, cette longue procession d'ombres brunes et noires, les têtes cachées sous des cagoules, des cierges en mains, chantant les gloires de Dieu? Ce sont les moines de Sainte-Geneviève qui se rendent au parvis de Notre-Dame; une châsse rayonne au milieu d'eux, c'est celle de la sainte pastoure de Nanterre.

Mais quels sont ces cris? où court cette foule bigarrée, moutonnière et hurlante? Elle pousse des cris de mort. Où va-t-elle? Au parvis Notre-Dame. Qu'y a t-il? Là, se dresse, sombre et terrible, un immense bûcher. Ce sont les Templiers qu'on mène à la mort, héroïques victimes du fanatisme et de la cupidité. Frémissez d'horreur et levez les yeux, vous verrez, sur un ciel noir comme un immense drap mortuaire, une grande croix rouge semblable à celle que portaient ces héroïques chevaliers empreinte sur le disque argenté de la lune entourée de trois cercles, le plus grand, de couleur blanche; le second, de couleur rouge; le plus petit de couleur noire, pronostics sinistres, mystérieux et lamentables de la colère divine qui pour venger les victimes va bientôt frapper les bourreaux, Philippe-le-Bel et Clément V.

Chut! une ombre silencieuse glisse sous les auvents de cette ruelle déserte : c'est Abailard qui va rue des Chantres, chez le chanoine Fulbert, et, si nous prêtons l'oreille, nous entendrons craquer sous les pas furtifs de cet illustre amoureux les marches de l'escalier en spirale qui conduit à la chambrette de la gente Héloïse.

Dans un autre coin, c'est la peste qui ravage le quartier : on jette les morts sur des tas d'ordures, au pied d'une Notre-Dame de Pitié, et les pourceaux de l'abbaye voisine viennent les flairer librement, la sonnette au cou, au milieu des rues désolées. Ailleurs, entendez-vous ces cris de joie, ces jurons avinés de soudards en goguette? C'est la taverne de la Licorne, et au travers des vitraux crasseux losangés de plomb, vous voyez la silhouette des lansquenets lutinant des ribaudes.

C'est ainsi que l'imagination, aidée des vieux récits, peut reconstruire le Paris pittoresque de nos pères, photographier sa physionomie à chaque époque, dans la longue et douloureuse série des métamorphoses qui le conduisent aux splendeurs de nos jours.

Repassons donc dans ces rues anciennes. Le couvre-feu est sonné, les bons bourgeois dorment ; profitons-en pour examiner ce qui se passe dans les plus curieuses :

La rue de la Licorne, en 1269, était connue sous le nom de *la rue près le chevet de la Madeleine,* parce qu'elle longeait le chevet de la chapelle dédiée à sainte Madeleine.

C'est dans cette rue que demeurait, en 1278, Jean Pitard, le chirurgien de saint Louis qu'il suivit en terre sainte. Son buste décore le grand amphithéâtre de l'École de Médecine. C'est lui qui obtint du roi l'acte de fondation de la célèbre confrérie des chirurgiens. Comme c'était l'usage alors de mettre toute corporation, confrérie ou corps de métiers, sous le patronage d'un saint qui devait veiller tout spécialement sur l'association et figurer sur sa bannière, la confrérie des chirurgiens fut placée sous l'invocation de Saint-Côme et Saint-Damien, dont l'église était située au coin de la rue de la Harpe et de celle des Cordeliers, aujourd'hui de l'École de Médecine. Cette église avait un cimetière et un charnier. Tous les premiers lundis de chaque mois, les confrères devaient visiter les pauvres malades qui se présentaient à cette église. C'est là qu'ils se réunissaient et s'engageaient, sous la foi du serment, à observer les règles de leurs statuts.

Ceux qui ne voulaient pas s'y soumettre quittaient Paris pour aller exercer leurs talents dans d'autres villes ; et Dieu sait si la besogne manquait, dans ces siècles de fer où tout le monde devait être soldat, sous peine de devenir serf ou mendiant.

Jean Pitard, malgré sa fondation, fut presque oublié par l'histoire, qui ne raconte que peu de choses sur ce bienfaiteur de l'humanité.

Dans sa maison de la Licorne, il avait fait creuser à ses frais un puits qu'il livra au public, pour prévenir les maladies engendrées par l'eau de la Seine qui, dans certaines saisons de l'année, était boueuse et fort malsaine. Cette maison, rebâtie en 1611, portait encore à cette époque une vieille inscription, gravée par la reconnaissance des Parisiens, et qui était ainsi conçue :

> Jean Pitard, en ce repaire,
> Chirurgien du roi, fit faire
> Ce puits en mil trois cent dix,
> Dont Dieu lui doint son paradis.

La confrérie des chirurgiens est à peu près la seule fondation utile qui date du règne de Philippe III.

Vers 1300, la rue de la Licorne prit le nom de *Rue a Oublayers*, c'est-à-dire des pâtissiers faiseurs d'oublies. On a écrit ce nom de diverses manières : *Oublayers, Oblayers, Oublieurs*. Ce nom vient du latin *obelia*, parce que ces sortes de gâteaux secs et très-minces n'étaient vendus qu'une *obole*. Il y avait plusieurs sortes d'oublies. On nommait *nieules* et *supplications* celles qui étaient d'une dimension plus petite.

Le nom de *nieules, nebulæ*, vient probablement de ce que la pâte en était transparente comme un brouillard.

C'était surtout les jours de *pardons*, indulgences ou pèlerinages de saints et processions de jubilé que ces oublayers débitaient une prodigieuse quantité de pâtisseries au sucre et aux épices, enjolivées d'images et sentences pieuses appelées *gauffres à pardon*; ils établissaient leurs petits fourneaux autour du portail des églises.

La corporation des oublieurs, dont les chefs demeuraient

dans cette rue, avaient des statuts qui dataient de l'an 1406. Ils portaient que « personne ne pourra exercer ce mestier à Paris, s'il ne sait faire par chascun jour cinq cents de grandes oblies, trois cents de supplications et deux cents de nieules ou estérets. »

A cause des hosties qu'ils fabriquaient sous la surveillance des sociétaires, ils devaient être de bonnes mœurs, ne jamais jouer *aux dez* à *argent*; de bonne vie et renommée, sans avoir été repris de vilains blâmes ni jamais employer aucune femme pour *faire pain à célébrer en église*, se servir de *bons* et *loyaux œufs*, ne devant jamais aller en hôtel de juif ou juive pour mestier vendre. Ils avaient le privilége de travailler le dimanche, excepté les quatre grandes fêtes.

L'ordonnance de 1400 permet aux oublayers de jouer seulement aux oublies en portant leur métier.

Tel est l'origine des loteries de macarons.

C'est de cette rue que partaient, dès le matin, de grosses et joyeuses commères, portant devant elles tout l'attirail de leur métier ; elles parcouraient les carrefours et accostaient les passants en débitant cette petite chanson :

> Chaudes oublis renforcies,
> Galètes chaudes, Eschaudez
> Roinssolles, ça denrée aux dez.

Ou bien les suivants annonçant deux gaufres pour un denier.

> C'est moi qui suis un oublieux
> Portant oubli à la saison !
> Pas ne dois être oublieux
> Car j'en suis : c'est bien la raison.

Elles se croisaient dans les rues avec d'autres commères du Marché-Palu, qui allaient par la ville criant de leur côté, à pleins poumons :

> J'ai chastaignes de Lumbardie !
> J'ai roisin d'oustremer, roisin !
> J'ai porées et j'ai naviaux,
> J'ai pois en cosse tous noviaux !

Comme les bourgeois soupaient de bonne heure, les oublieurs se répandaient également le soir dans les rues et entraient dans les maisons offrir leurs oublies pour dessert. Les familles se réunissaient, et l'on tirait au sort les oublies, ce qui ouvrit la porte à de grands abus, car, dans quelques-unes, on se livrait aux jeux de hasard, où les filous trouvaient une mine féconde. Cela donna l'éveil au lieutenant criminel. Plusieurs fois, il fut obligé de sévir ; mais il ne voyait pas tout, et certaines maisons devinrent le repaire de débauchés qui s'y rencontraient la nuit.

Les voleurs, également, profitaient de cette coutume : déguisés en marchands d'oublies, ils pénétraient dans les maisons pour les dévaliser ou enlever quelque jolie fille qu'attendait, au détour d'une rue, la litière d'un riche ravisseur.

Les *crustules* miellées étaient faites avec de la farine de froment, du miel de Languedoc, du safran et des épices fines, le tout bénit d'avance par la main de monseigneur l'évêque. C'étaient ces sortes d'oublies qu'on jetait en largesse au populaire dans les églises, à certaines grandes fêtes de l'année. Comme la manne du ciel, elles tombaient des voûtes, et la foule se jetait dessus en se bousculant et poussant des cris de joie.

C'est pendant que ces gâteaux miellés tombaient que quatre sacristains, tenant chacun un grand corbillon garni de blanches toiles, présentaient des oublies et des gâteaux aux principaux assistants placés dans le chœur, prêtres, moines, marguilliers, chantres, nobles, etc. C'est de cette coutume charmante que vient l'origine du pain bénit que l'on distribue encore le dimanche dans toutes les paroisses de France, et ce petit fragment de pain avec lequel on fait pieusement le signe de la croix avant de le porter à sa bouche, remplace l'oublie du moyen âge.

Il y avait aussi autrefois une redevance de fiefs connue sous le nom de *droit d'oubliage;* elle se transforma en gâteaux nommés *oubliaux*, puis en argent monnayé.

Les marchandes de plaisirs qui parcourent les rues et les jardins publics avec leur contrefaçon de crécelle et leur cri de soprano sont les derniers représentants de la confrérie sucrée des marchands d'oublies de la rue de la Licorne, et la grande fabrique de la rue de Ponthieu remplace à elle seule toute la rue de la Licorne des quatorzième et quinzième siècles.

Vers la fin du quinzième siècle, on montra dans cette rue une licorne ou unicorne venue d'Afrique. *Bourgeois* et *manants* de Paris la regardaient comme un animal fabuleux. Toute la cité fut en émoi.

A l'une des extrémités de la rue, une taverne fameuse profitant de la vogue arbora pour enseigne une *licorne*, dont la corne unique était dorée. Elle était fréquentée par les filles de joie de la rue du *Val d'Amour* et les soudards; elle donna le nom de son enseigne à la rue.

La licorne est un animal que le moyen âge a orné

d'une foule de curieuses légendes. La licorne aime la chasteté à un tel point, qu'on ne peut s'en emparer qu'en l'attirant par une jeune vierge. Dès qu'elle en aperçoit une, elle penche sa tête sur ses genoux et s'endort d'un sommeil si calme, qu'il est facile aux chasseurs de s'en rendre maîtres. Quelques-uns prétendent que sa corne, quand elle est jeune, est faite en forme de croix, mais qu'en grandissant et en changeant de forme, elle ne perd rien de sa merveilleuse vertu ; car, pour transformer en antidote toutes les eaux d'une source, il suffit que cet animal, en se désaltérant, y ait trempé la pointe de cet appendice enchanteur.

Dans l'art héraldique, elle est le symbole de la force et de la chasteté. Le pape Clément VII et Paul III l'avaient adoptée comme emblème ; nous la retrouvons encore dans les armes d'Angleterre.

LA RUE SAINT-LANDRY. Cette rue était anciennement nommée rue du Port-Notre-Dame ou Port-Saint-Landry. A son extrémité qui donnait sur la berge, les bateliers et poissonniers parisiens débarquaient les vivres et marchandises, qui étaient ensuite vendus au Marché-Palu (ainsi nommé à cause de son emplacement marécageux). Ce marché fut la première halle parisienne.

Il y avait jadis à Paris plusieurs endroits de sinistre réputation, où s'élevaient les échelles patibulaires. Ainsi, la rue des Vieilles-Haudriettes se nomma aussi la rue de l'Échelle du Temple, à cause de l'échelle patibulaire que le grand prieur de France y avait fait élever. Ces constructions étaient une espèce de pilori qui servait de marque de haute justice. L'évêque de Paris en avait plusieurs au parvis Notre-Dame, au port Saint-Landry, rue de l'Échelle, etc.

L'abbé de Saint-Germain avait un pilori. Aux Halles était celui du Roi. Les corps des suppliciés étaient ensuite transportés aux fourches de Montfaucon.

Saint-Landry, qui vivait au septième siècle sous Clovis II, fut un des évêques de Paris les plus populaires par son renom de piété et de charité. C'est le fondateur de l'hôpital Saint-Christophe devenu l'*Hôtel-Dieu*. Plein de zèle et d'humanité, dans une grande famine, il vendit aux juifs sa vaisselle, ses meubles, même les vases sacrés et les ornements de son église pour sauver la vie à une foule de malheureux qui, sans lui, seraient morts de faim.

Il y avait dans cette rue une chapelle où l'on prétend que ce saint évêque allait souvent faire ses prières. Il a même demeuré dans la maison qui s'élevait à l'endroit où, plus tard, les poissonniers et bateliers parisiens érigèrent cette chapelle en son nom.

Les évêques de Paris y possédaient, en 1265, une maison appelée *la Lavanderie*, parce qu'on y lavait le linge du chapitre et des autels de Notre-Dame. C'est dans cette maison que plus tard ils firent soigner, à la charge des seigneurs hauts justiciers, les enfants exposés dans une crèche, placée dans une des chapelles de Notre-Dame. Au dix-septième siècle, une dame charitable ouvrait dans la même rue un asile pour ces pauvres orphelins, sous le nom de *Maison de Couche*. Saint Vincent de Paul l'ayant visitée fut touché du dénûment de ces pauvres enfants, et, à l'aide d'aumônes, fonda à la porte Saint-Victor un refuge qu'il nomma *l'Asile des enfants trouvés*.

Le pieux évêque fut enterré à Saint-Germain-l'Auxerrois. Son tombeau fit des miracles. On mit ses reliques dans une belle châsse dorée qui fut placée sur une colonne dressée derrière le maître-autel. Un grand nombre de peintures murales, tracées par la main de nos artistes dans les églises parisiennes, reproduisent les principaux traits de la vie de ce grand prélat qui fut la gloire de son temps, et dont la mémoire est encore entourée de bénédictions.

Vers le neuvième siècle, lorsque les Normands vinrent mettre le siége devant Paris, les abbés de Saint-Germain-le-Rond, pour préserver les reliques de Saint-Landry des insultes de ces fiers pirates qui chantaient la *messe des lances* sur toutes les abbayes détruites, les cachèrent en la Cité dans la chapelle de Saint-Nicolas, dont la gloire s'effaça devant ce grand saint parisien, qui donna son nom à la modeste chapelle; on l'érigea en paroisse en son honneur. Elle fut reconstruite au quinzième siècle et démolie en 1826.

Dans une chambre de l'Hôtel de Saint-Paul, mourait en grande indigence et pauvreté, dans la nuit du dernier septembre 1435, assistée d'une seule suivante, une reine maudite, dont le corps fut déposé clandestinement dans la chapelle de Saint Landry. Cette reine, détestée de tous les Français et méprisée des Anglais, était la femme de Charles VI, Isabeau de Bavière; et la nuit suivante, pour épargner les frais de ses funérailles, le duc d'York, régent de France pour le jeune Henri de Lancastre, roi de France et d'Angleterre, fit porter son corps dans un petit bateau, accompagné de quatre moines portant chacun un cierge allumé.

A peine avaient-ils psalmodié le dernier verset des prières des trépassés, que le batelier s'arrêta. On était en face de Saint-Denis. Deux autres moines embusqués sur la rive portèrent modestement sur leurs robustes épaules le cercueil de la mégère royale, et le déposèrent sans cérémonie dans les caveaux de leur abbaye.

Quel contraste avec les fêtes populaires si joyeuses et si splendides qui célébrèrent son entrée solennelle dans Paris! Et quel dénoûment lugubre aux prédictions de ces anges descendus du ciel, qui lui posèrent moult doucettement sur la tête une couronne d'or fin enrichie de pierres précieuses, et lui souhaitèrent la bien venue en chantant ces vers :

> Dame enclose entre fleurs de lys
> Reine êtes-vous du Paradis,
> De France et de tout le pays,
> Nous en rallons en Paradis. »

Isabeau fut inhumée piteusement dans le tombeau de Charles VI, et, fait bien remarquable, comme si la fatalité se fût acharnée après sa dépouille mortelle, son mausolée fut payé avec le prix de la bibliothèque recueillie par Charles V, et vendue 1,200 livres au duc de Bedfort.

II

La rue Glatigny. — Le Val d'Amour. — Les rendez-vous galants sur le pont aux Meuniers. — Pourquoi il était choisi. — Origine du dicton : Jeter son bonnet par-dessus les moulins. — Les ribaudes. — Les maisons de refuge. — Rue Cocatrix. — L'échanson de Phlippe-le-Bel. — La légende de Saint-Pierre aux Bœufs. — La rue Saint-Christophe. — La légende de sainte Marine. — L'anneau de paille. — Le tombeau de François Myron. — Souvenirs historiques sur le grand édile et son neveu Robert Myron. — Le premier pavé de Paris. — La rue des Marmousets. — Sa légende sinistre. — La rue du Haut-Moulin. — Saint-Denis la Châtre. — La rue Perpignan et son jeu de paume. — Une légende lugubre. — Les rues Haute, Basse et du Milieu des Ursins. — Une page d'histoire.

La rue Glatigny. La famille puissante des Robert et Guillaume de Glatigny possédait, dans cette rue, en 1241, un hôtel qui lui donna son nom.

Le populaire la nomma aussi du sobriquet pittoresque de *Val d'Amour*, parce qu'elle était habitée par des filles de joie.

C'est dans les tavernes fumeuses de cette rue que les ribaudes donnaient leurs rendez-vous et que la prostitution s'étalait dans toute sa hideuse effronterie.

Il y avait ainsi, dans la Cité, plusieurs endroits de mauvais renom. Non loin de là, le pont aux Meuniers, qui va de la Vallée de Misère au quai des Morfondus, avait aussi le privilége des rendez-vous des amants. Ce pont, construit en planches, était bordé par les dix moulins du chapitre, formant deux rangées de pignons qui surplombaient au-dessus de l'eau.

Les jours de fêtes carillonnées et les dimanches, c'était l'endroit le plus silencieux de Paris, car les dix moulins du chapitre se trouvaient, durant ces saintes journées, dans l'obligation de chômer, ainsi que le portait textuellement le contrat de louage. D'un autre côté, dans les jours de la semaine, le bruit des moulins forçait les passants à se parler très-fort, et il était difficile de distinguer, au milieu du tic-tac, le baiser donné ou rendu, les mots d'amour et les rendez-vous soufflés à l'oreille. Aussi ce lieu était-il fort recherché des galants.

Son malencontreux renom était tellement notoire, que, pour donner à entendre qu'une jeune fille avait perdu le droit de coiffer le symbolique « chapel de fleurs d'oranger, » il suffisait de dire *qu'elle avait passé par le pont aux Meuniers*. C'est sur ce pont que naquit le vieux dicton populaire qui, pour indiquer qu'une fille ou une femme a perdu toute pudeur, dit *qu'elle a jeté sa cornette par dessus les moulins*.

Voici la scandaleuse aventure qui avait donné naissance à ce mot narquois :

Un jour, une gente bourgeoise aux coquets atours, en batifolant avec un écolier qui fréquentait plus souvent le Pré aux Clercs que les cours de l'Université, s'était approchée trop près d'un moulin ; la roue, dans sa course rapide, avait accroché un ruban de sa cornette qui, violemment arrachée de la tête de la volage, avait été lancée par-dessus les moulins et emportée par le vent au milieu de la Seine, à la grande hilarité des badauds.

La rue Glatigny était tortueuse et *aventureuse ;* les soudards seuls et les gens de sac et de corde y allaient chercher des ribaudes, avec lesquelles ils s'enivraient dans des tavernes sombres qui ne justifiaient guère le nom poétique de *Val d'Amour.*

Charlemagne avait essayé de bannir tout à fait de Paris les ribaudes ; il avait ordonné qu'elles seraient condamnées au fouet en place publique, et que ceux qui les auraient logées ou chez qui on les aurait trouvées les porteraient sur leur dos jusqu'au lieu de l'exécution ; mais, reconnaissant ce mal nécessaire, il fut obligé de le tolérer.

Ces femmes formèrent sous le titre bizarre de *femmes amoureuses,* une corporation, ayant des statuts. Tous les ans elles faisaient une procession solennelle le jour de Sainte-Madeleine. On leur désigna quelques rues, dont l'une des principales fut la rue Glatigny. Celles qui suivaient la cour devaient, pendant tout le mois de mai, faire le lit du roi des Ribauds, seigneur suzerain de six mille belles filles, dont la charge était d'un grand revenu.

Cette curieuse corporation attira aussi l'attention de la reine Blanche de Castille et de son pieux fils Louis IX, qui fit un règlement sévère pour mettre un frein aux scandaleuses saturnales des filles de joie de la rue Glatigny.

Elles ne pouvaient se rendre à leurs clapiers qu'à des heures fixées et avec un costume tout particulier, qu'elles ne devaient quitter, sous peines sévères. C'est sous saint

Louis que cette rue fut dotée d'un *val d'amour* de dames au *corps gent*. Des gobelets d'argent pendaient à leur ceinture de laine, et menant de compagnie Bacchus et Vénus, elles proposaient aux passants de venir boire avec elles. Les dimanches et fêtes, assises sur les bornes de la rue Glatigny, elles récitaient leurs offices dans un livre de prières à fermoir de cuivre doré, attendant clers et soudards.

Autre trait caractéristique de l'époque : saint Louis faisait suivre sa cour en voyage d'un escadron volant et volage de ribaudes inscrites sur le rôle tenu par la dame des *amours publics*.

Il leur était interdit de porter des ceintures dorées ; cette ceinture de vierge que le mari dénouait en rougissant le soir de ses noces, avait sa signification morale : elle symbolisait la pudeur, c'était la cuirasse de la chasteté, et l'on disait des nonnes qui avaient conservé intact l'antique *nœud d'Hercule :* elles ont un *nœud gordien* que le diable lui-même ne pourrait dénouer. Au moyen âge, les honnêtes bourgeoises de Paris firent des ceintures dorées une écharpe de vertu, et les orfèvres, un objet d'art. Nous ne croyons pas nous tromper en disant que ce large ruban orné d'emblèmes dorés, que l'on passe encore aujourd'hui au cou des rosières, lors de leur couronnement, vient de ce sage usage. Il remplace la ceinture dorée de nos chastes aïeules.

Quand le Parlement les eut interdites aux filles de joie, cette défense fut considérée comme une marque d'ignominie. Peu à peu elle tomba en désuétude, et les filles folles en ornèrent leur corsage comme les honnêtes femmes. C'est alors que s'établit le proverbe : *Mieux vaut bonne renommée que ceinture dorée*, c'est-à-dire une bonne réputation vaut mieux que ce signe souvent menteur de la vertu.

A cette interdiction se rattache l'anecdocte suivante : C'était coutume de se donner mutuellement à l'église le baiser de paix, quand le prêtre qui disait la messe avait prononcé ces paroles : Que la paix du Seigneur soit toujours avec vous ! La reine Blanche, épouse de Louis VIII, ayant reçu ce baiser de paix, le rendit à une fille publique dont l'habillement était celui d'une femme mariée et d'une condition honnête. La reine, offensée de la méprise, obtint une ordonnance qui défendait aux *coureuses d'aiguillettes* de porter des robes à queue, à collets renversés, et une ceinture dorée.

Plus tard, on fut plus sévère : les sentences en matière *d'amour à l'encan*, s'exécutaient au carrefour du *Petit-Carreau*. La fille convaincue de débauche était conduite dans certaines rues et notamment au carrefour du Petit-Carreau, montée sur un âne, le visage tourné vers la queue, ayant sur la tête un chapeau de paille, avec un écriteau devant et derrière portant ces mots *M.... publique* ; elle était battue et fustigée nue par la main de l'exécuteur des hautes œuvres, et flétrie d'un fer chaud en forme de fleur de lys sur l'épaule droite, puis bannie pour neuf ans de la ville de Paris.

Le populaire du moyen âge appelait encore naïvement les rues affectées à la prostitution : *Les rues Chaudes*.

Un jour un moine, monté sur un âne, en traversant la rue Glatigny quelques heures avant le couvre-feu, prêcha avec tant d'éloquence, qu'il convertit d'un seul coup vingt-cinq ribaudes qui le suivirent et furent enfermées au couvent des Filles-Dieu.

Quand ces filles du diable devenaient filles repenties, elles avaient des refuges. Guillaume III, évêque de Paris, ayant converti plusieurs de ces filles, leur avait fait construire le couvent des *Filles-Dieu*, dans lequel elles étaient recueillies et rendues à une vie meilleure. Il y avait encore le couvent des *Filles pénitentes*.

Au quatorzième siècle, cette rue, si célèbre dans l'histoire de la prostitution, était aussi désignée sous le nom de la rue du *Chevet de Saint-Denis de la Châtre*, à cause de sa position le long du chevet de cette église, bâtie sur le lieu où saint Denis avait été emprisonné et torturé. Le nom de Glatigny lui est resté.

La rue Cocatrix. Elle tirait son nom du fief de *Cocatrix*, situé entre les rues *Saint-Pierre-aux-Bœufs* et des *Deux-Hermites*. Cocatrix était l'échanson de Philippe-le-Bel. Cette charge était en grand honneur au moyen âge. L'échanson versait à boire au roi, achetait le vin de sa table, et devait veiller à la distribution du vin dans l'intérieur du palais. Il y avait avant lui le *bouteillier*, qu'il ne faut pas confondre avec l'*échanson*. La juridiction du bouteillier s'étendait sur tous les marchands de vins de Paris. Charlemagne en avait un.

Suivant un compte de 1285, il y avait quatre échansons au palais du roi : un pour le roi, à quatre sous quatre deniers de gages par jour, et trois pour le commun, à trois sous trois deniers, outre leurs autres droits.

Le jour du couronnement des reines ou des grandes

fêtes, le roi donnait une gratification à l'échanson pour *son droit de coupe* (hanap).

A Passy, en 1305, il y avait un quartier de terre désigné sous le nom de l'*Echansonnerie*; c'est là que se dressait le fier manoir de Geoffroi Cocatrix.

La rue Saint-Pierre-aux-Bœufs, qui était voisine, tirait la première partie de son nom d'une église consacrée à saint Pierre, et la seconde partie de deux énormes têtes de bœufs sculptées au portail de cette église. Une vieille légende en raconte l'origine :

Un écolier du nom d'*Hémon de Fosse* entra dans la Sainte-Chapelle au moment de l'élévation, il arracha l'hostie des mains du prêtre. Pour expier ce sacrilège, le curé ordonna une procession solennelle. Au moment où le cortège passait, deux bœufs que l'on conduisait à la boucherie s'agenouillèrent devant le Saint-Sacrement. C'est en souvenir de ce miracle que l'on sculpta la figure de ces deux ruminants religieux au portail.

La famille des Cocatrix avait sa chapelle à l'église Saint-Gervais.

LA RUE SAINT-CHRISTOPHE. — Cette rue était au treizième siècle désignée sous le nom de *Regratterie*, probablement à cause des petits marchands qui s'y trouvaient. Elle prit ensuite le nom du grand Saint-Christophe, à cause de son église, qui fut érigée en paroisse en 1300 ; elle datait du septième siècle.

Tout à côté, on voyait le porche de l'église Sainte-Marine, dans laquelle était la statue d'un moine assis, tenant dans ses bras un enfant emmailloté. Voici la légende qui explique cette singulière sculpture :

Sainte Marine était la fille unique d'un Grec qui, converti, entra dans un monastère. Ne voulant pas quitter son père, elle se vêtit des habits d'homme, et se présenta à l'abbé, qui la reçut sous le nom de frère Marin. Son père étant mort, elle continua sa vie religieuse au milieu des moines.

Les frères du monastère avaient coutume d'aller en ville avec un chariot traîné par des bœufs, pour apporter les provisions nécessaires au couvent. Quand ils devaient rester absents plusieurs jours, ils étaient hébergés chez un certain gentilhomme nommé Pandoche. Sa fille, ayant été séduite par un soldat, mit au monde un enfant. Pressée de questions par son père, elle accusa frère Marin de l'avoir violée. Plainte est portée à l'abbé, qui, après l'avoir fait frapper de verges, chassa ignominieusement le coupable du couvent.

Frère Marin resta pendant trois ans à la porte du monastère, subissant patiemment toutes les injures, et ne vivant que des morceaux de pain qu'on lui jetait chaque jour. L'enfant sevré fut envoyé à l'abbé, qui le bailla à frère Marin. Touché de son repentir et de son humilité, cédant aux prières des autres religieux, il lui rouvrit les portes du couvent, dans lequel il rentra avec l'enfant, ayant pour pénitence de faire les travaux les plus durs et les plus grossiers de la maison.

Frère Marin mourut, et comme il n'avait pas fait une pénitence suffisante, l'abbé ordonna de l'enterrer loin du couvent. Or, comme les frères lavaient le corps du défunt, ils reconnurent que c'était une femme. Alors ils se prosternèrent humblement, et, repentants de ce qu'ils avaient été injustes, ils demandèrent pardon à Dieu, et le firent inhumer solennellement dans le monastère. Plusieurs miracles eurent lieu sur son tombeau.

La fille du gentilhomme qui l'avait si indignement calomnié devint possédée du diable. Elle ne guérit que longtemps après, en venant tous les jours prier, pleurer et gémir sur la tombe de sa victime.

Les Parisiens, émerveillés par cette touchante légende et par les vertus miraculeuses de cette sainte, bâtirent vers le onzième siècle une église qui fut dédiée en son honneur. Comme elle avait très-peu de paroissiens, et par conséquent un très-mince revenu, les jours de grande fête on portait devant son porche, au milieu de la rue Saint-Christophe, un tronc dans lequel les passants mettaient leurs aumônes. Un religieux de Notre-Dame, agenouillé à côté, récitait un *Ave* en faveur de celui qui déposait une offrande.

C'est dans cette vieille chapelle que, pendant près de trois siècles, il fut d'usage de conduire l'homme et la femme qui avaient failli à l'honneur, pour les marier souvent contre leur gré. Trait curieux qui peint bien les mœurs du moyen âge, quelquefois ils étaient amenés par deux sergents en présence du curé. C'est là seulement, et pas ailleurs, que pouvaient se marier les filles-mères, car la bénédiction nuptiale leur était refusée partout. Ce triste privilége se rattache à la légende de sainte Marine si injustement calomniée par une fille qui avait failli. Pour les humilier, l'église n'avait pour elles que des escabeaux de bois grossiers, et le curé leur passait au doigt un anneau de paille (symbole de la fragilité de leurs amours illicites), et faisait ensuite aux nouveaux époux un sermon dans lequel il les engageait à vivre en paix et amitié, pour réparer la faute qu'ils avaient faite, racheter l'honneur de leurs familles et sauver leurs âmes de la damnation éternelle.

Cet usage dura jusqu'au dix-septième siècle. Des magistrats, des prélats obtinrent en 1627, que l'anneau de paille serait remplacé par un anneau d'argent, et les mariages des filles-mères se continuèrent à l'église Sainte-Marine avec cette modification jusqu'en 1760 ou 1765. Dans les soties et farces représentées par les clercs de la bazoche, les confrères de la Passion ou les Enfants sans souci, comédiens d'alors, il était parlé plusieurs fois, en termes dérisoires, de l'*anneau de paille* de Sainte-Marine.

Par une coïncidence singulière et comme pour continuer cette comédie ridicule, un montreur de marionnettes s'était établi au moment de la révolution dans la nef morcelée et défigurée de cette curieuse chapelle.

C'est sous les dalles armoriées de l'une des chapelles du côté droit de Sainte-Marine que fut couché, après trépas, le célèbre lieutenant civil d'Henri IV, l'éminent édile de 1604 qui édifia une façade de l'hôtel de ville — *le parloir aux bourgeois*, abandonné par les officiers municipaux, avait été démoli en 1589 ; — vous l'avez nommé, François Myron. Lui, aussi il bouleversa le vieux Paris de Philippe-Auguste pour l'embellir et le rendre prospère. Il jouissait d'une grande popularité, parce que, tout en étant lieutenant civil et prévôt des marchands, il était en même temps le type le plus remarquable du bourgeois de Paris dans la plus large acception du mot.

François Myron rendit célèbre dans l'histoire de Paris un nom qu'illustra encore après lui son neveu, prévôt des marchands sous Louis XIII ; c'est Robert Myron, qui fit paver les ruelles de la bonne ville de Paris. De son temps il n'y avait encore de dallées que les quatre grandes voies aboutissant aux principales entrées de la ville. Ces entrées étaient les portes Saint-Honoré, Saint-Denis, Saint-Antoine et Saint-Jacques. On appelait ces voies *la croisée de Paris*, parce qu'elles formaient une croix en se rencontrant. Elles avaient été dallées sous Philippe-Auguste en 1184 (1) ; c'est Girard de Poissy, un financier de l'époque, qui contribua volontairement pour 11,000 marcs d'argent à cette dépense qui s'éleva à 22,000 marcs. Ces dalles avaient de 13 à 14 pouces de longueur, 3 pouces d'épaisseur ; on empierra une cinquantaine de rues avoisinantes, et dans les autres ruelles le sol fut battu.

Les nobles et les hauts bourgeois hantèrent les voies dallées ; le commerce habita les rues empierrées et le populaire s'entassa dans les ruelles boueuses et infectes qui occasionnaient régulièrement des épidémies sévissant avec une telle rage qu'il fallait repeupler certains quartiers, notamment sous Louis XI. Et de quelles menues gens se composait ce recrutement municipal ? de mendiants, de truands, de voleurs de province. C'est là, faisons-le remarquer en passant, l'origine du mauvais renom de certains quartiers parisiens, mauvaise

(1) On raconte qu'un jour ce grand roi étant à la fenêtre de son palais, un chariot remua en passant la fange de la rue qui longeait le mur et répandit une telle infection jusque dans l'appartement royal que le prince ordonna de paver les rues.

réputation qui existe encore aujourd'hui, quoique habités par de tout aussi honnêtes gens que les quartiers aristocratiques, qui ne jouissent de leur belle réputation qu'à cause de l'injuste préférence qu'eurent pour eux les édiles du vieux Paris.

Cette défaveur injuste révolta le bon Myron.

« De par Dieu! dit-il un jour, les pauvres habitants des rues de l'Orberie, du Marché-Palu, des Calendreurs et des Morteliers sont nos enfans comme les beaux seigneurs de la place Royale et de la rue Saint-Antoine. Dieu leur a donné pour étoffe semblable une même peau. Ores, il ne faut pas que les uns restent plus longtemps étouffés dans la fange de leurs ruelles, tandis que les autres se promènent sur de belles et de bonnes dalles ; cecy seroit déshonorant pour la prévosté. Messieurs de la ville, baillez-moi de l'argent, et j'aviseray. »

On lui bailla 200,900 livres et il fit paver les quartiers populeux déshérités. Le nouveau pavé qu'employa l'entrepreneur Marie était à peu près de la dimension du pavé actuel. Certaines rues ont encore des pavés de cette époque.

Les Parisiens toujours fidèles à leurs habitudes gouailleuses et frondeuses chansonnèrent le prévoyant magistrat :

> Robert Myron
> Est un oison.
> Son seul espoir
> Est de nous voir
> Sur le pavé.
>
> . . . .

Mais, ce ne fut pas tout ; le vent tournait à la sédition.

Ils étaient prêts déjà à faire des barricades avec les pavés, avant même qu'il ne fussent enchaussés dans le sol. Il fallut que le capitaine des gardes plaçât des archers au coin des rues pour protéger les ouvriers contre les mutins.

Lors des démolitions de la maison portant le n° 13 de la rue d'Arcole, élevée sur les fondations de l'église Sainte-Marine, on a trouvé le sarcophage de François Myron. La bière en plomb a la forme d'une ellipse étranglée à l'une de ses extrémités, comme les boîtes mortuaires dans lesquelles sont emprisonnées les momies égyptiennes. L'épitaphe était effacée. Quand on souleva le couvercle du cercueil, on ne trouva qu'un squelette entouré d'une suie noirâtre mélangée de poussière et de plantes aromatiques ayant servi à l'embaumement. Chose singulière, on ne retrouva ni les insignes de sa charge, ni son épée ni son anneau, etc., ni même des traces de ses armoiries : de *gueules, au miroir rond* (Myron, miroir rond, armes parlantes) *d'argent garni et pommelé d'or*. La commission des beaux-arts, par la bouche de ses experts, déclara que c'était bien le grand édile parisien, et ses reliques illustres furent descendues dans les caveaux de Notre-Dame.

LA RUE DES MARMOUSETS. Cette rue doit son nom à une maison qui s'appelait dans les anciens titres : *Domus Marmosetorum*, à cause de sa sculpture représentant des marmousets (enfants en bas âge).

Sous Charles VI, le peuple avait stigmatisé les conseillers de ce roi, renommé par sa faiblesse, du sobriquet dédaigneux de *Marmousets*.

D'après un acte qui date de 1206 les clercs de matines

payaient dix livres à chaque mutation de doyen, au prieur de Saint-Éloi, pour amortissement de quelques maisons sises dans cette rue.

Louis, fils du roi Philippe Ier, avait fait abattre, de son autorité privée, partie d'une maison de cette rue, près de la porte du cloître, qui appartenait au chanoine Duranci. Elle saillait trop à son gré et rendait le passage incommode. Le chapitre de Notre-Dame réclama ses priviléges et ses immunités. Louis reconnut son tort, promit de ne plus faire d'attentat semblable, et consentit à payer un denier d'or d'amende. Afin que cette réparation fût plus éclatante, on choisit le jour où Louis, qui était monté sur le trône, épousa Adelaïde de Savoie. Il la fit avant de recevoir la bénédiction nuptiale, qui ne lui aurait pas été octroyée sans cela, et consentit à ce qu'il en fût fait mention dans les registres du chapitre.

La maison des Marmousets fut rasée par un arrêté du parlement, pour un crime célèbre dans les annales parisiennes.

A cette maison qui faisait le coin de la rue des Marmousets, et de celle des Deux-Hermites, pendait l'enseigne d'un barbier juif. Son voisin était un pâtissier.

Parmi les pratiques qui entraient chez le barbier, plusieurs n'en sortaient pas. Lorsqu'il avait affaire à des clients d'un embonpoint respectable ou d'un âge encore tendre, au lieu de les raser il faisait jouer une bascule qui les envoyait au fond d'une oubliette où ils étaient tués et livrés encore chauds au pâtissier voisin, son associé, qui vendait des pâtés, d'une délicatesse renommée à sa clientèle anthropophage sans le savoir.

Mais il arriva que le chien d'un client qui ne sortait pas, s'obstina à rester à la porte, attendant son maître. On avait beau le chasser, il revenait toujours et poussait des hurlements lamentables.

La femme du pauvre diable, en cherchant de tous côtés, rencontra le chien, qui ne voulait pas quitter son poste et qui la tirait par sa mante, comme pour la faire entrer chez le barbier. Un horrible soupçon traversa son esprit ; elle alla conter l'affaire au lieutenant criminel qui ordonna des perquisitions chez le barbier. On descendit dans la cave, et là on trouva, sur un monceau d'ossements humains, les débris de la dernière victime à moitié dépecée par le pâtissier.

Un poëte de carrefour, Poirier, dit *le Boiteux*, rappelle cet événement tragique dans ces vers de complainte :

> Puis, rue des Deux-Hermites,
> Proche des Marmouzets,
> Fut deux âmes maudites
> Par leurs affreux effets :
> L'un, barbier sanguinaire,
> Pâtissier téméraire,
> Découverts par un chien,
> Faisant manger au monde,
> Par cruauté féconde,
> De la chair de chrétien.

Le barbier et le pâtissier furent brûlés vifs, chacun dans une cage de fer, et leur maison rasée. L'effigie du chien fut reproduite sur une borne qu'on voyait encore il y a quelques années, comme monument commémoratif de cette tragique aventure.

On n'a pas de preuve positive de cet horrible événement ; mais il est constant que, pendant plus d'un siècle il y a eu dans cette rue une place vide par autorité de justice, et dont le terrain appartenait à Pierre Belut, conseiller au Parlement, qui demanda à François Ier l'autorisation d'y bâtir.

Seulement Poirier, dans sa *Chronique rimée*, se trompe de date en plaçant le fait en 1260. Il a confondu avec l'histoire du chien d'Aubry de Montargis. Le duel de ce chien avec le chevalier Macaire, assassin de son maître, et dont le nom est devenu si célèbre, eut lieu sous Philippe-Auguste, dans un terrain vague de l'île Saint-Louis.

Les archevêques d'Embrun avaient autrefois un hôtel dans la rue des Marmousets, au coin de celle de la Licorne.

La rue du Haut-Moulin. En 1204, elle se nommait rue *Neuve-de-Saint-Denis-la-Châtre*, à cause de l'église qui était située au coin. Selon les récits légendaires, c'était en cet endroit que Saint-Denis fut emprisonné avec ses compagnons ; ils y souffrirent les plus rudes tourments. On montra longtemps dans un coin du chevet de cette antique église une grosse pierre carrée grandement vénérée des pèlerins. Elle était percée vers le milieu d'un trou circulaire. La tradition raconte qu'elle servit au supplice du patron des Parisiens. Forcé par ses bourreaux à passer sa tête par ce trou, il fut contraint de faire le tour de la cité avec la pierre sur ses épaules et frappé de verges comme le Christ flagellé.

Une partie prit le nom de *Saint-Symphorien*, à cause de l'église bâtie par Eudes de Sully. Éléonore, comtesse de Vermandois, donna pour l'entretien de ses chanoines de quoi acheter le four banal de la ville de Paris, qui, à cause de sa profondeur, fut surnommé *le four d'enfer*. L'entrée donnait dans cette rue, qui prit ensuite, dans toute sa longueur, le nom de rue du *Haut-Moulin*.

LA RUE PERPIGNAN, se nomma d'abord au XIIe siècle *Charauri*. Ce nom de *Charauri* vient d'un fait historique digne d'être rappelé. Cette rue fut dépositaire du pennon des rois de France, lequel, en temps de paix, avait coutume d'être renfermé dans l'enceinte de l'île et proche du Palais. Ce palladium blanc, avec une croix rouge au milieu, flottait au bout d'un grand mât surmonté d'une croix dorée. Ce pennon royal était attaché à un grand char attelé de huit bœufs couverts de housses écarlates. Un chapelain disait tous les matins la messe au pied de cet étendard et huit preux d'un renom sans tache, accompagnés de huit trompettes, en cas d'alarme, veillaient à sa garde nuit et jour. En temps de guerre, ce char était conduit au centre du camp royal. C'est de ce dépôt que cette rue tira son nom primitif *Charauri* : Char d'or. Au quinzième siècle elle prit le nom de *Champrose*, *Champrosay*, *Champflori*, pour deux raisons :

C'était dans cette rue, presque hideuse, étroite et infecte, que se tenaient les marchands de chapels de roses, bouquets, mais verts, et ceux qui fournissaient la moisson odorante de la *baillée des roses*; cette reine des fleurs était de toutes les fêtes.

C'était aussi dans un jardin planté de roses que les dames et damoiselles de la cité dansaient de belles caroles à certaines fêtes de l'année. C'est au milieu de ces fleurs que l'on contait fleurettes.

D'où son nom si poétique qu'on est tenté d'y chercher l'adresse de Vénus. L'amour avec son carquois montait la garde à la porte de l'hôtel de Cythère.

Son troisième nom de Perpignan vient du jeu de paume : c'est dans les jardins de rosiers de cette rue que fut établi le premier jeu de ce genre qu'on vit à Paris. Il était très-fréquenté surtout par les princes et les nobles ; on poussait la pelotte avec le poing (*per pugnum*), d'où Perpignan par corruption. Au quinzième siècle on avait commencé à se ganter ; puis on prit des cordes roulées et serrées autour de la main, et, plus tard, la raquette, afin de rejeter la balle avec plus de roideur. Alors ce jeu royal devint très-populaire à Paris. Sous Henri II, Charles IX et Henri III, le jeu de paume fut très en vogue. Sous Henri IV, cette fureur augmenta, parce qu'il amena avec lui des Béarnais qui étaient de grands joueurs.

Parmi les récits lugubres qui circulaient dans le populaire de Paris au quinzième siècle, il en est un qui eut pour théâtre le jeu de paume de la rue de Perpignan.

Un bâtard d'Armagnac, grand enjoleur de fillettes, querelleur, détrousseur de bourgeois et joueur enragé, fréquentait ce jeu de paume, jurant et trichant, prêt à mettre flamberge au vent à la moindre résistance, portant des défis à tout le monde dans ce carrousel pacifique; c'était un vrai Robert le Diable de carrefour.

A l'extrémité de l'esplanade où les joueurs luttaient d'adresse, une niche gothique toujours parée de roses abritait la madone du jeu de paume, car, plaisirs comme douleurs, nos bons aïeux mettaient dévotement tout sous la protection d'un saint ou d'une Notre-Dame.

L'impie s'amusait souvent par bravade et forfanterie à lancer des pelottes sur le sein de la Vierge, jurant quand il manquait son but, et riant quand il l'atteignait d'une manière indécente.

Un pareil sacrilége devait avoir son châtiment.

Or, il arriva qu'un jour de défi, en présence d'une grande foule, il était sur le point de gagner la partie, quand soudain toutes les balles qu'il lançait, au lieu de prendre la direction qu'il leur donnait, allèrent, poussées par une force invisible, se loger dans le manteau de la madone.

La foule, sous le coup du pressentiment qu'il va s'accomplir quelque événement miraculeux, resta frappée d'étonnement. Les cris et les murmures s'arrêtèrent; elle tomba à genoux et, tournée vers la vierge, pria tout bas pour l'impie, car elle avait deviné que la colère de Dieu s'était tournée vers lui.

Mais lui, seul debout, honteux de se voir le jouet d'une image de pierre, blasphéma davantage, vomit les plus horribles sacriléges que lui souffla le mauvais ange et prit une balle pour la lancer directement sur la Vierge.

Il vise et lève le bras en criant : « au cœur. »

Mais à peine a-t-il levé la main qu'il tombe foudroyé.

La foule, folle de terreur, se précipite dans la rue, fuyant ce damné et craignant d'être témoin d'autres malheurs plus terribles.

La nuit suivante, le corps du bâtard, couvert de fientes et ordures, fut traîné sur une claie, par ordre de l'évêque, jusqu'au port Saint-Landry et jeté dans la Seine, qui se chargea de conduire au diable le cadavre du maudit.

Les rues Haute, Basse et du Milieu des Ursins tirent leurs

noms de Jean Juvénal des Ursins, qui cumula, en 1389, les doubles fonctions de prévôt de Paris et des marchands, après la révolte des Maillotins. Son hôtel, situé dans ces rues, avait une entrée sur chacune d'elles; il fut démoli au milieu du quinzième siècle. Jean Juvénal prit le nom des Ursins, de l'hôtel qui lui fut donné par la ville en récompense de ses nombreux et loyaux services. Cet homme de bien, qui mit les affaires de Paris en très-bonne police et prospérité pendant sa prévôté, échappa en 1393, à un complot ourdi sournoisement contre lui.

Sur les plaintes des mariniers parisiens, il rétablit le libre parcours de la Seine et de la Marne obstruées par la grande quantité de moulins échelonnés sur les deux rives. Il s'y prit si bien qu'en une seule nuit toutes les digues furent détruites, il indemnisa les propriétaires en leur donnant le prix du produit pendant dix années. Ce bienfait public éveilla contre lui la malveillance des riverains, et le duc de Bourgogne, qui voulait priver le roi de ce sage ami, résolut d'en profiter pour le perdre. Il soudoya trente faux témoins qui déclarèrent l'avoir entendu, à diverses reprises, proférer des cris séditieux contre le roi.

Or, il advint que deux commissaires du Châtelet qui avaient rédigé les pièces fausses allèrent, de compagnie, boire, caqueter et prendre leurs aises en la taverne de l'Échiquier, rue de la Licorne, et les parchemins sur lesquels étaient griffonnés les preuves du prétendu crime posés sur le bord de la table, roulèrent à terre. Un chien croyant saisir un os se jeta avidement dessus pour les ronger et les traîna jusque dans la ruelle du lit. La ménagère du tavernier, en se couchant, trouva le rouleau et le remit à son mari qui ne put lire dans ce grimoire ; mais voyant le cachet du procureur du Châtelet, il s'effraya grandement, croyant que mauvaises gens le voulaient chicaner. Inquiet, il se leva vitement, courut à l'hôtel de ville, le concierge éveilla, et son affaire lui conta. Les pièces furent remises au prévôt lui-même qui fut moult joyeux de tenir les preuves des méchancetés criminellement et secrètement manigancées contre lui.

Le lendemain, au lever du soleil, un huissier d'armes vint l'ajourner à comparaître en présence du roi Charles VI et son conseil séant en sa grosse tour de Vincennes.

Le bruit de cet exploit faillit soulever une émeute dans la cité. Quatre cents des plus notables et bons bourgeois s'assemblèrent et lui firent cortége, prêts à sa défense en cas de meschef. Jean Juvénal se défendit honorablement et en beau langage ; il confondit les traîtres, et le Roi déclara, par sentence, que le prévôt des marchands était prud'homme et ceux qui avaient témoigné contre lui méchantes gens, et il termina en disant : « Allez en paix mon ami, et vous tous, bons bourgeois, aussi. »

Aux fêtes de Pâques suivantes, les accusateurs eurent repentance, et, pour obtenir l'absolution, furent obligés de faire amende honorable en une expiation publique. Ils vinrent donc, le Vendredi-Saint, de grand matin, tête baissée, nus, couverts seulement d'un long drap blanc, à l'huis de l'hôtel des Ursins.

Jean Juvénal les voyant en si piteux équipage leur demanda leurs noms, et, comme la honte enchaînait leur langue, il les nomma l'un après l'autre à haute voix et leur octroya bien doucement le pardon en versant sur eux des larmes d'attendrissement.

Au milieu des scènes tumultueuses des factions Armagnacs et Cabochiens qui bouleversaient la France et préparaient déjà sa décomposition, il resta ferme et inébranlable dans son amour pour son bon Roi, comme un roc au milieu de la tempête. Après quarante ans de bons et loyaux services, il trépassa le 1er avril 1431 et fut couché dans sa chapelle de Notre-Dame de Paris où on le vit longtemps représenté à genoux, les mains jointes, priant Dieu avec sa femme et ses enfants.

III

La rue aux Fèves. — Ses étymologies. — Ses forgerons et orfèvres. — Un miracle de saint Marcel. — La chancellerie du roi Pépin. — La maison de la *Gerbe d'or*. — La légende du *Lapin Blanc*. — Son cabaret. — La Bourse du crime. — Ses illustrations. — La rue de la Calandre. — Son étymologie. — La ménagerie du roi. — Origine du mot *concierge*. — Ses droits. — Sa juridiction sur la rue de la Calandre. — Les fêtes de 1420. — La maison du crime. — La maison de saint Marcel, *bourgeois de Paradis* — Ses légendes. — Le dragon. — Ses statues. — Comment il devint un des patrons de Notre-Dame.

La rue aux Fèves. Au treizième siècle et dans les plus anciens titres, cette rue est nommée *rue aux Fèves* (*vicus Fabarum*) à cause du marché aux fèves qui s'y tenait. Les moines avaient mis ce légume peu coûteux en grande faveur à cause des jeûnes, alors presque hebdomadaires. *Les féviers* parcouraient les rues comme aujourd'hui nos marchands des quatre saisons, avec une hotte sur le dos, en criant à tue-tête : *Pois chauds pilés! et fèves chaudes!*

Cette étymologie est vraisemblable, tant à cause de l'orthographe du nom que du voisinage du Marché-Neuf ou de l'*Herberie,* ainsi nommé parce que c'est là que les Parisiens trouvaient à acheter les herbes, légumes et marchandises potagères que criaient les marchands.

> A ma belle herbe! A ma belle herbe!
> Parce que c'est toute gaieté,
> Je ne la crie qu'en été.
> A qui vendrai-je ma grosse gerbe?

Le chapitre de Notre-Dame y établit une halle au blé

et métamorphosa le nom de fèves en *feurre* (paille); mais, selon l'opinion de beaucoup de savants, au lieu de s'appeler rue aux Fèves, elle porta primitivement le nom de *febvres* (*via ad fabros*) parce que les forgerons et les orfèvres, du quatrième au huitième siècle, y avaient leurs forges et ateliers.

On y a conservé longtemps la forge où travaillait saint Éloi.

Une légende raconte que saint Marcel enfant venait y jouer avec les apprentis, et que lui-même s'exerçait à *l'œuvre fabrile*. Un jour il fut calomnié auprès du maître, qui, pour le forcer à désobéir afin d'avoir un motif pour le punir, lui commanda de prendre avec ses mains un fer chaud dans la fournaise et de dire combien il pesait. Le saint, plein de confiance en la protection de Dieu, et sachant qu'il faut toujours obéir, avança la main au milieu du brasier, en retira, aussi tranquillement que s'il tenait une pince, un morceau de fer et dit : « Il est chaud comme feu et pèse neuf livres, » ce qui fut trouvé vrai, *pesé au poids*.

Parmi les vieilles maisons qui attiraient les curieux dans cette rue, il y en avait une au numéro 4, dont l'entrée était fermée par une vieille porte cintrée, ornée de sculptures et d'un blason représentant une gerbe et deux béliers. La cave de cette maison était très-ancienne et soutenue par des piliers d'une architecture primitive. On disait que c'était le restant d'un édifice qui datait de 760, et avait servi à la chancellerie du roi Pépin; elle était connue sous le nom de maison de la *Gerbe d'or*.

En 1600, elle appartenait à un tonnelier qui avait pour

enseigne un bas-relief de Jean Goujon, représentant la chaste Suzanne entre les deux vieillards. L'enseigne s'était perpétuée de père en fils jusqu'en 1847; au dessous, on avait gravé l'acte de naissance de la maison : *Fondée en* 410, *idem en* 1600.

Mais la plus fameuse des maisons de cette rue est sans contredit celle qui abritait le sombre et terrible repaire du *Lapin Blanc*, rendu si célèbre par le plus dramatique des romans d'Eugène Sue.

Comme tout établissement respectable, il avait sa légende, qui date de très-loin dans les chroniques du temps jadis.

Un archer, le 15 avril 752, jour consacré à Pépin le Bref, eut l'ingénieuse idée d'offrir au roi, sur un coussin bordé de franges d'or, un magnifique lapin blanc d'une grosseur extraordinaire. Pépin, flatté de cet hommage, ne voulut pas cependant l'accepter, mais octroya à son féal archer la faveur d'élever auprès de sa chancellerie, qui attenait à la chapelle Saint-Éloi, l'établissement qui lui conviendrait. Celui-ci, qui probablement était grand ami de Bacchus, et comptait sur la clientèle toute faite de ses compagnons d'armes, n'eut rien de plus pressé que de fonder un cabaret, et arbora pour enseigne un lapin blanc grossièrement taillade.

Pendant tout le moyen âge, soudards, malandrins et ribaudes y cachaient leurs orgies.

C'est dans ce lupanar que les héros de Toulon, Brest et tous *les faucheurs du grand pré* se donnaient des rendez-vous sinistres et venaient chercher des recrues. C'est autour du comptoir de zinc de cette ignoble *bibine* que se négociaient les affaires, dont le taux variait selon les circonstances ou la réputation des forçats, courtiers-marrons de cette véritable *bourse du crime*, et dont le cours était inscrit au greffe du Palais-de-Justice. La hausse ou la baisse suivait les bévues de la police, qui venait de temps en temps jeter son filet dans cette antichambre de la cour d'assises. Fait curieux, c'est dans cette taverne, qui existait presqu'à l'ombre du Palais-de-Jusice, que se combinaient les crimes qui, après avoir épouvanté Paris, se dénouaient souvent tout à côté par une sentence de mort.

Le débitant de trois-six qui tenait cette taverne, la fi embellir par des rapins dont l'imagination dévergondé inventa les plus drôlatiques caricatures; et, sous l'enseigne représentant un lapin blanc qui, au lieu de boir la rosée du matin, prenait gaillardement un petit verre on lisait ces vers boiteux :

> Pour un musée n'allez pas à Versailles,
> Le *Lapin Blanc* vous offre ses murailles;
>   Couvertes de rimailles
>   Et de caricaturailles
>   Qui railles.

Avant que la pioche des démolisseurs eût entamé cett grotesque merveille, tout le monde courut voir les fa meuses caves du *Lapin Blanc,* et plus d'un visiteur fris sonnait d'horreur en croyant voir sur le sol des tache de sang, qui n'étaient autres que quelques gouttes de vi de Suresne renversées par un buveur en goguette.

La rue Calandre. C'est la plus ancienne de tout Paris c'est la première voie tracée par les Gaulois dans Lutèce Son nom a bien tourmenté les étymologistes.

La calandre est une machine à polir le drap; il y en avait une qui figurait sur l'enseigne arborée à l'entrée de cette rue, et comme les industries étaient cantonnées, le voisinage de la rue de la *Vieille-Draperie* donne raison à cette explication généralement adoptée. Il y a eu un nommé Jean de la Kalandre et un Nicolas le Kalandeur qui demeurèrent dans cette rue au quatorzième siècle; on peut supposer encore que leurs noms venaient de leur métier.

D'après les chroniques du quatorzième siècle, on sait que c'est dans cette rue qu'étaient logés et nourris les lions du roi. C'était une fantaisie royale que nous retrouvons souvent dans l'histoire. Chaque résidence de roi avait sa ménagerie pour les combats d'animaux qui faisaient les délices de la cour. Tout le monde connaît la légende de Pépin le Bref qui terrassa un lion. Charles le Sage avait une ménagerie de lions dans son hôtel Saint-Paul, et Louis XI, qui aurait dû préférer les renards aux lions, aimait cependant ces féroces commensaux, autant que son *compère* Tristan l'Ermite.

C'était *le maître des enfants de chœur* de la Sainte-Chapelle qui était chargé de la garde, nourriture et *entretenement* des lions.

En 1360, la rue de la Calandre était sous la dépendance immédiate et absolue du concierge du palais. Pour bien comprendre cette juridiction, disons l'origine du mot *concierge* :

Hugues Capet ayant résolu d'habiter le palais de la Cité, le flanqua de deux bâtiments considérables. L'un fut appelé *Conciergerie* et devait tenir lieu tout à la fois de caserne et de prison; l'autre porta le nom de *Stabule* ou stable (étable ou écurie du roi). Le gouvernement des étables fut donné à un guerrier qu'on qualifia du nom de comte des étables ou connétable, et l'intendance du premier fut confiée à un noble capitaine qui prit le nom de comte des cierges ou *concierge*.

Le comte des cierges jouissait d'une foule de droits et prérogatives. Il faisait exercer par les baillis toute justice et seigneurie basse et moyenne; son tribunal était érigé dans la grande salle du palais.

Dès le douzième siècle, ce poste éminent des comtes des cierges ne brilla plus d'un si vif éclat.

Louis XI réunit les fonctions de concierge et de bailli, pour les confier à son médecin Jacques Coitier.

On dirait que nos portiers actuels, dignes descendants des comtes des cierges, et fiers de cette illustre origine, exercent encore leurs droits de haute, basse et moyenne justice sur leurs locataires, taillables et corvéables à merci.

Le concierge, tant au palais que dans les limites de sa seigneurie, avait une foule de redevances et de prérogatives despotiques qui relevaient de son autorité. Entre autres droits, il avait celui de voirie dans la rue de la Calandre, et de *chantelage* du vin et de l'avoine; c'est-à-dire, que sur chaque tonneau de vin, un impôt de quatre deniers parisis était levé, et pareil impôt sur chaque muid d'avoine.

En 1420, à leur entrée solennelle les rois de France et d'Angleterre, réconciliés après une guerre désastreuse, se rendirent à Notre-Dame pour chanter un *Te Deum*, au milieu des rues *encourtinées* et des processions. Une chronique du temps nous dit « qu'ils passèrent rue de la Calandre, et qu'il y fut fait un moult piteux mystère de la Passion de Notre-Seigneur, *au vif*, selon qu'elle est figurée autour du chœur Notre-Dame, et duraient les échafauds environ cent pas de long. »

Un crime *détestable* ayant été commis par des juifs dans la maison qui fait le coin de cette rue et de celle de la Juiverie, elle fut démolie de fond en comble, et la place laissée vide pour rappeler le châtiment. Sur ce terrain déclosé, vague et infâme, on pendait des juifs entre deux chiens.

C'est dans une des maisons de cette rue que naquit saint Marcel, neuvième évêque de Paris, actuellement *bourgeois de Paradis*, dit la chronique.

C'est devant cette maison bénie, que tous les ans, à la procession solennelle de l'Ascension, le chapitre de Notre-Dame faisait une pieuse station ; car la vénération de nos pères pour ce saint évêque était grande, et les générations successives se transmirent le récit des miracles dont la Cité avait été témoin.

Aux veillées parisiennes, les bourgeois racontèrent longtemps ses nombreuses légendes.

Du temps qu'il n'était encore que *sous-diacre* de Saint-Prudence, il lui servait tous les jours la messe. Un jour d'Épiphanie, au moment de monter à l'autel, le vin manqua, dérobé par des larrons ; il courut à la Seine chercher de l'eau, et, quand il présenta son amphore à l'évêque, elle fut trouvée pleine d'un vin si suave, qu'il servit à la célébration du saint office, et les fidèles communièrent avec ce vin miraculeux.

Une autre fois qu'il versait de l'eau sur les mains d[e]
Prudence, le liquide prit soudain un parfum de baum[e]
qui émerveilla l'évêque.

Un jour qu'il officiait au moment solennel de la com[-]
munion, chacun approchait pour prendre sa part du pai[n]
consacré; parmi les assistants un homme qui avait le[s]
mains liées derrière le dos restait debout, immobile, re[-]
tenu par la crainte et la honte. Marcel voyant tout l[e]
monde passer avant lui et se doutant de quelque ruse d[u]
malin esprit alla droit sur lui et dit : « Que restes-tu ainsi
qui te retient? » Il répondit qu'il avait offensé Dieu en v[e]-
nant à la messe. Le saint homme alors lui imposa l[es]
mains ; lui dit d'approcher sans crainte et il fut délivr[é]
aussitôt.

Mais le miracle qui le rendit si populaire est sa vic[-]
toire remarquable sur un dragon, victoire qu'une foule d[e]
bas-reliefs représentèrent dans les églises, aux encoignur[es]
des ruelles et dans les enseignes.

Il y avait à Paris une dame de noble race, mais vil[e]
et *crimineuse* de vie. Quoique ayant un mari, elle se com[-]
plaisait en voluptés et paillardises. Morte, son corps fu[t]
enterré hors de la ville et pas en terre bénite, selon l[a]
chrétienne coutume.

Par punition divine, un moult grand dragon, qui étai[t]
en la forêt voisine, venait de fois et d'autres au tombea[u]
de ladite femme, et fouillait dans son cercueil pour s[e]
repaître de ses membres impurs. Ce spectacle était si hor[-]
rible à voir *que plusieurs en mouraient*. Ses parents e[t]
amis dénoncèrent le dragon à saint Marcel, qui vint *ba-*
tailler contre lui.

Le voyant s'élancer du bois et venir au tombeau de la femme damnée, le saint se mit en prière et marcha bravement au-devant de lui.

Il lui frappa trois fois sur la tête avec son bâton pastoral; le dragon baissa *son horrible tête, applaudissant de la queue avec grande humilité,* en implorant merci.

Il lui mit son estole au col, l'emmena en triomphe au milieu des citoyens ébahis d'un si haut miracle, et, l'ayant conduit hors de la ville à distance de trois milles, *l'increpa* en ces termes : « Ou t'en va au désert, ou t'en va jeter à la mer ! »

Le dragon obéit aussitôt, et, depuis, oncques ne fut vu.

Nous voyons encore ce saint évêque au portail des plus anciennes églises de Paris, le pied sur le dragon légendaire qu'il dompta avec le secours divin.

C'était en commémoration de ce merveilleux exploit qu'il était d'usage de promener, au jour des Rogations, dans Notre-Dame et les rues de Paris, un énorme dragon d'osier, dans la gueule béante duquel les plus adroits de la foule jetaient des fruits et des pâtisseries. La procession, après une pieuse station devant la maison du saint allait, en grande cérémonie bénir la Seine, car le peuple croyait que le dragon, docile à l'ordre du saint, s'était jeté dans l'eau et était allé jusqu'à la mer; cette bénédiction était pour remercier la Seine d'avoir aidé à sa délivrance. Ainsi le voulait la crédulité populaire.

Au temps du grand Charles, le corps de saint Marcel fut déposé dans une crypte de l'église dédiée à saint Clément, bâtie sur la rive gauche de la Seine par le preux Roland, neveu de l'Empereur à la barbe fleurie. L'auguste empereur honora ses reliques de nombreuses libéralités et octroya force priviléges aux chanoines qui en avaient la garde.

Aux invasions normandes, les chanoines, craignant la profanation de la châsse de leur saint patron, demandèrent et obtinrent asile dans l'église de Notre-Dame qu'on achevait de bâtir, avec promesse qu'une fois les guerres pacifiées on leur rendrait leur précieux dépôt ; mais le chapitre, au moment de la restitution, déclara que saint Marcel serait plus dignement logé dans la cathédrale, et refusa de rendre la relique. On lui consacra une chapelle du côté septentrional de Notre-Dame et c'est ainsi, que le saint évêque parisien devint un des patrons de notre vieille basilique. Les chanoines de Saint-Marcel, pour se consoler, chantaient tous les ans deux obits en l'honneur de leurs bienfaiteurs Charlemagne et Roland, son neveu.

IV

La rue de la Barillerie. — La plus ancienne. — Son étymologie. — Le Noé parisien. — Le nectar des coteaux parisiens. — Les Barilliers. — Les caves royales. — Les moines buveurs. — Origine du dicton : *se donner une culotte*. — Ordonnances concernant le barillage. — La légende du tavernier du coin. — Au *Rat-viné*. — La Babillerie. — Les *crieries*. — L'hôpital des Enfants pauvres. — La famine au onzième siècle dans les rues de Paris. — L'incendie nocturne de 1618. — L'église de Saint-Barthélemy. — Ses chapelles et confréries. — Le pain bénit de François Ier en 1531. — La légende du roi Robert excommunié. — Le théâtre de la Cité. — Prado. — Un monument qui demande à s'en aller. — Un anathème qui se trompe de route.

La rue de la Barillerie, à l'origine, porta trois noms ; elle allait du pont Saint-Michel au pont au Change en longeant les galeries marchandes du palais de la Cité. C'était, à cause de sa position, une des plus importantes du vieux Paris. Ancienne voie romaine, c'est par là que les empereurs romains qui habitaient les Thermes faisaient leur entrée dans la cité, et César la traversa avec son armée entière pour aller joindre les Gaulois qui, commandés par Camulogène, campaient sur la montagne de Mars, plus tard des Martyrs ou Montmartre, et appelaient la bataille en frappant sur leurs boucliers.

C'est donc une rue historique, et nous devons nous y arrêter un moment.

Son nom de Barillerie (*Barilleria*) vient des nombreux

barilliers qui l'habitaient ; classe particulière des tonneliers.

Brennus, après avoir mis son épée redoutable dans la balance qui pesait les destinées de la ville éternelle et que Manlius tenait d'une main tremblante, revint en Gaule. Il rapportait dans ses chariots, comme un trophée précieux, quelques ceps de vigne arrachés en Italie. C'est lui qui fit connaître le vin aux habitants de la vieille Lutèce ; il peut être considéré comme le Noé parisien.

> Brennus alors bénit les cieux,
> Creuse la terre de sa lance,
> Plante la vigne, et les Gaulois joyeux,
> Dans l'avenir ont vu la France.

Les Lutéciens y prirent goût, et la ville s'entoura rapidement de fertiles vignobles dont les récoltes abondantes accrurent d'un produit recherché des gourmets son commerce naissant et firent la gloire de ses coteaux.

Le Palais, les Termes, les temples et les monastères eurent une ceinture de vignes dont les feuilles verdoyantes abritèrent les grappes délicieuses. Le nectar de la Ville-l'Évêque, de Suresne, de Vanves et de Sainte-Geneviève coula en flots dorés dans le hanap de nos vieux rois de France.

Les barilliers fournirent aux gens riches pour contenir ces vins si estimés tonneaux et tonnelets soigneusement travaillés.

A certaines époques de l'année, le port Saint-Landry, était encombré de nombreux tonneaux de Malvoisie, de Rosette, de Muscadet, etc., qui, amenés par la batellerie parisienne, venaient se loger au fond des celliers des princes et des riches. Les barilliers avaient donc fort à faire, et l'on attachait une telle importance à leur industrie, que les évêques et abbés parisiens, qui étaient probablement fort intéressés dans la question, leur permettaient de travailler les jours fériés.

Saint Louis avait trois barilliers préposés à la garde de ses tonneaux, muids, hottes et barils.

Le roi Jean se contentait de deux barilliers d'échansonnerie. Vers 1359 il créa le corps des courtiers en vins et fixa à quatre-vingts le nombre des jurés vendeurs de Paris. Sous Charles le Chauve les vins de Rueil et de Charlevanne (aujourd'hui Bougival en France) avaient une grande renommée.

Le pape Léon X, François Ier, Charles Quint, Henri VIII d'Angleterre, avaient en même temps leurs *vendangeoirs* (maison où l'on fait le vin) à Aï, en Champagne. Les moines surtout se sont toujours fait remarquer par la bonté de leurs clos et leurs provisions fabuleuses : ainsi la cuve des moines de Clairvaux tenait autant de muids qu'il y a de jours dans l'année. Il y avait même, sur les ordres religieux, des chansons de bouteilles passées en proverbes :

> Boire à la Capucine
> C'est boire pauvrement,
> Boire à la Célestine
> C'est boire largement,
> Boire à la Jacobine
> C'est chopin à chopine ;
> Mais boire en Cordelier
> C'est vider le cellier.

Quand les années étaient bonnes et que le vin jouissait

de toutes ses qualités, ils prétendaient en lippant les pintes « *avaler la culotte de velours du bon Dieu* » c'est même là l'origine du dicton « se fourrer une culotte ! » Il n'y a que des gens d'église pour trouver ces expressions-là !

Le peuple avait surnommé vendangeurs certains saints dont la fête tombait vers la fin d'avril et mai parce qu'il croyait que le jour qu'on célèbre leur fête est précieux pour la récolte du vin, et faisait même quelquefois un mauvais parti à l'image du saint, quand celui-ci laissait geler les vignes le jour de sa fête ; on lui faisait faire le plongeon dans la rivière.

C'est dans cette rue que Charlemagne avait ses caves, où il entassait ses bons barils cerclés de fer, et Geoffroy Cocatrix, échanson de Philippe le Bel, demeurait tout à côté en son hôtel situé dans la rue à laquelle il a donné son nom et dont nous avons déjà raconté l'histoire.

Les ordonnances concernant le barillage prescrivaient de donner à ces petits tonneaux le huitième de la capacité d'un muid ou 18 boisseaux de Paris, en subdivisant le baril en demi et quart.

Quelques-uns de ces barilliers étaient aussi marchands de vins et débitaient en même temps contenant et contenu ; le contenant, à ceux qui pouvaient avoir du vin en cave ; le contenu, à ceux qui ne le pouvaient pas, au menu peuple. Les chroniques du temps racontent une aventure passée à l'état de légende.

Au dixième siècle, s'élevait au bout de la rue de la Barillerie, du côté du pont Saint-Michel, la boutique bien achalandée de maître Pierre, grand dispensateur des dons de Bacchus. Un barillet coquet servait d'enseigne, et le tavernier, bon enfant, faisait volontiers crédit.

Sa renommée était déjà grande comme barillier ; personne ne faisait tonnelets plus coquets ni barillets mieux tournés ; et si Bacchus eût eu besoin de faire réparer son tonneau, pour sûr il lui eût donné sa pratique.

Un jour, on vit ce débonnaire débitant de Suresne sortir tout effaré de son cellier, jetant de hauts cris : Au diable ! au diable ! disait-il, comme on crie au feu ! au feu ! On l'entoure, et quand le calme fut rétabli dans sa cervelle, il raconta que Satan était logé dans un de ses tonneaux qui roulait seul et d'où sortaient des cris étouffés.

Comme le diable était une puissance à cette époque, et que les moines dans leurs sermons parlaient souvent de ses nombreuses apparitions, on ajouta foi à ses terreurs. Les plus hardis regardèrent par le soupirail et virent, en effet, un tonneau aller de çà de là. Plus de doute, le malin esprit était là-dessous, et l'on courut prévenir l'abbé de Saint-Germain-le-Vieux.

Il vint armé des reliques et prières nécessaires aux exorcismes ; mais n'osant, malgré toutes ces précautions, entrer dans le cellier, il fit, à l'aide de cordes et de perches, sortir le baril qui roula dans la rue.

Pendant ce travail, la bonde tomba et l'on vit, rougis par le peu de lie qui restait et grisés par l'odeur de l'alcool, s'échapper par le trou une nichée de gros rats, qui se réfugièrent où ils purent. On reconnut que le tonneau, resté vide pendant quelque temps, avait été bouché la veille par maître Pierre, faisant sa ronde dans sa cave ; il avait ainsi emprisonné, sans s'en douter, une nombreuse famille de rats logés gratuitement dans les flancs du tonneau qu'ils essayaient de ronger. C'est en faisant des efforts pour sortir qu'ils lui avaient imprimé les mouvements qui effrayèrent tant le superstitieux cabaretier.

On glosa beaucoup, dans la Cité, sur cette méprise du bonhomme, qui sut habilement en profiter en supprimant le barillet qui pendait à sa porte, pour arborer comme enseigne un petit vallon peint sur bois ; et, au bas, pour perpétuer l'aventure, il mit ce mauvais calembour : *Au Rat-viné* (petit ravin). Des écoliers, mauvais plaisants, effacèrent souvent le *viné* et mirent *d'eau* à la place, pour faire *rat-d'eau*. Allusion maligne à l'eau de Seine, avec laquelle maître Pierre baptisait fort largement son vin. Jésus-Christ ne fit qu'une fois le miracle des noces de Cana, maître Pierre, en changeant de l'eau en vin, renouvelait le prodige tous les jours. Il y a encore, je crois, beaucoup de ses descendants qui font quotidiennement ce miracle.

Corrozet, modifiant le nom de *Barillerie* en celui de *Babillerie*, voulut probablement faire une mauvaise plaisanterie aux avocats dont il avait peut-être à se plaindre. Il explique cette étymologie joviale, peu digne d'un chroniqueur sérieux, en disant que ce nom lui venait du voisinage du Parlement où se débitaient tant de paroles et babilleries, véritable palais des Babillards, et à cause également des badauds dont la gent moutonnière, aussi nombreuse à cette époque que de nos jours, s'y réunissait pour s'entretenir des nouvelles de la ville.

Soit encore (les mauvaises étymologies ont toujours beaucoup de mauvaises raisons à leur service) à cause des *crieries* singulières et assourdissantes des petits métiers dont le nombre était si effrayant que Guillaume de Villeneuve, après avoir énuméré la longue ribambelle de ceux qui existaient de son temps, s'écrie :

> Que si j'avoie grant avoir
> Et de chascun voulsisse avoir
> De son mestier une denrée,
> Il aurait moult courte durée.

C'était une babillerie perpétuelle dans les rues ; rien que le *dit du mercier* contenait deux cents rimes pour crier sa marchandise. Nos bons vieux avaient de quoi choisir et je doute fort que nos merciers actuels en soient aussi bien assortis.

> Guillot a mis en rimes les rues de Paris.
> Ci-commence le dit des rues de Paris.
> Maint dit à fait des rois, de comte
> Guillot de Paris en son conte
> Les rues de Paris brièvement
> A mis en rime, oyez comment.

Quand il arrive à la rue de la Barillerie, voici ce qu'il dit :

> Trouvai et la Grand-Orberie (Marché-Neuf).
> Après la Grant-Barizzerie.

On a changé ce nom en Barillerie, mais le mot *grant* qui précède le nom est mis pour la distinguer de la ruelle de la Barillerie qui lui était parallèle et qui conduisait de la rue de la Calandre à la rivière, vis-à-vis l'endroit où était la Morgue.

Dans quelques-unes des maisons bourgeoises qui, par

leur circuit, formaient la cour du Palais et plus tard la place où s'élevait le pilori moderne, que renversa 1848, quelques bons bourgeois de la bonne ville de Paris avaient fondé, au quinzième siècle, un *Hôpital pour les pauvres*.

A cette époque, la misère était affreuse; les guerres civiles et la domination anglaise avaient mis le feu aux quatre coins de la France, et l'imprévoyance des approvisionnements jointe au peu de ressources du commerce avaient amené une horrible famine à Paris.

Un chroniqueur du temps, dans son langage pittoresque, nous dit que, « dans les rues malsaines et étroites, à l'huis des boulangers, vous ouïssiez par tout Paris, piteux plaids, piteux cris, piteuses lamentations et petits enfants crier : *je meurs de faim!* et sur les fumiers, parmi Paris, puissiez trouver ci dix, ci vingt, ci trente enfants, fils et filles, qui là mouroient de faim et de froid et n'étoit si dur cœur qui, par nuit, les eût ouï crier : hélas! je meurs de faim! qui grand'pitié n'en eût; mais les pauvres ménages ne les pouvoient aider! »

« Lors qu'on vidoit, *emmi* la rue, les pommes et prunelles qui, en hiver, avoient fait les *buvages* (cidres), femmes et enfants mangeoient par *grand saveur* ces fruits pourris qu'ils disputoient *aux porcs de messire saint Antoine*. »

Dans cet hôpital de la rue de la Barillerie, fondé par charitables bourgeois, les enfants pauvres avaient *potage et bon feu et bien couchés dans des lits bien fournis, que les bonnes âmes de Paris avaient donnés.*

L'incendie nocturne du Palais, en 1618, est un des

grands événements qui eurent pour théâtre la rue de la Barillerie. La clarté de cette immense fournaise fut telle que les villageois qui venaient des environs apporter des provisions au marché pensèrent, dans leur naïveté, que *le soleil s'était levé deux heures plus tôt que de coutume.*

Ce fut comme un contre-coup au crime de Ravaillac. L'incendie parachevait l'œuvre du régicide, et le poëte Théophile grava l'opinion publique dans quatre vers satiriques que tout le monde connaît :

> Certes, ce fut un triste jeu
> Quand à Paris, dame Justice,
> Pour avoir trop d'épices
> Se mit le Palais en feu.

Mais nous reviendrons sur cette triste page de l'histoire du vieux Paris en parlant du Palais.

Au numéro 7 de cette rue, s'élevait l'église paroissiale de Saint-Barthélemy, érigée sur l'emplacement d'une chapelle qui datait du cinquième siècle et réparée en 890 par le comte Eudes.

Elle fut d'abord consacrée à saint Magloire ; voici comment : saint Malo, chassé de Bretagne par les incursions des Normands, vint se réfugier à Paris à l'ombre du palais du roi. Il apportait avec lui, comme étant sa plus grande richesse, les corps saints de Magloire, Samson et Maclou, qui furent déposés en chapelle royale de Saint-Barthélemy, laquelle, peu à peu, changea son nom primitif en celui de Magloire. Hugues Capet fonda à côté un monastère dit *des Maglorians*, avec une foule de droits, priviléges et redevances en blé et vins.

Louis le Gros leur donna un pressoir et un arpent de vignes à Charonne, deux arpents de terre au lieu dit *Mille-Pas*, et douze marcs d'argent pour recouvrir et réparer la châsse de saint Magloire qui, par suite de la nécessité du temps, avait été dégarnie de son couvercle d'argent vendu pour charité et bienfaits.

Saint Barthélemy était paroisse royale en 1140.

Au chevet, il y avait l'ancienne chapelle de *Notre-Dame des Voûtes*, ainsi nommée par ce qu'elle avait été édifiée sur des voûtes en 1525 ; elle prit ensuite le nom de *Notre-Dame de la Fontaine*.

Saint-Barthélemy contenait quatre chapelles royales, quatre confréries : 1° de Sainte-Catherine ; 2° de Saint-Sébastien et Saint-Roch ; 3° du Saint-Sacrement ; 4° de *Saint-Michel-Ange du Mont de la Mer* pour les pèlerins et pèlerines de Paris qui avaient fait le voyage. Le grand autel était dédié à saint Michel que vénéraient surtout les rois comme patron de la France.

En mémoire de ce que cette église avait été anciennement une chapelle du roi, on considérait toujours celui-ci comme le premier paroissien. C'est en cette qualité que le chanteau du pain bénit fut présenté à la fête de Pâques de 1531 à François 1er qui était logé au Palais, et le dimanche suivant, il fit présenter pour lui un pain bénit d'une grosseur monstrueuse.

Le curé de Saint-Barthélemy avait son presbytère de l'autre côté de la rue, en face de son église. Quand on agrandit le Palais, et qu'il fut forcé de déloger, Louis X, dit le Hutin, donna à perpétuité, chaque année, dix livres dix sols parisis à prendre sur la coutume, émolument et ferme du poisson des halles, par lettres patentes du 15 mai 1315.

Il y avait aussi dans cette église, la chapelle fameuse de *Notre-Dame la Gisante*, ou de Pitié, entretenue par une redevance perçue sur les étaux de poissons de mer et d'eau douce établis le long des murs du petit Châtelet jusqu'à la descente de la rivière, et dont le chapelain avait le louage. Ces étaux occasionnant des encombrements et accidents, le prévôt les transporta au Marché-Neuf dit de l'Herberie.

La légende nous apprend que tous les matins, pendant la durée de son excommunication, le roi Robert qui ne voulait pas déshonorer Berthe, sa cousine germaine qu'il aimait, venait dévotement faire ses oraisons à la porte de l'église Saint-Barthélemy, car il n'osait entrer.

Un jour Abbon, abbé de Fleury, accompagné de deux suivantes de la reine, sortit du Palais en portant un grand plat en vermeil soigneusement recouvert d'un linge blanc. Il aborda le roi et lui dit :

« Berthe l'excommuniée vient d'enfanter, et voici le fruit de ses entrailles. Voyez, ajouta-t-il, les effets de votre désobéissance aux décrets de l'Église, et le sceau de l'anathème gravé par la justice divine sur vos amours maudites. »

Robert, d'une main tremblante, souleva le linge et vit un monstre ayant un cou et une tête de canard.

Son imagination fut douloureusement affectée, il crut à une punition de son prétendu crime, répudia Berthe et épousa Constance de Provence, dont le caractère altier, cruel et vindicatif causa tant de malheurs à la France.

89 déclara l'église de Saint-Barthélemy propriété nationale. Vendue et démolie en 1791, on établit sur son emplacement le *Théâtre de la Cité, veillées de la Cité*, puis enfin le *Prado*, célèbre dans l'histoire des folies des étudiants et des grisettes.

Aujourd'hui, à la place de cette vieille église dont je viens d'esquisser rapidement l'histoire, s'élève le tribunal de commerce. Sa calotte de plomb mise de travers le fait ressembler à un individu coiffé à la mal-content; il semble comprendre qu'il est comme un intrus dans cette vieille Cité pavée de souvenirs historiques et demander une place ailleurs.

M. le préfet de la Seine, est sans contredit, un grand édile; il a le sentiment des conceptions grandioses et c'est un bonheur pour Paris de l'avoir à la tête de son administration, car il a su comprendre qu'une refonte complète de la vieille Lutèce était nécessaire pour ne pas la voir descendre au sixième rang parmi les capitales européennes.

Si Londres est la première ville manufacturière, Paris doit être par la beauté de ses monuments, ses jardins, ses parcs, ses fêtes, la première capitale du luxe, du bon goût et du plaisir, le paradis de l'opulence; et c'est ce qu'a fait M. Haussemann. L'étranger, quand il a bu le vin de toutes ses ivresses ne peut la quitter.

On a crié beaucoup et l'on criera encore; mais si, par hasard, dans une nuit, une méchante fée jouait aux Parisiens le mauvais tour d'escamoter le Paris moderne et de faire sortir de terre, par un coup de sa baguette toute puissante, le vieux Paris laid et malsain du moyen âge des cris d'horreur sortiraient de toutes les poitrines. Les Parisiens s'empresseraient au plus vite de délier les cordons de leur bourse et payeraient des millions pour replacer sur la tête de leur ville le diadème de reine qu'elle n'aurait plus.

Mais ce qui manque à la conception de ces grandes féeries municipales, ce sont les architectes. Ils ne sont pas à la hauteur du progrès, ils ne font que des pastiches maladroits d'ordres architectoniques préconçus. Quand un siècle n'est pas assez grand pour se créer une architecture originale il se traîne sur les sentiers battus et ramasse les restes des autres, avec lesquels il se compose un ordre bâtard, dont les maladresses sont souvent la cause de la pluie de critiques acerbes et de colères qui tombe sur le campanile de l'Hôtel-de-Ville, et confond dans le même anathème le grand édile qui conçoit et l'ouvrier qui exécute.

V

La rue Saint-Éloi. — Ce qu'on appelle le bon vieux temps. — L'avez-vous trouvé? — La légende de saint Éloi. — Son enfance. — Quand il était forgeron. — Comment il fut guéri du péché d'orgueil. — Son premier miracle. — La légende du fauteuil du roi Dagobert. — Le château de Rueil. — Piété et charité de saint Éloi. — Le monastère de Sainte-Aure. — L'orfèvrerie, art national des Francs. — Ses châsses. — Son tombeau. — Il devient patron des orfévres. — Les hymnes composées à sa gloire. — Origine, au seizième siècle, de la chanson populaire du roi Dagobert. — Napoléon III et la tradition artistique des rois mérovingiens.

Quand on montait la rue de la Barillerie, en allant vers le pont Saint-Michel, on rencontrait jadis, vers le milieu, la rue Saint-Éloi, qui allait jusqu'à la rue de la Calandre. Après avoir dit l'histoire légendaire de la rue de la Barillerie, c'est la rue Saint-Éloi qui doit nous arrêter un moment.

Son histoire remonte au temps du roi Dagobert.

Dagobert, si nous en croyons la chanson, n'écoutait pas toujours saint Éloi; elle en fait le type du roi débonnaire, et de son règne celui du bon vieux temps. Frédégaire va plus loin : il le compare à Salomon, le bon justicier. Cependant il n'eut que trois femmes, tandis que Salomon partagea sa couche avec un nombre fabuleux d'épouses plus ou moins sages. Dagobert protégeait le menu peuple contre les leudes, ce qui ne l'empêchait pas de tuer, assassiner et empoisonner ceux qui le gênaient. Il en est du bon vieux temps comme de la débonnaireté du roi Dagobert : on y croit enfant. Quant à nous, nous ne pensons pas que cette époque barbare soit le bon vieux temps; ni celle de l'an 1000, sous le règne sombre des moines; ni celle de la féodalité, avec ses chevaliers errants bataillant aux dépens du pauvre peuple ; ni celle des guerres du fanatisme religieux des quinzième et seizième siècles; ni même celle de Henri IV, malgré sa poule au pot ; qu'appellerons-nous donc le bon vieux temps ? Je ne sais, mais je ne l'ai pas encore trouvé, et si je le rencontre, je me ferai un devoir de vous l'apprendre. Qui sait ? ce sera peut-être, dans deux cents ans, celui où nous vivons.

La légende de saint Éloi se rattache par tant de côtés à l'histoire du vieux Paris, qu'en la racontant sommairement, nous ne croyons pas nous écarter de notre sujet.

Saint Éloi naquit en 588, en pays limousin, au village de Catala, à deux lieues au septentrion de Limoges. Il sembla prédestiné dès le sein de sa mère, car, si nous en croyons une pieuse tradition, pendant qu'elle était en travail d'enfant, elle vit en songe un aigle voltiger autour de sa couche et fondre sur elle comme pour lui pronostiquer quelque chose d'extraordinaire. Elle devina alors que son enfant était choisi de Dieu pour accomplir de grandes choses, et le nomma *Eligius*, Éloi. (Élu de Dieu.)

Tout jeune, son père remarqua sa grande habileté de main pour se fabriquer des joujoux, même avec les morceaux de fer et de plomb qu'il ramassait devant les forges. Il le fit entrer comme apprenti chez Abbon, le plus célèbre des orfèvres de la ville. Sa facilité pour apprendre, son adresse, sa docilité, en firent bien vite l'apprenti de prédilection de son maître.

Pas assez riche pour ouvrir un atelier d'orfévrerie, il se fit maréchal-ferrant à Limoges, et c'est là, en 610, c'est-à-dire à l'âge de vingt-deux ans, que l'on place la fameuse aventure dont il fut le héros, et qui figure sur toutes les bannières des corporations des maréchaux-ferrants de plusieurs pays : saint Éloi est représenté brisant son enseigne.

Il était donc simple maréchal-ferrant à Limoges, et d'une grande réputation ; car son habileté était telle qu'en trois chaudes il forgeait un fer à cheval.

Tous les cavaliers, pèlerins et commerçants qui traversaient la ville, s'arrêtaient devant sa boutique pour faire réparer les accidents de leur monture, et on était certain d'aller un bon bout de chemin avec les fers posés par la main habile du célèbre forgeron.

La vanité lui monta à la tête et l'aveugla tellement qu'il fit faire une enseigne sur laquelle il était représenté en forgeron, avec cette légende :

« Éloi, maître sur maître, maître sur tous. »

Cette orgueilleuse enseigne blessa l'amour-propre de ses concurrents, et, de toutes parts, s'éleva un concert de réclamations et de cris qui monta jusqu'au paradis.

Le bon Dieu, entendant un tel tapage, mit le nez à la fenêtre de son beau ciel bleu pour voir s'il n'y avait pas quelque révolution dans le pays des Francs. Ses regards tombèrent justement sur Limoges et virent la fameuse enseigne.

L'orgueil est le plus grand des péchés capitaux, c'est lui qui fit d'un ange un diable, et par conséquent un de ceux qui déplaisent le plus à Dieu.

Le Père éternel fut grandement courroucé.

— Oh! oh! s'écria-t-il, qu'elle est donc la créature assez hardie pour se prétendre plus habile que moi? Il faut une punition exemplaire pour châtier pareille outrecuidance.

Et il se mit à réfléchir.

Comme il méditait, ne trouvant pas assez grave le châtiment qu'il voulait infliger, Jésus-Christ vint et plaida en faveur d'Éloi.

Il obtint un délai et s'engagea, dans l'intervalle, à corriger le coupable et à le ramener au bien pour toujours.

Jésus-Christ monta sur deux rayons de soleil, se laissa glisser à terre, et, comme un voyageur qui vient de faire une longue course, arriva aux portes de Limoges.

Il alla droit à la boutique de l'orgueilleux forgeron, et s'offrit comme compagnon, en disant qu'il savait forger et ferrer mieux que personne, et en une seule chaude, ce qui était la chose la plus habile.

Éloi eut l'air d'en douter.

Alors, sur un signe du nouveau venu, Oculi souffla, et, en un clin d'œil, il fit un fer si merveilleux comme travail et perfection, qu'Éloi n'y vit que du feu.

Il prit le fer, l'examina, le tourna et retourna dans tous les sens, espérant y trouver un défaut.

Il était irréprochable.

— Maintenant, dit Éloi, ce n'est pas tout, de quelle manière le mettras-tu au cheval?

4.

— Rien de plus facile.

Il sortit, coupa une des quatre jambes du cheval qui était là, la ferra tranquillement dans la boutique, et la remit, sans que le sang coulât, ni que l'animal bronchât.

Éloi, émerveillé, embaucha de suite un si bon ouvrier, et l'envoya le lendemain en tournée dans les villages environnants.

Éloi, plein de confiance en lui-même, voulut, en l'absence de son apprenti, ferrer selon la nouvelle manière le cheval d'un cavalier tout bardé de fer, qui venait d'arriver à la porte. Il coupa une jambe, et le sang coula en telle abondance que l'animal tomba inanimé. Le cavalier, peu accoutumé à ce procédé, se fâcha. Éloi essaya de remettre le pied, mais inutilement. Dans son désespoir, il allait se frapper la poitrine avec le couteau qu'il tenait encore à la main, quand, heureusement pour lui, Jésus rentra et lui dit :

— Que fais-tu, maître, tu as l'air tout désespéré ?

Avec un geste de douleur, Éloi lui montra la triste besogne qu'il venait de faire.

Alors, Jésus prit le pied, l'approcha de la jambe, et ressuscita l'animal, qui hennit de bonheur pour annoncer son retour à la vie.

Éloi, confus devant une telle supériorité, rentra dans sa boutique, avec son plus gros marteau brisa son enseigne, et s'inclina devant son nouvel apprenti, en lui disant humblement :

— C'est toi qui es maître et moi qui suis le compagnon.

Jésus, le front ceint d'une auréole dont l'éclat éclipsa le feu de la forge, lui dit alors :

— Heureux celui qui s'humilie, il sera élevé ; je te pardonne, reste maître sur maître, et souviens-toi que c'est moi seul qui suis le maître sur tous.

Il monta en croupe derrière le cavalier et disparut avec lui.

Ce cavalier était saint Georges ; ils montèrent au ciel, et Dieu pardonna. Car Éloi depuis fut humble entre tous et vécut en prud'homme.

Éloi quitta alors sa forge et travailla quelque temps comme monnayeur dans le monnayage de la ville. « Il avait un grand génie pour toutes choses, » dit son biographe, saint Ouen. Quand il fut habile dans son art, il passa la Loire et vint en Neustrie, fit connaissance à Paris de Bobbon, trésorier de l'épargne et intendant des finances du roi Clotaire II. Il entra dans l'atelier d'un orfèvre *qui faisait ouvrage pour le roi.*

« Si, advint que le roi quérait qui lui pût faire un fauteuil d'or, incrusté de pierres précieuses, et ne trouvait personne qui pût entreprendre cet ouvrage et l'exécuter comme il l'avait conçu : adonc, le maître du saint dit au roi qu'il avait trouvé un ouvrier qui très-bien lui ferait tout ce qu'il voudrait, et dont le roi bailla une grande masse d'or à saint Éloi, il fit deux fauteuils au lieu d'un qui lui était commandé, » sans soustraire, ajoute le chroniqueur, un seul grain d'or qui lui était confié, ne suivant pas en cela l'exemple des autres ouvriers, qui se rejettent sur les parcelles qu'emporte la lime rongeuse ou la flamme dévorante du fourneau.

« Quand le roi vit le premier fauteuil si tant beau, lui et tous ses gens s'en émerveillèrent moult et lui rémunéra le roi moult largement; et, après, saint Éloi lui présenta l'autre fauteuil en lui disant qu'il l'avait fait du remanant de l'or dont le roi fut plus émerveillé que devant ; si lui demanda comment il avait pu faire ces deux fauteuils du même poids qui lui avait été baillé; saint Éloi lui répondit : que bien par le plaisir de Dieu. »

Tel est en résumé le récit du premier miracle de saint Éloi, qui devint orfèvre monétaire du roi et fixa sa demeure vis-à-vis le palais du roi en la Cité. On montrait encore au treizième siècle la *maison au fèvre*, qui devait être la sienne et que l'incendie de l'an 900 respecta.

C'est ce fameux fauteuil, imaginé par Clotaire, qui fut consacré par la légende sous le nom de la *Chaise de Dagobert*. On le montrait au trésor de Saint-Denis, et il servait de trône à nos premiers rois lorsqu'ils recevaient l'hommage des grands de France à leur avénement à la couronne. Il fut disputé à plusieurs reprises par le chapitre de Saint-Denis et le cabinet des Antiques de la Bibliothèque. Ce siége légendaire, qui certes ne mérite guère sa réputation, était encore au douzième siècle regardé comme l'œuvre de saint Éloi ; voilà pourquoi on le conservait précieusement au trésor de l'abbaye de Saint-Denis. Il fut réparé au dixième siècle, par les soins et avec les deniers des moines de Saint-Denis, comme une curieuse relique de leur royal fondateur. Quelques malades, perclus des membres, se sont trouvés guéris en restant assis dessus pendant toute la longueur d'une messe dite à leur intention.

Clotaire lui confia des travaux plus importants et plus précieux ; il allait le voir travailler dans son atelier, causait avec lui et trouvait un grand sens à ses paroles, toujours sages et profondes. Le roi possédait à Rueil, alors nommé *Ruoilum*, un manoir qu'il affectionnait beaucoup. Cette châtellenie fut habitée et embellie par Dagobert, qui la donna aux moines de Saint-Denis. Charles-le-Chauve confirma cette donation, à la condition d'entretenir sept cierges devant sa tombe, et quinze luminaires le jour des grandes fêtes. C'est dans ce château que saint Éloi rencontra saint Ouen, qui devint son historien, et se lia intimement avec lui. Ces deux grands saints veillèrent ensemble sur le berceau de la monarchie et essayèrent d'adoucir, par leurs conseils et leur exemple, la barbarie de ces temps primitifs.

Quand Dagobert, en 628, monta sur le trône, il hérita de l'affection et de l'estime de Clotaire II pour saint Éloi, qui s'était fixé à la cour et menait une vie édifiante, tout en se livrant aux travaux de son état.

Il avait suspendu aux poutres de sa chambre une foule de reliques sous lesquelles il se mettait à genoux et priait toute la nuit, prosterné et couvert d'un cilice. Un jour, il s'endormit et se réveilla au milieu des parfums exquis qui s'étaient échappés d'un étui rempli des reliques les plus précieuses. Il consulta son ami saint Ouen, qui vit dans ce phénomène un avertissement de Dieu, et lui bailla l'habit de religion.

Saint Éloi pratiquait l'aumône avec une si grande abnégation, que tout ce qu'il recevait du roi, il le donnait aux pauvres, aux orphelins, aux veuves, aux voyageurs, aux pèlerins et pour le rachat des captifs, de sorte qu'il *demeurait souvent presque nu*. Il ne sortait pas sans être entouré de mendiants, comme une ruche à miel de mouches ; il les nourrissait et les servait lui-même.

Dagobert lui octroya un grand espace de terrain, formant le douzième de la Cité, compris entre les rues de la Barillerie, de la Calandre, aux Fèves et de la Vieille-Draperie. Cet espace, entouré comme d'un cordon religieux, fut connu sous le nom de *ceinture Saint-Éloi*. Il eut d'abord l'intention d'y établir un hôpital ; il en fit un monastère pour les deux sexes. Aurée (depuis sainte Aure), venue de Syrie à Paris, prêchant l'Évangile en langue hébraïque pour convertir les Juifs, fut l'abbesse des filles, et Quintilien, lors abbé de Saint-Martial, dirigea les moines.

Le nombre de religieux le força d'augmenter l'abbaye ; il redemanda du terrain, et l'on rapporte que ce terrain s'étant trouvé excéder d'un pied l'étendue qui avait été demandée, saint Eloi courut se jeter aux pieds de Dagobert, comme s'il eût été coupable d'un grand crime. Le roi, étonné d'une probité si rare, lui donna le double de ce qu'il avait déjà accordé.

Ce monastère, avant de porter le nom de son fondateur, garda longtemps celui de saint Martial, apôtre d'Aquitaine et patron de Limoges. A l'entrée des reliques de ce saint dans la Cité, une grande foule de peuple courut se prosterner, et quand elles passèrent, portées par les moines, devant les cachots de la rue de Glatigny, les portes s'ouvrirent d'elles-mêmes, et les prisonniers virent tomber les chaînes de leurs mains.

Mais avant de parler de ce couvent et de son église, qui devint celle des Barnabites, terminons en quelques mots la légende de saint Éloi.

Tout en étant ministre de Dagobert, il travaillait toujours l'orfévrerie et faisait un grand nombre de vases d'or enrichis de pierres précieuses ; il n'était jamais fatigué et avait toujours à ses côtés ses compagnons et apprentis, qui suivaient les traces de leur maître, dit la chronique, ce qui prouve que l'orfévrerie était déjà organisée en corps de métier avec ses trois ordres : maîtres, compagnons et apprentis.

A mesure que l'on déterrait les corps des saints enfouis après la persécution, il leur faisait des châsses brillantes. C'est ainsi qu'il fit celles de saint Quentin, en Vermandois ; de saint Lucien, de Beauvoisis ; de saint Piat, de Tournay ; de saint Crépin et saint Crépinien, de Soissons ; de saint Martin, de Tours ; de saint Denis, de sainte Geneviève, de saint Séverin, de saint Germain, de sainte Colombe.

Il fonda aussi plusieurs ateliers ; l'orfévrerie était alors en quelque sorte l'art national des Francs, comme le prouverait ce mot de Chilpéric, qui dit un jour à Grégoire de Tours, en lui montrant un grand plat d'or étincelant de pierres précieuses, et pesant cinquante livres : « Je l'ai fait faire pour donner de l'éclat à la nation des Francs, et j'en ferai bien d'autres si Dieu me conserve la vie ! »

Brunehaut, cette grande reine qui aimait tant les arts, protégeait les orfévres. L'orfévrerie rehaussait la royauté en lui procurant les moyens de parler aux yeux et de se faire une auréole d'or, et il ne faut pas s'étonner de cette idée de Clotaire de se faire un fauteuil d'or, sur lequel il s'asseyait pour recevoir l'hommage de ses sujets. L'or était alors la représentation matérielle de la puissance royale. Les plus habiles, comme saint Éloi, étaient les amis des rois, qui fréquentaient leurs forges. La vieille chanson populaire dans laquelle Dagobert et ce saint sont mis en scène avec la naïve gaieté du vieux temps, est comme une réminiscence impérissable des rapports familiers du roi et de l'ouvrier, que le populaire de Paris avait vus trop souvent ensemble pour les séparer dans ses souvenirs.

Il allait souvent visiter son grand monastère de Solignac, en pays limousin, et les grands établissements d'orfévrerie religieuse qu'il avait fondés. Le monastère de Sainte-Aure lui-même n'était qu'une succursale de Solignac; les religieuses s'y occupaient surtout d'orfévrerie en tissus ou de la broderie des étoffes destinées aux rois, aux usages et habits ecclésiastiques.

Après avoir été évêque de Noyon, il mourut à Soissons le 1er décembre, 659. A peine la nouvelle de sa mort fut-elle répandue, que la ville fut en pleine rumeur, quoique dans la nuit; tous pleuraient. De tous côtés, des princes illustres arrivaient pour recevoir une dernière fois sa bénédiction. La pieuse reine Bathilde vint avec les princes, ses fils, et les principaux de Paris. Elle essaya inutilement de faire transporter le corps du saint à l'abbaye de Chelles qu'elle avait fondée aux environs de Paris, mais saint Éloi avait désiré être enterré dans le monastère de Saint-Loup, près Soissons, et son corps, pour témoigner que cette sépulture lui était agréable, devint si lourd, qu'on ne put le lever; on y renonça, et la reine Bathilde ordonna de lui faire un tombeau d'or et d'argent, en disant : « Ce bienheureux saint a fait les tombeaux d'un grand nombre de saints; pour moi, je décorerai le sien aussi magnifiquement que je le pourrai et comme il en est digne. »

Ce tombeau reçut une prodigieuse quantité de présents qui se multiplièrent avec les miracles qu'il faisait; c'étaient surtout des pièces d'orfévrerie, croix, vases, lampes, candélabres en métal précieux, comme pour rappeler qu'il avait été le maître dans cet art; il fut reconnu dès lors pour le patron des orfévres.

En cette qualité, il était ennemi des voleurs. Ainsi, un larron, raconte la légende, ayant pénétré la nuit dans l'église du monastère de Saint-Loup pour dérober au tombeau du saint, réussit à enlever une chaîne d'or et divers objets qui pendaient à l'entour ; mais, au moment de se sauver, il fut frappé d'immobilité à la porte de l'église, où on le trouva le lendemain matin, encore nanti des preuves de son larcin sacrilége.

Un grand nombre de ses reliques, possédées par plusieurs églises attestent la vénération générale pour ce grand patron des orfévres.

Aux offices anniversaires de sa fête, le 1ᵉʳ décembre, dès les onzième et douzième siècles, on chantait des hymnes qui célébraient en vieux latin sa vie et ses vertus.

La traduction d'une strophe curieuse en donnera une idée :

> Son marteau, est l'autorité de la parole,
> Son fourneau, la constance du zèle,
> Son soufflet, l'inspiration,
> Son enclume, l'obéissance.

Ces hymnes s'étaient perpétuées dans la mémoire des orfévres, et on les disait encore aux offices du saint, il y a un siècle; mais, comme le latin n'était plus familier à tous les orfévres, à la fin du seixième siècle, Sébastien Rouillard avait composé une hymne française sous forme de complainte. En voici quelques strophes :

>Faudrait une lyre dorée
>Qui eût sa tablette azurée,
>Sur icelle des fils d'argent,
>Son dos couvert d'orfévrerie,
>Chaque cheville en pierrerie,
>Et l'archet de même entregent.
>
>O ! saint Eloy ! prélat insigne,
>Pour te chanter un los condigne
>Aux mérites de tes vertus,
>Toi, dont l'Eglise a tant de gages,
>Et qui admire tes ouvrages
>D'or et de perles revêtus.
>
>Soubs Dagobert fut ta naissance
>Ton premier art eut la puissance
>Sur les plus riches des métaux ;
>Après les châsses et les lames
>Tu vins à régner sur les âmes
>Des plus nobles animaux.
>. . . . .

Cette hymne française, qui parut trop solennelle à quelque plaisant, fut travestie dans la chanson populaire que nous avons tous chantée dans notre enfance :

>C'est le roi Dagobert
>Qui mit sa culotte à l'envers ;
>Le grand saint Eloi
>Lui dit : O mon roi !
>Votre Majesté
>Est mal culottée.
>— Eh bien ! lui dit le roi,
>Je vais la remettre à l'endroit.

> Le bon roi Dagobert
> Se battait à tort à travers ;
> Le grand saint Eloi
> Lui dit : O mon roi !
> Votre Majesté
> Se fera tuer.
> — C'est vrai, lui dit le roi :
> Mets-toi bien vite devant moi, etc.

La légende que je viens de raconter prouve que, dès l'origine, les rois protégeaient et aimaient les maîtres habiles, (aujourd'hui nous disons les artistes) et que cette belle tradition qui commence avec Clotaire II et Dagobert se continua avec Charlemagne, François Ier et les Valois, Louis XIV et Napoléon III qui, comme les rois mérovingiens que je viens de citer, visite les ateliers des grands peintres, des sculpteurs, des orfévres, etc.

Maintenant que nous connaissons saint Eloi, nous allons parler de la rue qui porte son nom, de ses différentes dénominations et des couvents qui s'y trouvaient.

VI

Les divers noms de la rue Saint-Éloi. — La chevaterie. — Les orfévres. — Leurs ouvroirs sur le pont au Change. — Leurs discussions avec les changeurs. — Les savetiers. — La légende du soulier de saint Éloi. — Le cri des savetiers. — Leur corporation. — Mauvaise réputation de l'église Saint-Éloi en la Saveterie. — Le monastère et ses désordres. — Le four de madame Sainte-Aure. — L'église de Saint-Martial. — Les Barnabites. — Un miracle. — Une loterie sous Louis XIV. — La maison de Patrouillet. — Les ateliers de la Révolution. — La rue de la Ganterie. — Origine du dicton se donner des gants. — Merci pour les vieux noms. — Le grand naufrage de la Cité.

La rue Saint-Éloi, selon la coutume du temps, changea plusieurs fois de nom et prit successivement celui des industries qui vinrent s'y loger. Nous retrouvons ces variations dans beaucoup de nos rues anciennes; c'est ce qui rend si difficile l'histoire archéologique et légendaire du vieux Paris. La dénomination ne resta invariable que pour celles qui tirèrent leurs noms d'un monument, d'un palais, d'un couvent ou d'une église. Les industries variaient en suivant l'agrandissement périodique de la vieille Lutèce, et surtout la création des halles et des marchés, tandis que les édifices restèrent debout et immobiles comme des géants de pierre qui racontaient leur histoire ou rappelaient des souvenirs qu'on ne pouvait oublier, et dont on a fait trop bon marché dans les bouleversements municipaux de ces derniers temps.

La rue Saint-Éloi fut d'abord appelée *La chevaterie* ou *cavateria*, c'est-à-dire, de l'orfévrerie, car les *cava-*

tores étaient les ouvriers ciseleurs en métaux. Les orfévres, fiers de leur patron, et comme si son ombre planait encore sur les lieux illustrés par sa présence, vinrent établir leurs ateliers dans le voisinage de son église et réclamèrent le premier rang parmi les corps de marchands, à l'époque où ils avaient la garde du buffet du roi aux cérémonies publiques. Ils l'obtinrent facilement, car la royauté tirait un grand éclat (éclat tout matériel, comme je l'ai déjà dit, qui en imposait aux esprits grossiers,) des plats, des aiguières, des hanaps, etc., étincelants d'or et de pierreries, dont ils couvraient les tables et dressoirs du Palais de la Cité.

Plus tard, ils quittèrent leurs forges héréditaires pour se soustraire, d'une part, aux vexations du bailli du Palais, ainsi qu'à celles du prieur de Saint-Éloi, et, d'autre part, pour éviter les inconvénients d'une rue malsaine, dont les exhalaisons corrosives ternissaient le poli de leurs ouvrages.

C'est alors qu'ils installèrent leurs ateliers, *fenêtres ouvroirs* (ou boutiques ouvertes) sur le Grand-Pont ou Pont au Change, en concurrence avec les changeurs, la plupart Lombards, Italiens et Juifs. Ces deux corps d'état devinrent rivaux, et occupèrent chacun un des côtés du pont; les orfévres du côté du Grand-Châtelet, les changeurs en amont, du côté de la Grève. Ils étaient toujours en présence, comme deux armées en bataille. Ils établirent aussi un tapis de changeur devant leur ouvroir et voulurent faire concurrence aux changeurs; mais, sur la plainte de ceux-ci, le prévôt de Paris fit enlever le tapis des orfévres, décision que le Parlement confirma Un changeur ne pouvait, sous peine d'amende, vendre en gros ou en détail de l'orfévrerie fabriquée, neuve ou vieille ; et l'orfévre, de son côté, ne pouvait, sous la même peine, faire acte de changeur. Ils se dénonçaient réciproquement, et jamais ces deux corps d'état ne furent d'accord.

Les savetiers, à leur tour, s'emparèrent de la rue qu'ils avaient complétement abandonnée, et, depuis 1313, elle s'appela rue de la *Saveterie* ou *Savaterie*.

Une légende justifie en quelque sorte cette invasion des savetiers :

L'église Saint-Martial possédait plusieurs reliques de saint Éloi, sa mître et sa gibecière, son enclume, son marteau, ses crosses, son calice, un de ses bas et un de ses souliers. Ce soulier, offert à la vénération perpétuelle des fidèles, était enfermé dans une petite châsse en fer, au-dessous d'une statue de ce saint. Il tenta la cupidité d'un savetier du voisinage qui espérait y trouver de l'or et des pierreries ; mais, il ne l'eut pas plutôt dérobé, qu'il *devint comme enragé*, et courut restituer ce soulier précieux au sacristain, puis se confesser de son larcin, qui, disait-il, n'était que pure curiosité.

Pour lui apprendre qu'on ne doit pas plaisanter avec de pareilles reliques, le prieur de Saint-Éloi le condamna, pour pénitence, à aller nu-pieds jusqu'à la fin de ses jours, ce qui devait être fort dur pour un savetier.

Cette aventure fit beaucoup de bruit dans la savaterie, et plus d'un arbora sur son enseigne le soulier miraculeux de la légende.

C'est de cette rue tortueuse et malpropre que partaient les savetiers qui allaient colporter par les rues leurs boutiques ambulantes, en criant du soir au matin :

> . . . . . les viez housiaux,
> Les sollers viez, et soir et main (matin).

Ou le refrain suivant :

> Souliers à Laz, aussi houzeaulx,
> Ayez souvent frez et nouveaulx,
> Et qu'ils soient beaux et fetis (bien faits)
> Ne trop larges ne trop petis.

Il y avait vingt savetiers-carreleurs qui suivaient la cour ; on les appelait, par plaisanterie et pour rappeler les orfévres de la rue Saint-Éloi, *les orfévres en cuir*.

Ceux qui vendaient des souliers au marché, aux foires Saint-Germain, Saint-Ladre et du Landit, étaient frappés d'un droit de *siége* ; Ils formèrent ensuite une corporation, moyennant une redevance au grand-écuyer Jean Pothon de Xaintrailles, conseiller et chambellan du roi, grand-maître de l'écurie et maréchal de France sous Charles VII. Ce vaillant capitaine, qui aida la Pucelle à chasser les Anglais, ne dédaignait pas de prélever un impôt sur les souliers parisiens. La bannière de la corporation portait d'un côté, saint Crépin, et de l'autre trois souliers.

Cette rue fut plus tard débaptisée, pour devenir rue Saint-Éloi, à cause de l'église dédiée à ce saint, église qui n'était guère en odeur de sainteté, si nous en croyons une vieille chronique rimée qui cite, entre autres églises et chapelles où les femmes se rendaient dans un but de galanterie.

Saint-Eloi en la Saveterie.

Le couvent fondé par le ministre de Dagobert et soumis à la règle de sainte Anne, se relâcha peu à peu de la sévérité primitive. Le contact des deux abbayes de moines et de religieuses enfanta des désordres. D'un autre côté, quelques religieuses, entraînées par le mauvais exemple du voisinage de la rue *diffamée* de Glatigny, se déguisèrent en ribaudes pour se prostituer dans les tavernes du *Val d'Amour*. L'évêque de Paris fut forcé d'agir de rigueur pour arrêter ces scandaleuses débauches, et les nonnes furent dispersées dans divers monastères éloignés. L'abbaye fut donnée à Thibaut, abbé de Saint-Pierre-des-Fossés, qui y mit douze religieux de son ordre, avec un prieur pour les diriger ; ils n'imitèrent pas les débordements des nonnains.

Sainte Aure qui, de son vivant, était moult grandement charitable, avait fait construire un four où le menu peuple venait cuire son pain, sans rétribution. Jusqu'au dix-septième siècle, sous le nom de *four de madame Sainte Aure,* il resta l'objet de la vénération des fidèles, quoique nul n'y fît cuire son pain depuis l'abolition des fours banaux par Philippe-le-Bel, qui avait ordonné que chacun de Paris pourrait *faire et fourner en sa maison en faisant pain suffisant et raisonnable.*

Ce four fut longtemps une des curiosités de la rue Saint-Éloi.

L'église de Saint-Éloi fut construite sur une partie de l'église du monastère, en 1399, par les orfèvres de Paris. Celle qui existait encore il y a peu de temps datait de 1550 et avait été élevée d'après les dessins de Philippe de Lorme. On y voyait plusieurs statues très-estimées, dues au ciseau de Germain Pilon.

L'ancienne église de Saint-Martial, qui était d'une grande étendue, tombait en ruines au seizième siècle ; on perça alors une rue qui continua celle de Saint-Éloi. Le chevet resta sous le vocable de Saint-Martial, et de la nef on fit plus tard une seconde église que les barnabites réédifièrent quand François de Gondi, en 1629, premier archevêque de Paris, la leur donna avec le couvent qui en dépendait. Les clercs réguliers de Saint-Paul, dits barnabites, qui faisaient leur apparition dans le clergé de Paris, étaient ainsi nommés parce qu'ils venaient du couvent de Saint-Barnabé, de Milan. Henri IV les avait appelés en France en 1608. Leur mission était de prêcher. Le portail de leur église fut transporté aux Blancs-Manteaux.

L'autel de cette église contenait des reliques de sainte Aure, enfermées dans une châsse de bois et de verre. Saint Éloi, qui *élaboura de ses propres mains* tant de châsses d'un travail si merveilleux, n'a pas eu la consolation de mettre cette sainte en *un vaissel moult précieux*, car il était mort auparavant.

Néanmoins, cette châsse modeste fut miraculeusement préservée du feu dans l'épouvantable incendie de 900, qui ne s'éteignit qu'à l'intercession de la sainte ; et une bourgeoise de Paris, nommée Aldégonde, réfugiée auprès de cette châsse, au milieu des flammes qui l'environnaient, ne fut pas atteinte par les charbons ardents ni écrasée par la chute de la voûte de l'Église. Ce beau miracle valait bien les quarante marcs d'argent qu'Isabeau de Bavière offrit à l'église de Saint-Éloi pour faire fabriquer une châsse digne de la sainte.

Sous Louis XIV, la petite église de Saint-Martial tombait de nouveau en ruines, lorsque ce roi, peu de jours avant sa mort, conseillé par son confesseur, par l'archevêque de Paris et surtout par madame de Maintenon, autorisa une loterie dont le produit était destiné à sa reconstruction.

C'était le hasard au service de Dieu. Ceci ne doit pas nous étonner, car, de nos jours encore, nous avons eu des loteries pieusement organisées pour l'érection d'une chapelle, et des indulgences et des messes ont également été mises en loterie.

Grâce aux nombreux sermons qui stimulaient la pieuse lenteur des fidèles, les louis d'or pleuvaient. Mais la loterie de Saint-Martial ne survécut pas à Louis XIV. La douce étoile de madame de Maintenon s'éclipsa avec le Roi-soleil, et la cour folle et débauchée du Régent, qui succédait, eût donné toutes les églises de Paris pour un petit souper. L'église Saint-Martial fut abattue (1722), et ses quinze ou vingt paroissiens, au lieu d'invoquer Saint-Martial, adressèrent leurs vœux à saint Barthélemy, qui, en bon voisin, les exauça tout aussi bien.

La petite place devant le couvent des barnabites était faite aux dépens de la maison de Jean Châtel, qui commit un assassinat contre Henri IV, et le blessa d'un coup de couteau à la lèvre supérieure, le mardi, 27 décembre 1594. La maison qu'il habitait fut rasée, en exécution d'un arrêté du 7 janvier 1595 ; jusqu'en 1605, on vit sur cet emplacement une pyramide commémorative de l'odieux forfait.

On a aussi longtemps nommé cet endroit *carrefour du Châtel*.

Dans le milieu de la rue Saint-Éloi, se trouvait la belle maison du célèbre bonnetier Patrouillet. Il l'avait fait élever avec le produit de la vente des *bonnets à quatre brayettes* dont il était l'inventeur. Ses bonnets eurent une grande vogue et lui rapportèrent une immense fortune.

L'église et le couvent des barnabites servirent ensuite de grenier à sel, et, au moment de la tempête révolutionnaire, se transformèrent en ateliers pour la fabrication des monnaies de billon. C'est là qu'on apportait le plomb des cloches, l'or, l'argent et le cuivre provenant de la suppression des églises, chapelles, sacristies et couvents de Paris, et, par une bizarrerie remarquable, c'était un prêtre, l'abbé Rochon, qui dirigeait ce travail. Le pieux métal qui avait retenti dans les clochers des églises sonnait alors sous forme de monnerons dans la poche des sans-culottes.

L'église servit en dernier lieu de dépôt général du mobilier de l'État.

En face Saint-Martial, existait une impasse qui aboutissait à la rue aux Fèves, vis-à-vis la rue du Four-Basset. Avant de se nommer ruelle Saint-Martial, elle porta le nom de la *Ganterie*. C'est là que les gantiers tenaient leurs ouvroirs.

Pendant tout le moyen âge, le clergé, de même que la noblesse, faisait usage de gants; et les moines, excepté ceux de Fontevrault, avaient les mains gantées, même aux principales fêtes de l'Église.

Les rois et les seigneurs envoyaient un de leurs gants en signe de consentement, et le don d'une paire de gants valant un sol ou deux deniers, était le gage d'un marché conclu, comme aujourd'hui le pot-de-vin ou les épingles.

D'après un vieux coutumier, *à chacune vente, soit de maison ou de terre, il y a un gant...*

Jean de Sens, ménestrel du roi, en 1417, acquit une île de la Marne pour une rente de *gants fauves rendus, chacun an, à la récolte de Paris à Saint-Rémi.*

C'était coutume chez nos pères de donner des gants ou de quoi s'acheter des gants à ceux qui, les premiers, apportaient une bonne nouvelle; c'était une gratification. Certains vantards, pour les obtenir, inventaient des expédients souvent connus avant eux, et s'attribuaient un mérite qui ne leur était pas dû, en larronnant la crédulité publique; mais, comme on n'était pas dupe de leurs manigances on disait ironiquement : *il se sont donné des gants.*

Au quinzième siècle, d'après Olivier de la Marche, les dames parisiennes, qui jusqu'alors n'avaient porté que des mitaines, couvrirent leurs mains de gants parfumés violette, qui venaient d'Espagne.

Sous Henri III, toutes les dames de la cour portaient des gants de soie tricotée. C'est d'Italie que vinrent les gants qui empoisonnèrent Jeanne d'Albret. A cette époque les gants parfumés qui rendaient plus belles, plus blanches, et plus douces, les mains des mignons de Henri III, eurent une grande vogue.

Jusqu'au règne de Louis XIV on avait laissé le gant de peau, qui rappelait le gantelet des batailleurs, aux mains rudes des hommes. Ce ne fut qu'à cette époque de luxe et de faste que l'usage des gants de peau devint général chez les dames.

Les gantiers de la rue Saint-Martial suivirent l'impulsion qui entraînait le commerce dans le quartier des Halles, et, au quatorzième siècle, allèrent se fixer rue de la Lingerie.

Jadis, un dicton populaire disait que pour qu'un gant fut bien fait, il fallait que trois royaumes y eussent contribué : l'Espagne pour préparer la peau ; la France pour le tailler; l'Angleterre pour le coudre. Aujourd'hui, grâce au progrès, chaque pays peut faire ses gants sans mettre à contribution ses voisins. Et ce n'est que par la supériorité de leur coupe que les principales maisons de Paris voient leurs gants recherchés par les élégants et les élégantes du monde entier.

Sur le sol qui a vu les transformations successives que je viens de raconter sommairement, s'élève lentement une immense caserne. Si les églises qui ont surgi à diverses époques caractérisaient les siècles de foi qui les avaient vu naître et les idées du temps, la caserne qui va les remplacer, ajoutée à la longue liste de celles édifiées de nos jours, caractérise à son tour le côté belliqueux du caractère des Français du dix-neuvième siècle.

Notre Paris moderne est beaucoup moins intéressant que l'ancien, au point de vue de l'histoire de la Cité. Jadis chaque rue avait sa légende, qui lui donnait une physionomie particulière ; une couleur historique était pour ainsi dire empreinte sur ses vieilles maisons. C'était le peuple qui baptisait ses quartiers et ses rues, et il trouvait toujours le mot juste et pittoresque, parfaitement en rapport avec le fait dont il voulait perpétuer le souvenir.

Au point de vue de l'art, chaque rue avait aussi son cachet particulier : l'une était sombre et mystérieuse, elle longeait un couvent, une prison, une tour de sinistre aspect; telle autre, gaie et pimpante, était entièrement gothique. Plus loin, dominait le style de la Renaissance. La gentille tourelle étalait orgueilleusement ses dentelures de pierre. Ailleurs un vieil hôtel présentait sa longue série d'écussons, ses créneaux et ses auvents sculptés. Dans tel autre quartier commerçant, la rue avait l'air du corps de métiers qu'elle abritait.

Aujourd'hui, dans nos rues, tout est uniforme : une architecture bâtarde montre de tous côtés ses calques maladroits, sans expression, sans style, sans goût. L'autorité impose aux rues des noms qui, le plus souvent, ne disent rien, ni au quartier ni à la ville.

Nous prions instamment nos édiles parisiens de ne pas faire aussi bon marché des noms historiques et des traditions des rues du vieux Paris; de n'y toucher que dans le cas d'une nécessité matérielle ou morale, et de rendre aux nouveaux quartiers qu'ils substituent aux anciens, les vieux noms qui sont du domaine de l'histoire; car ils n'appartiennent pas seulement aux pierres des rues, mais bien au sol de la vieille Lutèce.

La Cité est celui des quartiers de Paris qui a le plus longtemps gardé sa vieille et pittoresque physionomie, mais bientôt, tout aura disparu.

Quand tous les embellissements projetés seront terminés, la Cité ne renfermera plus que des établissements publics. C'est le navire de la vieille *Lutèce* qui sombre dans le cataclisme des démolitions. Il ne restera debout que les grands mâts : les tours de Notre-Dame, la flèche pointue de la Sainte-Chapelle, et les tours du Châtelet, respectées par le soufle de la tempête municipale; et nous autres, chroniqueurs, nous nous attachons aux débris échappés au grand naufrage, et qui flottent encore pour en raconter une dernière fois, en guise d'oraison funèbre, l'histoire ou la légende.

L'HOTEL-DIEU

Le grand caravansérail de la mort. — La charité au moyen âge — Ce que les anciens faisaient de leurs malades. — Esculape et messire Legris. — Saint Landry fonde l'hôpital Saint-Christophe. — Donations royales et particulières. — Maison-Dieu. — Le legs des chanoines de Notre-Dame. — Les jonchées de Philippe-Auguste. — Les dons de saint Louis. — Les bienfaiteurs. — Oudard de Mocreux, bourgeois de Paris. — Les beignets des sœurs Augustines. — La crèche de l'Hôtel-Dieu. — Curieuse coutume des bougeoises de Paris. — Priviléges. — Chaque infirmité a son asile. — Organisation régulière au seizième siècle. — Dons d'Henri IV. — Le grand hôtel de l'Humanité. — Une date que le temps n'effacera jamais.

Avant de saluer le nouvel Hôtel-Dieu, il nous est permis de regarder une dernière fois ces vieilles murailles que le marteau des démolisseurs va bientôt faire disparaître sous un nuage de poussière, et sur lesquelles la main des siècles a gravé le témoignage de la charité de nos pères. Bien des misères ont passé dans ce grand caravansérail des larmes et de la mort; bien des cris de douleur ont retenti sous ces voûtes lugubres pendant ces dures époques que notre vieux Paris a traversées avant d'arriver à sa splendeur présente.

Différentes calamités, que l'on désigna sous le nom collectif de *peste,* vinrent souvent assaillir les Parisiens, et les hôpitaux se ressentirent des misères du temps, des préoccupations des esprits et du sentiment religieux des époques.

Au moyen âge, sous l'influence salutaire de la foi, on vit s'épanouir l'âge d'or de la charité chrétienne ; c'était un besoin inné de faire le bien, de soulager ses frères selon les préceptes de l'Évangile suivis à la lettre, c'était un élan d'enthousiasme aussi grand que celui qui arracha l'Occident de sa base pour le précipiter en terre sainte.

Les portes de la charité étaient toutes grandes ouvertes à la souffrance, à la misère ; le pauvre, le malade étaient abrités, nourris, soignés sous un toit hospitalier, mais quel abri ! quel toit ! Ce n'est que peu à peu, quand le niveau de l'aisance publique s'éleva avec les découvertes successives, fruits glorieux des conquêtes de l'esprit humain, que le bien-être des malades dans les hôpitaux suivit les accroissements de la prospérité générale.

Les palais des pauvres s'élevèrent d'abord auprès des basiliques épiscopales et des abbayes. Les monastères cisterciens avaient leurs hôtelleries d'hospitalité, où l'on hébergeait voyageurs, malades et pèlerins. A Clairvaux, il existait une infirmerie des pauvres. A Cluny, un moine savant avait pour mission de visiter les malades à domicile ; il entrait dans la maison quand c'était un homme, et faisait remettre les secours par un aide quand c'était une femme. C'était le médecin du peuple. A Clairvaux, un moine savant dans l'art de la médecine, faisait tous les jours ses tournées dans les terres de l'abbaye : les nobles et les riches sollicitaient ses soins, mais, lui, préférait les pauvres et soignait leurs plaies avec autant de zèle que si elles eussent été celles du Christ.

En 1230, saint François d'Assise fonda son tiers-ordre qui se passionna pour le service des malades.

La Maison-Dieu de Gonesse, près Paris, comme presque tous les établissements du même genre, devait son existence à une fondation pieuse. Un certain Pierre du Tillet lui a donné 100 arpents de terre ; *pro anime sue remedio et uxoris sue parentumque suorum :* c'est toujours et partout la même formule. L'Hôtel-Dieu de Gonesse était administré par un prieur et une prieure, avec le concours d'une communauté de Frères et de Sœurs dont les uns étaient laïques et les autres engagés dans les ordres sacrés. L'évêque de Paris désignait ordinairement les membres que la communauté devait recevoir. Le Roi jouissait aussi d'un droit de présentation. La plupart des Frères que la communauté accueillait dans son sein lui abandonnaient tous leurs biens. On peut lire dans le *Procès-Verbal* d'une visite faite à Gonesse en 1369, de touchants détails sur l'administration intérieure de cet hôpital. Il y avait alors à l'Hôtel-Dieu de cet humble village treize Frères, y compris le prieur, et sept Sœurs, y comprise la prieure. La plupart des Frères étaient prêtres. Il y avait CINQUANTE LITS pour les pauvres. Les membres de Jésus-Christ devaient toujours être servis AVANT le maître et les Frères de la maison. La nourriture des religieux était des plus simples. Les pauvres passants qui venaient coucher à l'Hôtel-Dieu y recevaient autant que possible une ration de pain. L'office canonial était récité tous les jours par la petite communauté ; la messe était célébrée tous les matins entre prime et tierce, dans la chapelle de la maison. Enfin le pape Innocent III, par une lettre du 18 mai 1216, avait pris l'hôtel de Gonesse sous sa protection.

Tous ces détails peuvent parfaitement s'appliquer à toutes les Maisons-Dieu qui, établies dans les villes et les villages, s'épanouirent, pendant le treizième et le quatorzième siècle, à la surface de la terre chrétienne.

Sur le seuil du dix-septième siècle, se dresse un géant d'abnégation, d'amour et de charité, Saint Vincent-de-Paul, qui, avec son bataillon sacré de congrégations religieuses, frères et sœurs de charité, lutte avec héroïsme contre toutes les maladies que multiplient les passions humaines qui vont en grandissant!

Les peuples anciens ne connaissaient pas les hôpitaux. La charité, cette fille aînée du christianisme, n'était pas encore descendue sur la terre. Qu'aurait-elle fait au milieu des faux dieux du paganisme dont l'intérêt et l'égoïsme formaient les dogmes principaux?

Quand on était malade, on adressait des vœux à Esculape ou à sa fille, la déesse Hygie, dont la statue était couverte d'un voile; les femmes de Sicyone venaient, dans certaines circonstances, couper leur chevelure aux pieds de cette déesse, pour en obtenir le rétablissement de leur santé; elle portait un sceptre d'une main pour montrer sa puissance de guérir, et de l'autre, une coupe dans laquelle un serpent, image de la renaissance à la vie, venait s'abreuver. Les esclaves étaient soignés par leurs maîtres, intéressés à leur conservation; quand la maladie était incurable, une barque les conduisait dans quelque île déserte où la faim et les bêtes féroces terminaient leurs souffrances. Pour les hommes libres et les affranchis, trop pauvres pour se soigner, ils ne pouvaient attendre de soins que de leur famille, ou ils redevenaient esclaves, et rentraient dans le mécanisme des clients et du patronage.

Le christianisme, en entrant dans le monde par l'héroïque supplice d'un Dieu qui s'immolait pour sauver le genre humain, mit le dévouement à la place de l'égoïsme. Un nouveau courant d'idées s'établit ; le souffle de la charité passa sur le vieux monde en renversant ses idoles et ses superstitions. Là où s'élevait un temple, il éleva une église ; là où trônait une idole, il planta fièrement une croix ou bâtit une cellule pour un moine annonçant au peuple la bonne nouvelle. Il mit les saints à la place des dieux.

Saturnie devint saint Saturnin. La déesse Sequana de Paris céda son autel à saint Séquanus ; le temple de la Victoire devint une église dédiée à sainte Victoire, et le temple de Minerve à sainte Sophie (*sophia*, sagesse); Mars à Montmartre sublime supercherie! Le peuple, entraîné par la routine, adorait le vrai Dieu là où il avait fléchi le genou devant des idoles.

Notre-Dame de Paris a succédé à un autel païen, sur lequel les dieux gaulois et romains vivaient en bonne intelligence, se partageant en frères les vœux, les offrandes et les prières des Parisiens. De même, sur l'emplacement de l'Hôtel-Dieu, s'élevait jadis un temple à Esculape, dans lequel les prêtres païens prétendaient guérir par la vertu du feu sacré.

Devant ce temple se dressait un monolithe sacré que le temps avait rendu informe. Les anciens le nommaient

Phœbigène, fils d'Apollon ; le peuple le nomma plus tard *Maître Pierre,* voulant dire pierre maîtresse, pierre de pouvoir ; il le nommait aussi messire *Legris*, alors que *gris* signifiait feu, et particulièrement feu grisou, feu follet.

A Épidaure, le temple d'Esculape était placé sur un puits ; à Paris, ce monolithe abritait une fontaine monumentale avec ce distique :

> Qui sitis, huc tendas : desunt si forte liquores,
> Pergredere, æternas diva paravit aquas.

Selon les uns, ces traits informes rappelaient ceux d'Esculape, ou de Mercure, ou du dieu Terme ; selon d'autres, ceux d'Archambaud, maire du Palais sous Clovis II, qui avait donné le fonds sur lequel l'Hôtel-Dieu était bâti ; d'autres y voyaient les traits de Guillaume de Paris qui l'avait érigé en même temps que le portail de Notre-Dame ; l'abbé Lebeuf y voit la figure de Jésus-Christ, d'autres, celle de sainte Geneviève, patronne de Paris.

Cette pierre fut enlevée en 1748, quand on agrandit la place du Parvis de Notre-Dame.

Saint Landry, évêque de Paris en 650, avait un emplacement dépendant de son église où il donnait asile aux infirmes et aux malheureux ; il les nourrissait de ses propres revenus. Sa légende nous apprend que, dans une grande famine, il vendit jusqu'aux vases sacrés pour secourir les pauvres. C'est sur cet emplacement, réuni à celui du temple d'Esculape, que s'éleva peu à peu l'Hôtel-Dieu que les anciennes chartes appellent l'hôpital de Saint-Christophe, à cause de sa position à côté de l'église dédiée à ce saint.

La première donation royale à cet hospice fut faite par

Louis VII. Il lui alloua trois sous et trois deniers de cens sur un terrain situé place Baudoyer.

Chaque monastère, couvent, abbaye, cathédrale et maison épiscopale avait son hôpital dont les fonds et ressources nécessaires étaient fournis par les seigneurs. Tout riche faisait un legs ; c'était la règle. Les croyances religieuses étaient si naïves qu'un grand coupable croyait s'assurer l'impunité d'outre-tombe en érigeant une aumônerie, un couvent pour distribuer ses largesses. C'est ainsi que le baron pillard, écumeur de provinces, rendait au pauvre serf, recueilli par charité, ce qu'il lui avait volé quelques années avant de mourir, et il croyait faire œuvre pie.

Des hôpitaux furent établis à Jérusalem pour secourir les pèlerins pendant les croisades.

C'est au douzième siècle que celui de Paris prit le nom significatif et juste de Maison-Dieu. C'était surtout le refuge contre les grandes épidémies, comme Dieu est le refuge dans les grandes infortunes. De tous côtés, des dons et des priviléges venaient au secours des malades. Plusieurs sont curieux et représentent bien les idées de l'époque.

Tout chanoine, en mourant, devait laisser à l'Hôtel-Dieu un matelas, un oreiller, des draps de coutil pour l'usage des pauvres. Les héritiers du défunt, en baillant à l'Hôtel-Dieu cent sols parisis, pouvaient garder lesdits coutil, traversin et linceuls.

Adam, clerc du roi Philippe-Auguste, légua, en 1199, les deux maisons qui lui appartenaient à côté du parvis Notre-Dame, à condition que leur revenu serait employé à fournir aux malades, le jour de son anniversaire et les suivants, s'il y avait du reste, toute espèce d'aliments dont les malades auraient envie et qu'il serait possible de se procurer.

En 1203, Philippe-Auguste donna, pour servir au coucher des pauvres, les jonchées qui tenaient lieu de tapis dans son palais.

Saint Louis est le premier qui constitua des rentes sur le Trésor royal en faveur de l'Hôtel-Dieu. La salle Saint-Thomas fut construite par la reine Blanche, et agrandie par Louis XI. Jean II, en 1352, confirma aux frères et sœurs de l'Hôtel-Dieu le droit de prélever un panier de poisson par voiture, et de faire un prélèvement analogue sur les autres denrées; il leur confirma également le droit de faire pâturer leurs troupeaux dans les forêts royales; il leur donna les confiscations faites sur les duellistes et les maisons de jeu.

Louis XII accorda trois sous sur les trente qui se percevaient pour chaque muids de vin en entrant dans Paris.

La chapelle a été construite des deniers du nommé Oudard de Mocreux, maître changeur et bourgeois de Paris. Une inscription en fait foi :

> Oudard de Mocreux en surnom,
> Changeur, homme de bon renom
> Et bourgeois de Paris jadis,
> Que Dieu mette en son Paradis,
> A fait faire cette chapelle
> En cet Hôtel-Dieu, bonne et belle.

À la condition qu'on dira des messes : pour son âme,

celle de son père, de sa femme, de sa mère, parents, bienfaiteurs et amis ; il n'oublia personne.

> Car tous sont astroints et tenus
> Tant les grands comme les menus
> De dire prières, messes des trépassés,
> Et vigiles et commandacés
> Chacuns en chaque semaine.
> Par voix de dévotion pleine,
> Humblement et solennement,
> A toujours perpétuellement

En voici la date :

> Mil trois cens quatre vins cinquiesme
> De décembre le vins septiesme,
> Lors s'en alla de ce monde
> A Dieu, en tout bien habonde.

C'était le chapitre de Notre-Dame qui avait la juridiction temporelle et spirituelle de l'Hôtel-Dieu. Les religieuses de Saint-Augustin soignaient et pansaient les malades.

C'était encore un curieux usage que celui qui prescrivait aux dames des orfèvres de Paris de venir à l'Hôtel-Dieu le jour de Pâques, en grande toilette, vêtues pompeusement, dit la chronique, comme pour la solennité, administrer, elles-mêmes, ce jour-là, les aliments aux malades.

L'Hôtel-Dieu avait le privilége de *boucherie de carême* ; c'est-à-dire que le monopole de la vente de la viande pendant le temps d'abstinence appartenait seul à cet hôpital.

Les papes et évêques non-seulement stimulaient le zèle et la charité publique, mais aussi frappaient d'excommunication tous ceux qui portaient atteinte à ses priviléges et propriétés.

Au moyen âge, il y avait à Paris un hôpital spécial pour chaque maladie.

Les lépreux étaient reçus, logés et nourris à la maladrerie de Saint-Lazare, abusivement dite Saint-Ladre du Roule.

Les Quinze-Vingts pour les aveugles.

L'hôpital des Audriettes, pour les pauvres femmes veuves.

L'hôpital Sainte-Catherine pour les filles et femmes indistinctement, et ensevelir les pauvres gens tués par accident et noyés.

L'hôpital des Filles-Dieu, pour loger les pauvres pèlerins, femmes, filles étrangères passant par Paris, et donner pain et vin aux criminels qui passaient par là pour aller au gibet de Montfaucon.

Il y en avait pour toutes les infirmités.

Les bonnes Augustines avaient trouvé un moyen ingénieux de procurer quelques douceurs à leurs malades, voici comment :

Vers la fin du treizième siècle ces religieuses déjà habiles en attentions fines, douceries miellées et confiseries, dont Vert-vert plus tard fit une si grande consommation, chez les Visitandines de Nevers, prirent coutume d'aller chez le premier Président du Parlement, au jour de liesse du dimanche gras, avec deux bassines d'étain remplies de beignets au sucre et au citron. L'officier de bouche plaçait les bassines sur la table du Président en annonçant la provenance de ces pâtisseries d'église. Ce magistrat, en retour, déliait les cordons de sa bourse et payait en bel argent blanc les beignets des pauvres.

En 1452, Adam de Cambray, alors président, fit placer ces bassines sur une console à la sortie de son réfectoire, et tout à côté, une escarcelle ouverte sollicitant les aumônes des convives ordinairement bien disposés à la charité par la succulence de sa table, en ces jours de gala.

Ces pâtisseries des pauvres eurent un grand succès et furent une ressource pour les malades, car plusieurs personnages de distinction acceptèrent les beignets des religieuses de Saint-Augustin.

En 1461, sous la présidence de Mathieu de Nanterre, et en 1561, sous celles de Gilles Lemaître, les *beignets des pauvres* produisirent environ *sept mille écus*, somme énorme, qui représenterait aujourd'hui plus de 30,000 fr.

Cette curieuse manière de recueillir les piécettes tombées de l'aumônière des âmes charitables dura jusqu'à la Révolution.

Dans l'Hôtel-Dieu, il y avait une petite chapelle qu'on désignait sous le nom de Crèche : elle était à l'extrémité d'une des salles du côté du petit pont. On représentait avec figures de cire tous les principaux mystères de la religion, depuis l'Avent jusqu'à Pâques. On y entrait à toute heure pour deux sous par personne, ce qui était encore une sorte de revenu pour l'assistance des malades.

Ce n'est qu'au seizième siècle que s'organisa régulièrement l'administration de la charité à Paris ; on sépara le temporel du spirituel ; on coupa court aux nombreux abus qui vivaient aux dépens des malheureux. On nomma huit commissaires laïques, pris parmi les bourgeois de Paris, pour gouverner et administrer.

Parmi les dons faits à l'Hôtel-Dieu, il faut compter celui

de Henri IV, qui lui octroya le prélèvement de dix sous sur chaque minot de sel se vendant dans la généralité de Paris.

Enfin le droit que lui accorda l'édit du 25 février 1699, de percevoir un neuvième du prix de chaque billet de la Comédie, de l'Opéra et des autres spectacles.

Outre ces priviléges, l'Hôtel-Dieu était exempté des droits de péage sur tous les vivres dont il avait besoin, des droits de chancellerie, des logements de guerre, et autres…

Cette longue liste de faveurs et de dons laissés par la piété de nos pères et de nos rois, vint s'anéantir dans le gouffre de la Révolution qui poussa la logique jusqu'à rayer d'une main impie le nom de Dieu gravé sur la porte d'entrée, pour y substituer l'enseigne de : *Grand-Hôtel d'humanité*.

Dans les rudes batailles de la Révolution, tout était bon pour faire des hôpitaux; on utilisait dans ce but les églises, les monuments publics, les palais, les musées, les châteaux, les maisons particulières. On n'avait pas le temps de choisir; l'ennemi portait une main sacrilége sur la patrie, ses enfants couraient la défendre : avant tout il fallait panser les blessés et soigner les malades. Cependant, malgré le désordre de cette glorieuse période, le *Grand-Hôtel d'humanité* fut celui qui rendit les plus importants services.

Nous ne savons encore que par son plan ce que sera le nouvel Hôtel-Dieu, mais nous félicitons le Préfet de la Seine du choix de l'emplacement. C'est une sage et pieuse pensée que d'élever ce nouvel asile de la douleur entre Notre-Dame et le Châtelet, la religion et la loi comme un trait d'union entre ces deux vieilles colonnes de notre édifice social. Il eût été profondément regrettable d'exiler de notre vieille Cité, qui fut le noyau de Paris, ce vénérable témoin de toutes nos misères, et de le construire loin des lieux qui l'ont vu naître et grandir, loin de cette antique cathédrale d'où lui venait toujours secours et consolation; loin du Châtelet, ancien palais des rois, d'où lui venait argent et priviléges.

La reconstruction d'un pareil édifice dans une grande cité comme Paris est un événement qui fait époque et grave sa date en caractères indestructibles dans le cœur d'un peuple. Les générations à venir se la rappelleront avec reconnaissance comme on se rappelle avec orgueil tout ce qui touche à un fait glorieux de notre chronique nationale. Ce sont de ces souvenirs que le temps n'use point, que la tradition ne perd jamais, et qui formeront un des plus grands titres de l'empereur Napoléon III à la reconnaissance des Parisiens.

NOTRE-DAME

ET SES LÉGENDES

Pourquoi dit-on Notre-Dame? — Origine de la cathédrale. — Les douze sols d'Herminethrude. — Son fondateur. — Ses dimensions. — Une légende du diable. — Le plus long cierge qui oncques fut vu. — Un diable surnommé Pierre du Cognet. — — La légende de Saint-Christophe. — L'autel des paresseux. — Le missel et la cage de fer. — Ce qu'on lisait dedans. — Le calendrier de la vie humaine. — Un cathéchisme de pierre. — Le bénitier de Notre-Dame et l'origine de l'école de médecine. — La vierge à l'anel. — La fête de l'âne à Notre-Dame. — Légendes asines. — Le Parvis. — Enfer et Paradis. — La liberté au pied des tours de Notre-Dame. — L'épitaphe du chanoine Yver. — La statue équestre. — La galerie dite des rois de France. — Les Mays de Notre-Dame. — Les artistes ignorés. — Bas reliefs. — Les vitraux historiés. — L'ouragan de 93. — La restauration.

Un grand poëte l'a dit : La vieillesse des monuments est l'âge de leur beauté. Ainsi, qui de nous n'est pas saisi de respect et d'admiration en présence de cette magnifique épopée de pierre dont le temps fut l'architecte et le peuple, le maçon! La couleur sombre des siècles l'entoure comme d'un voile mystérieux dans les plis duquel se cachent les traditions et les légendes qui racontent l'histoire de ce merveilleux édifice.

Nos bons aïeux, dans leur simple et naïve croyance, se seraient crus irrespectueux envers le Père éternel, le Christ et la sainte Vierge, s'ils n'avaient pas ajouté à leurs noms les titres honorifiques qu'ils donnaient aux rois, aux souverains de la terre. Ils appelaient Notre-Seigneur Jésus-Christ, notre bon sire Dieu le père; les anges nos seigneurs les anges et archanges ; et madame la Vierge, notre dame la Vierge; d'où est venu que les églises dédiées à la vierge Marie, ont gardé le nom de Notre-Dame auquel s'est joint celui de la ville où elles s'élèvent. Ainsi Notre-Dame de Paris, Notre-Dame de Poitiers, d'Embrun, de Chartres, etc....

Le titre de *baron* était si éminent en France, qu'on le donnait aussi quelquefois aux saints : *Il fit ses vœux devant le benoît corps du saint baron saint Jacques.* Selon leur importance biblique ou locale ils ont un titre de la hiérarchie chevaleresque. A chaque pas, dans les vieilles chroniques, on rencontre le bon *chevalier* saint Martin le *paladin* saint Georges etc... Une d'elles pousse même l'anachronisme naïf jusqu'à nommer Jésus prêchant, M. l'*abbé* Jésus. Telle est l'origine historique de cette expression si répandue dans nos vieilles provinces comme dans nos villes ; toutes se mettaient sous la protection d'une Notre-Dame.

L'interjection Dame ! si populaire, est un reste du jurement par lequel nos pères, à tout propos, invoquaient la Vierge sous le nom de *Sainte-Dame*, ou de Notre-Dame. C'est une abréviation.

Tibère régnant, la corporation des bateliers parisiens érigea, à la pointe orientale de l'île que l'on nommait Lutèce, un autel à Jupiter. Il y a un siècle et demi environ, on en retrouvait les débris.

Saint Denis, l'apôtre des Gaules, renversa l'autel païen

pour faire place à une humble chapelle. Childebert II, vers 555, à la sollicitation de saint Germain, en fit construire une plus grande et plus somptueuse. Saint-Étienne, premier martyr, avait donné son nom à la première église; la seconde fut consacrée à saint Jean.

Toutes deux détruites vers 700, une seule les remplaça sous l'invocation de la Vierge mère de Dieu. Elle fut nommée la basilique de la dame Marie, comme nous l'apprend le testament d'Herminethrude, qui lui légua un vase d'argent en forme de conque, valant 12 sols (des sols d'or saliques) et une croix d'or estimée 7 sols.

Une foule de petites chapelles dédiées à divers saints se groupèrent autour comme des enfants auprès de leur mère; leurs noms sont restés aux chapelles latérales.

Les Normands, en se ruant sur Paris, la ruinèrent. Elle se releva lentement par des restaurations et additions successives. Elle était d'une richesse remarquable en reliques, car toutes les églises et monastères, au moment des guerres et des invasions, y déposaient leurs reliquaires, comme étant le lieu le mieux défendu, et le chapitre en garda beaucoup, quand la paix refleurit dans le royaume.

C'est vers 1153 que Maurice de Sully, alors archevêque de Paris, jeta les premiers fondements de l'église actuelle. Il était d'une famille obscure; son nom de Sully vient du lieu de sa naissance, selon l'usage d'alors. Il fut un de ces écoliers pauvres qui demandaient l'aumône à Paris en apprenant leur théologie, et auxquels l'espoir d'obtenir un bénéfice ecclésiastique faisait supporter les rigueurs extrêmes de la faim et de l'étude. Homme supérieur à son siècle, il devint bientôt chanoine de Bourges ; le siége épiscopal de Paris étant devenu vacant, les électeurs, partagés d'opinion, remirent leur choix à la décision de Maurice, qui se nomma lui-même.

La France des croisades était à cette époque arrivée à l'apogée de son élan religieux. Maurice mit à profit pour relever le nouveau temple le zèle du peuple et les largesses des princes. Le pape Alexandre III, alors réfugié en France, en posa la première pierre. En 1182, le grand-autel fut consacré par Henri de Château-Marçay, légat du Saint-Siége. La première messe fut dite le 17 janvier 1185, par Héraclis, patriarche de Jérusalem, venu à Paris pour prêcher la croisade.

La mort ne permit pas à Maurice de Sully d'achever son œuvre gigantesque. Odon de Sully, son successeur, parent du roi de France et du roi d'Angleterre, fit continuer les travaux jusqu'en 1208, et mourut sans les mettre à fin. Puis les guerres, les discordes civiles, les malheurs publics suspendirent les travaux jusqu'au quinzième siècle, où Charles VII donna des sommes considérables qui permirent de les terminer.

Ainsi la plus ancienne partie de Notre-Dame appartient au douzième siècle, la façade occidentale au treizième, et les deux façades des transepts au quinzième.

Ses dimensions furent mises en vers gravés sur une table de cuivre placée contre un des piliers :

> Si tu veux savoir comme est ample
> De Notre-Dame le grand temple,
> Il y a, dans œuvre, pour le sueur,
> Dix et sept toises de hauteur,
> Sur la largeur de vingt-quatre,

> Et soixante-cinq sans rabattre,
> A de long. Aux tours haut montées,
> Trente et quatre sont bien comptées.
> Le tout fondé sur pilotis.
> Aussi vrai que je te le dis.

Les portes sont garnies d'ornements en fonte de fer d'un travail admirable; c'est le chef-d'œuvre d'un artiste serrurier nommé Biscornet. Elles présentent mille enroulements si délicats qu'on crut que le diable s'en était mêlé, ainsi que le raconte cette légende populaire :

Un garçon serrurier qui se présentait à la maîtrise fut chargé de ferrer les portes. Effrayé de ce travail difficile qu'on lui avait donné pour éprouver son talent et qu'il croyait bien au-dessus de ses forces, il fut en proie à un violent désespoir et promit son âme au diable s'il venait à son secours.

Un homme se présente et lui offre de se charger de cette tâche, à condition de se donner à lui corps et âme. Biscornet avait de l'ambition, le marché fut conclu. Le lendemain matin les deux portes latérales du portail étaient ferrées.

Cet habile inconnu était le diable en personne, et voilà pourquoi il ne ferra que les deux portes de côté; quant à celle du milieu, c'était par là que passait la procession du Saint-Sacrement : le diable eut peur et ne la fit pas. Ce qui prouve bien, disait-on, que cette ferrure est l'œuvre du démon, c'est qu'il a mis son portrait sur plusieurs des barres de fer qui ornent ces portes. On y remarque en effet plusieurs têtes portant des cornes.

L'ouvrier mourut d'une manière fantastique. Toutes les nuits, il voyait en songe le diable qui venait pour l'enlever. Ce n'était qu'à force de supplier le maudit qu'il obtenait de vivre un jour de plus. Un beau matin on le trouva mort dans son lit, le corps torturé et contrefait. Ce fut probablement dans un accès de frayeur qu'il trépassa.

Dans une disette, en 1360, les bons Parisiens, pour obtenir du ciel leur délivrance du fléau, offrirent dans l'église Notre-Dame, devant l'image de la vierge Marie, un cierge d'une étonnante dimension, persuadés que la justice divine se laisserait séduire et ne pourrait résister à un présent d'un prix et d'une dimension si extraordinaires. Le prévôt des marchands et les échevins le votèrent et voulurent qu'il eût en longueur l'étendue de l'enceinte de Paris, c'est-à-dire 4,455 toises, ou deux lieues. Jour et nuit allumé, ce cierge, replié sur lui-même, éclairait une image de la vierge Marie. L'offrande d'un pareil cierge fut renouvelée chaque année. On observa cette pratique jusqu'en 1605, à l'époque de la Ligue, où Myron, prévôt des marchands, substitua à l'immense bougie une lampe d'argent munie d'un gros cierge qui brûlait nuit et jour.

Ces offrandes étaient fréquentes au moyen âge. Sauval nous apprend qu'un aveugle offrit à Sainte Geneviève deux cierges dont chacun était aussi gros et aussi pesant que lui.

A l'angle de la clôture du chœur, sous le jubé, il y avait la figure ridicule d'un diable faisant partie de la représentation de l'enfer, et ouvrant la bouche. C'était dans cette ouverture, dont on se servait comme d'un éteignoir, qu'on venait par mépris éteindre les cierges. Pierre de

Cugnières, avocat général du parlement de Paris, défendit en 1329, avec vivacité, les droits du roi Philippe de Valois contre les prétentions du clergé et de la cour de Rome; il dévoila plusieurs abus et ainsi se fit de violents ennemis parmi les ecclésiastiques, qui le nommèrent par dérision *maître Pierre du Cognet*. Ce nom passa au diable ridicule et grimaçant qui éteignait les lumières de l'église.

Au premier pilier de la nef, à droite en entrant, se voyait une statue colossale de saint Christophe, dont voici la légende :

Avant d'être chrétien, Christophe se nommait Offerus ; c'était une espèce de géant, esprit très-épais. Quand il eut l'âge de raison, il se mit à voyager en disant qu'il voulait servir le plus grand roi de la terre. On l'envoya à la cour d'un roi puissant qui fut bien réjoui d'avoir un serviteur aussi fort. Un jour, le roi entendant un chanteur prononcer le nom du diable, fit le signe de la croix avec terreur. « Pourquoi cela ? demanda aussitôt Christophe. — Parce que je crains le diable, répondit le roi. — Si tu le crains, tu n'es donc pas si puissant que lui ? Alors, je veux servir le diable. » Et là-dessus Offerus partit.

Après une longue marche à la recherche de ce puissant monarque, il vit venir à lui une grande troupe de cavaliers vêtus de rouge ; leur chef était noir et lui dit : « Que cherches-tu ? — Je cherche le diable pour le servir. — Je suis le diable, suis-moi. » Et voilà Offerus enrôlé parmi les domestiques de Satan. Un jour, dans une grande course, la troupe infernale rencontre une croix au bord du chemin ; le diable ordonna de faire volte-face. « Pourquoi cela ? dit Offerus toujours curieux de s'instruire. — Parce que je crains l'image du Christ. — Si tu crains l'image du Christ, c'est que tu es moins puissant que lui ; alors je veux entrer au service du Christ. Offerus passa seul devant la croix et continua sa route. Il rencontra un bon ermite et lui demanda où l'on pourrait voir le Christ. « Partout répondit l'ermite. — Je ne comprends pas, dit Offerus ; mais si vous dites la vérité, quels services peut lui rendre un gaillard robuste et alerte comme moi ? — On le sert, répondit l'ermite, par la prière, les jeûnes et les veilles. Offerus fit la grimace. — N'y a-t-il pas une autre manière de lui être agréable ? demanda-t-il. Le solitaire comprit à qui il avait affaire, et, le prenant par la main, le conduisit au bord d'un torrent fougueux qui descendait d'une haute montagne, et lui dit : « Les pauvres gens qui ont traversé cette eau se sont noyés ; reste ici, et porte à l'autre bord, sur tes fortes épaules, ceux qui te le demanderont. Si tu fais cela pour l'amour du Christ, il te reconnaîtra pour son serviteur. — Je le ferai bien pour l'amour du Christ, répondit Offerus. Il se bâtit donc une cabane sur le rivage et transporta nuit et jour les voyageurs qui le demandaient.

Une nuit, accablé de fatigue, il dormait profondément, des coups frappés à sa porte l'éveillèrent, et il entendit la voix d'un enfant qui l'appela trois fois par son nom ! Il se eva, prit l'enfant sur ses larges épaules et entra dans le torrent. Arrivé au milieu, il voit tout à coup le torrent devenir furieux, les vagues s'enfler et se précipiter sur ses jambes nerveuses pour le renverser. Il résiste de son mieux, mais l'enfant pesait comme un lourd fardeau ; c'est alors que, dans la crainte de laisser choir le petit voyageur, il déracina un arbre pour s'y appuyer; mais les flots grossissaient toujours et l'enfant devenait de plus en plus pesant. Offerus, craignant de le noyer, leva la tête vers lui et dit : « Enfant, pourquoi te fais-tu si lourd? il me semble que je porte le monde. « L'enfant répondit : « Non-seulement tu portes le monde, mais celui qui a fait le monde. Je suis le Christ, ton Dieu et ton maître. En récompense de tes bons services, je te baptise au nom de mon Père, en mon propre nom et en celui du Saint-Esprit; désormais tu t'appelleras Christophe. » (Pour Christophore, porte-Christ.)

Depuis ce jour, Christophe parcourut la terre pour enseigner la parole du Christ.

Qu'y a-t-il de plus ingénieux et de plus touchant que cette légende? N'est-elle pas de beaucoup supérieure aux légendes païennes d'Atlas qui porte le monde, et d'Hercule portant l'Amour? C'est une sorte de symbole de l'histoire des Francs, qui adorèrent à l'origine les faux dieux, jusqu'au jour où, à force de chercher la véritable religion, ils trouvèrent au milieu d'eux de saints ermites qui leur enseignèrent le christianisme, dont ils devinrent les plus zélés et les plus puissants défenseurs.

Saint-Jacques de la Boucherie avait aussi une statue colossale de saint Christophe. La cathédrale d'Amiens en possède encore une, le géant chrétien a résisté aux temps et aux révolutions. Celui de Notre-Dame de Paris a été mis en pièces; il avait été érigé en 1443, par Antoine des Essarts; on voulut l'enlever en 1772, mais Christophe de Beaumont, archevêque de Paris, défendit son patron, et ce n'est qu'à sa mort, en 1785, qu'il fut mis hors de la métropole et brisé.

Parmi les nombreuses chapelles latérales, il y en avait une que le bon populaire de Paris avait nommée l'*autel des paresseux*, parce qu'on y disait la dernière messe à une heure de l'après-midi, et qu'il n'y avait que ceux qui se levaient tard qui y assistaient.

C'est sur les fonts baptismaux que l'on mettait les enfants trouvés et abandonnés. C'est là que venaient les chercher les âmes charitables qui voulaient les adopter. C'est là que Victor Hugo a trouvé ce gnome difforme, le fameux Quasimodo, rendu si célèbre.

Il y avait dans un coin de toutes les églises un bréviaire public enfermé dans un treillis de fer. La cage était fixée à un pilier placé dans un endroit clair et visible pour le service des chapelains et pauvres prêtres. La cage de fer empêchait de le voler. Cages et bréviaires ont duré jusqu'à la découverte de l'imprimerie.

A Notre-Dame, on voyait trois cages portatives, une près la porte du chapitre, les deux autres sous les arcades du petit cloître. La première renfermait le gros missel, les deux autres le grand et le petit pastoral. Tout le monde venait les lire et les consulter. Si nous jetons un coup d'œil sur les feuillets jaunis de ce gros missel encadrés de vignettes symboliquement enluminées, nous rencontrons immédiatement après l'oraison dominicale, le calendrier qui indiquait les phases et les combinaisons lunaires.

Ce calendrier a des bordures historiées de sujets répondant à chaque mois : dans le haut, les occupations et les travaux de saison ; à côté, des signes du zodiaque ;

sur les bordures latérales, les fêtes de l'église et des saints ; en bas, les jeux ; et, pour animer leurs petits cadres, ces pieux artistes peuplent leurs vignettes de marmousets, de griffons, de coquecigrues grimaçants.

Après les saints viennent les dictons ; chaque gravure est soulignée d'un quatrain pieux et moral d'une touchante simplicité, qui correspond à une période de six années de l'existence humaine :

JANVIER.

Les six premiers que vit l'homme au monde
Nous les comparons à janvier droictement,
Car en ce moys ne force abonde
Non plus que quand six ans a un enfant.

FÉVRIER.

Les six d'après ressemblent à febvrier
En la fin duquel commence le printemps,
Car l'esprit se ouvre prest à enseigner
Et doux devient l'enfant quand a douze ans.

MARS.

Mars signifie les six ans ensuyvans
Que le temps change en produisant verdure,
En celuy aage s'adonnent les enfans
A maintz esbatz, sans soucy ne sans cure.

AVRIL.

Six ans prochains vingt et quatre en somme
Sont figurez par avril gracieux :
Et soubz cet aage est gay et ioly l'homme
Plaisant aux dames courtois et amoureux.

MAI.

Au moys de may où tout est en vigueur
Autres six ans comparons par droicture,
Q i trente sont : lors est l'homme en valeur,
En sa fleur, force et beauté de nature.

JUIN.

En iuing les biens commencent à meurir
Aussi faict l'homme quand a tvente-six ans :
Pour ce en tel temps doibt il femme quérir,
Se (si) luy vivant veult pourveoir ses enfants.

JUILLET.

Feuillet arraché.

AOUT.

Les biens de terre commence lors à cuillir
En aoust ; aussi quand l'an quarante et huict
L'homme approche il doit biens aquérir
Pour soubstenir vieillesse qui le suyt.

SEPTEMBRE.

Avoir grands biens ne fault point que l'homme cuide (cherch)
S'il ne les ha à cinquante et quatre ans ;
Non plus que cil (celui) qui a sa granche (grange) vuyde
En septembre plus l'an n'aura riens.

OCTOBRE.

Au mois d'octobre figurant soixante ans
Se l'homme est riche, cela est à bonne heure
Des biens qu'il a nourrist femme et enfans
Plus n'a besoing qu'il travaille ou labeure.

NOVEMBRE.

Quand à soixante-six ans l'homme vient
Représentez par le moys de novembre
Vieux et caduc et maladif devient :
Lors de bien faire est temps qu'il se remembre (ressouvienne.)

DÉCEMBRE.

L'an par décembre prent fin et se termine
Aussi faict l'homme aux ans soixante et douze
Le plus souvent : car vieillesse le meine,
L'heure est venue que pour partir se houze.

Arrivé là, l'homme doit être prêt pour paraître devant

le grand Juge, car voici venir le terrible *compaing*, la mort, qui d'un air goguenard l'invite au grand branle

> Que chascun à danser apprant.

A chaque pas une leçon de morale et le rappelle à l'observance rigoureuse des préceptes de la religion. Chaque feuillet est un écho lugubre du distique monacal :

> Mortel vivant pense et croy que la fin
> Sera enfer ou paradis sans fin.

Tout était leçon à l'extérieur comme à l'intérieur.

Les grandes sculptures étaient un immense livre ouvert où le peuple venait s'instruire. Les bas-reliefs les vitraux, racontaient les légendes des saints. Ces allégories, faciles à comprendre, expliquaient le triomphe du bien sur le mal et parlaient aux masses ignorantes un langage naïf et pittoresque.

Autour de l'ogive du portail, les douze signes du zodiaque, avec les tableaux rustiques correspondant à chaque mois, indiquaient au peuple les saisons. C'était un calendrier emblématique sculpté précédant un merveilleux catéchisme en pierre qui parlait à l'esprit et au cœur, et dans lequel tout le monde savait lire.

Lorsque l'évêque arménien Martyr la visita au quinzième siècle, statues, bas-reliefs, zodiaque, enfin toute cette imagerie de pierre était décorée de peintures rehaussées d'or.

Notre-Dame était un lieu d'asile inviolable.

D'après une ordonnance de 1248, les malades qui venaient à Notre-Dame implorer Dieu, restaient pendant les nuits, en attendant leur guérison : dans une chapelle située vers la seconde porte, et qui était éclairée par six lampes. Ceci s'explique par la coutume qu'avaient les mires, alors presque tous gens d'église, de donner leurs consultations à l'entrée de Notre-Dame, au-dessous de la tour, autour du bénitier.

Lorsqu'au treizième siècle, la Faculté de médecine divorça avec l'Université et vécut de sa propre existence, avec ses statuts et un sceau, comme elle manquait de revenus et d'écoles, les grandes réunions avaient lieu dans l'église des Mathurins ou autour du bénitier de Notre-Dame.

Les actes se passaient dans la maison des maîtres, dont quelques-uns enseignaient chez eux. De plus, les bacheliers faisaient des cours dans la rue du Fouarre, où de nombreux élèves, étendus sur de la paille, écoutaient leurs leçons. Des salles basses, non pavées, jonchées de bottes de paille servant de siéges, recevaient des grands seigneurs, des fils de rois et de princes, attirés par l'amour du savoir; car la Faculté de médecine n'était pas seule maîtresse de la rue du Fouarre, et la Faculté des arts y faisait aussi ses cours.

Alors, en effet, de puissantes intelligences soulevèrent dans ces rues étroites, sombres et humides du quartier Saint-Jacques, les éternelles questions de la plus haute philosophie. Albert le Grand y commentait Aristote devant des flots mouvants d'auditeurs venus de tous les pays civilisés ; Abeilard ne comptait pas moins de 5,000 écoliers enthousiastes. Parmi ces étudiants, stationnant aux alentours de la place Maubert, les uns furent papes, cardinaux, ministres; l'un d'eux devint le poëte de la *Divine Comédie*. En deux vers, Dante, rappelant son séjour à Paris, immortalisa du même coup et cette pauvre rue du Fouarre, et Sigier, son professeur, dont, sans lui, la postérité eût désappris le nom :

>   . . . . Sigieri
> Che leggendo nel vico degli Strami
> Sillogizzo invidioso veri.

En 1454, sous le décanat de Denis, de Souls-le-Four, Jacques Desparts, chanoine de l'église de Paris et premier médecin de Charles VII, convoqua la Faculté au bénitier de Notre-Dame. Là, il exposa la nécessité d'écoles plus convenables, et proposa des moyens propres à atteindre ce but. La guerre contre les Anglais fit tout ajourner; mais, dès qu'on put songer à autre chose qu'à la défense de la patrie, Desparts revint à son projet et fit don à la Faculté de 300 écus d'or (3,450 livres) et d'une bonne partie de ses meubles et manuscrits pour construire une école qui fut commencée en 1472 au bourg de la Bûcherie, sur le terrain de deux vieilles maisons, achetées l'une d'un bourgeois, l'autre des Chartreux. Pour récompenser l'acte généreux de Desparts, la Faculté lui assura de son vivant, afin qu'il n'en ignorât, un *obit, vigile et messe* à perpétuité, à chaque anniversaire de sa mort.

Telle est l'origine de notre École de médecine.

Sur l'un des piliers du portail septentrional, se dressait une statuette célèbre au treizième siècle sous le nom de la *Vierge à l'anel*, à cause de la légende mystique que je vais raconter en lui donnant un coup de pinceau :

Parmi les élèves de l'école épiscopale, qui venaient prendre leurs ébats sur le préau du cloître, se trouvait un mignon garçonnet au clair visage et aux blondins cheveux. Il avait au doigt un gage d'amour de sa mie, un anneau d'or fin tout neuf, échangé la veille bien amoureusement à la nuitée, sous les saules discrets de la rive qui longe le Marché-Palu.

Craignant de l'endommager en jouant à la pelotte, il fureta le long des contreforts, cherchant une cachette pour mettre son anneau en lieu sûr. En levant les yeux il avisa l'image de la Vierge, au ris gracieux, brillamment enluminée et parée d'offrandes, il la trouva si belle, et ses yeux si azurins, qu'il tomba en extase d'amour, ploya le genou et lui dit :

« Belle dame ! si tant doucette et mignonnette, blanche et pure comme fleur de lys, je ne veux aimer que vous, jamais plus ni femme ni pucelle ne touchera mon cœur et, pour gage de ma foi jurée, acceptez cet anel si joli. »

A peine a-t-il fini son amoureuse oraison, que la statue s'anime et, au contact de l'anneau, plie le doigt de telle façon qu'on n'aurait pu le lui reprendre qu'en le brisant, montrant par là que son amour agréé ne devait finir qu'avec la mort. A cette vue, l'effroi gagne le mystique fiancé ; il pousse des cris et court conter le prodige aux chanoines, qui lui prouvèrent qu'à moins de félonie, il devait se consacrer à madame Marie, devenue son unique amie.

Mais l'amour charnel était de la partie ; il revit sa fiancée des saules, oublia son serment et se maria. Or, il advint que la nuit de ses noces, comme il s'étendait mollement et amoureusement auprès de sa nouvelle épouse, un sommeil invincible s'empara de tout son corps, et, dans un rêve agréable, il vit la Vierge à l'anel couchée entre lui et sa femme, lui mettant le doigt sur son gage et lui reprochant mélancoliquement d'avoir failli à sa promesse d'amour.

Cette vision tendre le réveilla, il chercha la vierge, elle n'était plus là.

De rechef le sommeil allourdit ses paupières, de rechef aussi, la Vierge à l'anel revint se placer à ses côtés, mais cette fois fière et dédaigneuse, prête à châtier sa foi mentie.

A cette menace il saute de sa couche, ne touche pas à sa femme crainte de mort, et s'enfuit jusqu'à ce que rencontrant un désert, il y trouva un bon ermite qui lui bailla l'habit de moine et, « *à Marie le maria* » dit un jovial conteur.

Depuis, tous les écoliers amoureux venaient en pèlerinage à la Vierge à l'anel qu'ils chargeaient de fleurs, d'anneaux et de bouquets d'amour ; enguirlandés de devises, la priant de rendre leurs mies parisiennes constantes et fidèles, ce qui était déjà difficile, paraît-il. C'est ainsi que la crédulité populaire faisait de la vierge Marie, au pied même de Notre-Dame, une Vénus chrétienne, et métamorphosait les anges en petits gamins de Cythère.

A Notre-Dame, comme dans toutes les églises de Paris, on célébrait tous les ans, au mois de janvier, la *fête de l'âne*. Mais avant de faire assister nos lecteurs à cette burlesque cérémonie qui mit toute la chrétienté en révolution au moyen âge et fut le pendant de la *fête des fous*, disons un mot de la légende de cet âne fameux.

Il fut d'abord de tradition chrétienne que cet animal était le plus bête parmi toutes les bêtes de la création, ainsi que le prouvait la légende orientale rapportée par les moines voyageurs qui l'avaient entendu raconter sous la tente par les mères berçant leurs enfants, tandis que paissent les chamelles.

A peine l'étoile de Noël fut-elle levée dans le ciel, qu'elle se mit à marcher, et les tribus se dirent entre elles : « C'est un signe divin ; suivons cette étoile. » Et mages et pasteurs s'en allèrent ensemble, priant, chantant, se tenant par la main. L'étoile marchait toujours et ne s'arrêta que sur une humble bourgade.

Les voyageurs étaient devant une misérable hôtellerie dans laquelle une femme, venue de loin, enfantait.

Ils comprirent que là était le but de leur voyage, et, étant entrés dans l'hôtellerie, ils virent Marie qui regardait son nouveau-né couché dans une crèche entre un bœuf et un âne.

Il faisait froid, l'enfant n'avait qu'un peu de paille pour réchauffer son corps frêle, et l'âne mangea la paille de l'enfant, tirant brin à brin, comme fil à fil, cette layette rustique ; mais le bœuf s'approcha et souffla sur le petit Jésus pour le réchauffer de sa puissante haleine, et Marie, prenant la parole, dit à l'âne :

Vilaine bête ! tu as mangé la paille de l'Envoyé, tu seras à l'avenir un objet de risée et de moquerie, et ton nom sera donné à l'ignorant, car tu as ignoré qui est mon fils ! Puis, s'adressant au bœuf, elle ajouta : Toi, tu seras considéré comme la force unie à la bonté, car tout ce qui est fort doit être bon et secourable.

Ce fut alors que les bergers entrèrent, et, ayant appris ce qui venait de se passer, ils chassèrent l'âne à coups de bâton. C'est pourquoi on trouve très-peu d'ânes en Orient.

Telle est l'origine légendaire de la bêtise de maître Aliboron qui devint le type, au physique comme au moral, d'une très-nombreuse famille.

Ce n'est que plus tard qu'il fut réhabilité pour avoir prêté son dos à Jésus-Christ faisant son entrée dans Jérusalem. Ne voulant pas vivre dans une ville où les Juifs avaient répandu le sang du Juste, il marcha miraculeusement sur la mer, devenue aussi dure que la corne de ses pieds, traversa successivement les îles de Chypre, de Rodes, Candie; passa à Malte, en Sicile, à Aquilée, et choisit Vérone où il termina sa vie miraculeuse.

C'est de lui que descend une belle race d'ânes qui se perpétue encore à Vérone, et sur le dos de laquelle est dessinée une espèce de croix noire.

Quand le saint animal mourut, on lui fit de pompeuses funérailles. Mais ses restes mortels, au lieu d'être rendus à la terre, furent renfermés dans le ventre d'un âne artificiel fait exprès, qu'on mit sous la garde de quarante moines du couvent de Notre-Dame-des-Orgues. Deux fois par an, on portait en procession par la ville cette relique asine, devant laquelle se prosternaient humblement les dévots Véronais.

Les pèlerins rapportèrent bientôt d'Italie mille nouvelles des miracles que faisait journellement l'âne de prédilection, et, de Vérone, la fête passa dans les autres pays; elle fut surtout célébrée en France.

A la tête d'une longue procession composée de tout le chapitre de Notre-Dame et des confréries, bannières déployées, marchait en grande parure un âne portant sur son dos une jeune fille bien accoutrée, et encourtinée d'une chape d'or, un poupon dans les bras, figurant la vierge Marie et l'enfant Jésus fuyant en Égypte. On sortait de l'église dès l'aube du jour, on faisait le tour de la Cité, et, au retour, on plaçait l'âne et la jeune fille dans le chœur à côté de l'Évangile. Chacun ayant pris place, on entonnait après l'épître la fameuse prose de l'âne :

> *Orientis partibus*
> *Adventabit asinus*
> *Pulcher et fortissimus.*

« Des contrées de l'Orient, il est arrivé un âne, beau, fort, et propre à porter des fardeaux.

> *Chœur (en français).*
>
> Hez ! sire âne, ça chantez,
> Belle bouche rechignez ;
> Vous aurez du foin assez
> Et de l'avoine à plantez.

« Il marchait d'un pas lent, à moins qu'on ne le frappât à coups de bâton, ou qu'on ne lui piquât les fesses avec un aiguillon. — Hez ! sire âne, etc.

« Cet âne a été nourri par Ruben, sur les collines de Sichem ; il a traversé le Jourdain et sauté dans Bethléem. — Hez ! sire âne, etc.

« Le voilà, ce bel âne aux grandes oreilles, le maître des ânes, le voilà comme un enfant soumis. — Hez ! sire âne, etc.

« Il peut vaincre à la course les faons, les daims et chevreuils ; il est plus rapide que les dromadaires de Madian. — Hez ! sire âne, etc.

« C'est cette puissance asine qui a valu à l'Église l'or de l'Arabie, l'encens et la myrrhe du pays de Saba. — Hez ! sire âne, etc.

« Pendant qu'il traîne les chariots remplis de bagages, sa mâchoire broie un dur fourrage. — Hez ! sire âne, etc.

« Il mange l'orge avec sa tige, il se repaît de chardons, et dans l'aire, il sépare le froment de la paille. — Hez ! sire âne, etc.

« Mais c'est assez chanter ; âne, dites *amen*, dites encore *amen, amen,* et moquez-vous des vieilleries... Hez va ! hez va ! hez biaxlz, sire âne ! car allez, belle bouche, car chantez. »

L'âne ne disait point *amen*, mais l'évêque, la mître en tête, la crosse au poing, écoutait toutes ces billevesées avec une gravité évangélique bien comique. Tous les chants de la messe étaient terminés par le refrain imitatif : hi han ! hi han ! hi han ! et, à la fin de la fête, le prêtre officiant, au lieu de chanter l'*Ite missa est*, se mettait à braire, ce à quoi les fidèles répondaient : *Deo gratias*.

Quel contraste que toutes ces folies ridicules qui métamorphosaient la religion en farces burlesques avec le drame lugubre de la vie humaine qui se dénouait souvent en même temps à deux pas sur la place du Parvis ! Le dernier cri d'agonie d'héroïques victimes faisait écho au dernier hi han de la fête de l'âne. C'était au parvis que les condamnés, prêchés et mitrés, faisaient amende honorable. Au pied de l'échelle patibulaire se dressa le bûcher sur lequel montèrent les Templiers que Clément V envoyait à la mort. C'est là que en 1344, Henri Malestroit, chargé de chaînes, souillé d'immondices, monta sur l'échafaud. L'échelle du pilori fut détruite au dix-huitième siècle. 1767 y substitua le carcan, fixé à un poteau d'où partaient toutes les distances itinéraires de France, comme si, en aboutissant à ce poteau fatal, elles eussent indiqué que, pour beaucoup de ceux qui venaient à Paris chercher fortune et aventures, c'était la route qui conduisait au crime et de là à l'échafaud. Et dire cependant que le mot parvis est un diminutif de paradis, nom que l'on donnait à Rome aux grandes places qui s'allongeaient devant les églises, pour montrer qu'avant d'arriver au paradis céleste il faut traverser le paradis terrestre.

Ceux pour qui c'était un véritable paradis étaient les pauvres artisans de Paris qui, dans tout le royaume peut-être avaient seulement là le privilége de pouvoir travailler pour leur compte, sans avoir été reçus maîtres dans les métiers des arts qu'ils exerçaient.

Fait bien remarquable, on peut dire que c'est au pied des tours Notre-Dame que naquit la liberté du commerce et de l'industrie, lorsqu'au grand jour de la Révolution, ce privilége, borné par les étroites limites du parvis, s'étendit sur toute la France. Circonscrit d'abord à nos frontières, le cercle s'élargit ensuite sur l'univers entier, n'ayant pour limites que les bornes du monde.

Mais rentrons dans la basilique.

Dans un des coins de cette immense cathédrale, se voit encore le cénotaphe d'Étienne Yver ; il mérite qu'on s'y arrête un moment. Ce tableau de pierre est curieux et d'un effet saisissant.

La partie supérieure représente le jugement dernier. Jésus-Christ, environné d'anges, lance de sa bouche deux épées, l'une à droite, l'autre à gauche. Sous ses pieds est un globe, et dans sa main un livre ouvert où on lit ces mots en latin : « Je prendrai pitié de qui il me plaira. J'userai de clémence envers qui je voudrai. » Au-dessus de sa tête, une banderole porte en latin cette inscription : « Ils criaient de l'un à l'autre : Saint ! Saint ! Saint ! »

La deuxième partie représente un homme sortant nu d'un tombeau sur lequel on voit un cadavre rongé par les vers. Cet homme a les mains jointes. On lit, en latin, au-dessus de sa tête : « N'entrez pas, Seigneur, en jugement avec votre serviteur, car vos yeux ont reconnu toutes mes imperfections, et tous les hommes auront leur compte sur votre livre. »

Cette figure d'homme suppliant est tournée de profil et placée entre saint Etienne, reconnaissable à sa dalmatique ainsi qu'aux pierres éparses sur lui et sur le livre qu'il tient, et entre saint Jean l'évangéliste qui porte une coupe remplie de serpents. Au-dessus du cadavre que rongent les vers, on lit en latin : « Les douleurs de la mort m'ont préoccupé, les torrents de mes iniquités m'ont saisi d'effroi, car je suis un ver et non pas un homme ; ma chair est revêtue de pourriture et des souillures de la poussière ; ma peau s'est desséchée et retirée. Mon Dieu ! mon Dieu ! regardez-moi et prenez-moi en pitié, parce que j'ai péché contre vous seul et que j'ai fait le mal en votre présence. »

Au-dessous, une épitaphe latine dit : « En face de ce tableau repose Etienne Yver, licencié en droit canon, chanoine des églises de Paris, de Rouen, archidiacre du grand sceau, conseiller du roi notre sire en sa cour de parlement, originaire de Péronne au diocèse de Noyon,

Que son âme, que Dieu a créée, retourne à lui. Que la nature prenne ce qui lui appartient en attendant la résurrection qui lui est promise. Qu'ensuite l'un et l'autre jouissent de la vie éternelle, car il faut que ce corps corruptible devienne incorruptible, et que, mortel qu'il était, il soit revêtu de l'immortalité.

« Etienne Yver mourut l'an de N.-S. J.-C. 1467, le 14 février. Priez Dieu pour lui. »

Il légua 200 écus pour fonder un anniversaire pour le repos de son âme, et le chapitre lui concéda sépulture dans la chapelle Saint-Nicolas.

Il y avait autrefois, au bout de la nef, la statue équestre, grande comme nature, de Philippe le Bel.

Une chronique nous raconte que Philippe le Bel, après avoir remis l'oriflamme sur l'autel de Saint-Denis, s'en alla à Notre-Dame de Chartres, et, quand il fut là, revêtit les armes qu'il avait portées en la bataille des Flamands, à Mons-en-Puelle, 18 août 1304, puis monta sur son destrier et entra en l'église très-dévotement.

Une autre dit que c'est à Notre-Dame de Paris que le roi fit cette entrée, sur son cheval, armé des mêmes armes qu'il avait dans le combat ; qu'il les présenta en offrande à la Sainte-Vierge pour la remercier de sa victoire ; qu'il fonda une rente de cent livres à l'église cathédrale ; et que c'est en mémoire de ces faits que le chapitre de Notre-Dame lui éleva une statue équestre dans la nef.

Il y a plusieurs autres points touchant Notre-Dame qui divisent les antiquaires. Ainsi, la célèbre galerie dite des Rois de France.

Les vingt-huit statues qui la décoraient passent généralement pour avoir été celles des vingt-huit rois de France, depuis Childebert jusqu'à Philippe-Auguste ; mais il y a là-dessus divergence d'opinion, et des hommes très-compétents en matière d'archéologie, MM. de Guilhermy et Viollet-le-Duc entre autres, pensent que c'étaient plutôt des rois de Juda, composant le cortége généalogique du Christ.

Il est vrai que, dès le treizième siècle, beaucoup de gens considéraient ces statues comme celles des monarques français, mais ceci ne peut servir de base à une opinion sérieuse. Une composition burlesque de cette époque (les vingt-trois manières de Vilain) met en scène un badaud dont la bourse est coupée par un voleur, tandis que, debout devant Notre-Dame, il dit à ses voisins : « Voici Pépin et voici Charlemagne ! » Cette plaisanterie n'est-elle pas une critique de la prétendue érudition du bonhomme ?

La quatorzième statue de cette procession chronologique, à partir du côté du cloître, était posée sur un lion et passait pour représenter Pépin, qui, d'après la légende, aurait, dans un combat d'animaux, abattu la tête d'un lion d'un coup de son épée : mais n'est-ce pas là plutôt le lion emblématique de Juda, et le David de la cathédrale de Chartres n'est-il pas également posé sur un lion ? Nous inclinons donc à penser que les prétendus rois de France de la galerie Notre-Dame étaient vingt-huit rois juifs.

C'est encore une question controversée de savoir si le nom de la porte dite, *Porte-Rouge* lui vient de la couleur dont elle était peinte, ou, comme le disent quelques-uns, parce que c'était par là qu'entraient les chanoines et les cardinaux avec leurs robes rouges.

Une des plus charmantes coutumes qui se pratiquaient à Notre-Dame était celle des *Mays*.

La confrérie des orfévres avait coutume d'offrir à la Sainte-Vierge, le 1er mai de chaque année, un tableau votif, qui fut appelé *May* pour cette raison.

Eudes de Sully, évêque de Paris, ayant gratifié l'église métropolitaine des précieuses reliques de saint Marcel, l'un de ses prédécesseurs, le corps des orfévres profita de la circonstance pour témoigner à messieurs du chapitre sa reconnaissance de lui avoir accordé une chapelle dans leur église. En conséquence, il construisit une châsse magnifique destinée à recevoir les reliques de saint Marcel, et l'offrit au chapitre, qui l'accepta, et la fit placer au-dessus du maître-autel. C'est à cette occasion que les orfévres de Paris furent gratifiés du titre et de la charge de *Porteurs de la châsse Saint-Marcel*, prérogative dont ils ont joui jusqu'en 1789.

C'est le 1er mai 1449 que l'on vit la congrégation offrir un *May verdoyant* et donner à deux de ses membres le titre de *princes du May*, avec la mission spéciale de veiller chaque année à l'observation rigoureuse dudit usage. Au may verdoyant on ajouta plus tard une pièce d'architecture en forme de tabernacle, qu'on suspendait à la voûte de l'église, et à laquelle étaient attachés des sonnets, des rondeaux, des prières adressées à la Sainte-Vierge, et où l'on formulait des vœux pour la santé du Roi, de la Reine, du Dauphin, et pour les besoins de l'Etat.

Il était fait une offrande consistant presque toujours en

un petit tableau dont le sujet était emprunté à la vie de la Sainte-Vierge. En 1630, de nombreux embellissements étant apportés à Notre-Dame, notamment au jubé, ils obtinrent du chapitre le droit de remplacer le petit tableau par une grande toile de onze pieds, où serait retracé un acte des apôtres. La lettre qui leur accorde ce droit est la véritable charte de la fondation des mays de Notre-Dame.

Chaque tableau restait exposé durant la journée du 1er mai devant le portail de Notre-Dame, où le peuple se portait en foule pour l'admirer ; après quoi, il était suspendu à l'un des piliers de la nef. Cet usage continua jusqu'en 1707 ; on y renonça parce que la place vint à manquer.

Tous ces objets d'art, châsses et tableaux, furent dispersés par la Révolution. On en retrouve quelques-uns dans les musées, les collections et les églises.

Parmi ces Mays, nous remarquons ceux offerts en 1631, représentant les miracles de la Sainte-Vierge, arrivés en l'église Notre-Dame en 1625 et 1628. C'est la représentation de l'ancienne chapelle de la Sainte-Vierge et, les guérisons miraculeuses par son intercession, d'une jeune fille de Nogent-le-Rotrou percluse de ses membres, et de Jean-de-Carrière de la ville de Meaux, affligé depuis longtemps d'un ulcère aux jambes. Tous deux sont peints par Lemoyne.

Une simple inscription, trouvée sur une pierre cachée dans un coin du portail méridional, nous apprend qu'il fut commencé en 1257 par Jehan de Chelles, *Tailleur de pierres*, tel est le titre modeste que prend ce grand artiste à qui on doit tant d'admirables édifices. Les sculptures remarquables, en plein relief, qui entourent le chœur sont l'œuvre de Jehan Ravy, *maçon de l'église* Notre-Dame, et de son neveu messire Jehan Bouteillier, qui les termina en 1350.

« Le chœur de l'église Notre-Dame, dit le P. du Breul, est clos d'un mur percé à jour autour du grand autel, au haut duquel sont représentés, en grands personnages de pierre dorez et bien peints, l'histoire du Nouveau-Testament ; et plus bas l'histoire du Vieil-Testament, avec des escrits au-dessoubs qui expliquent lesdites histoires. »

Cette clôture, en imagerie du quatorzième siècle, s'est heureusement conservée au nord et au sud, en arrière des stalles auxquelles ses parois servent encore de dossier. La partie septentrionale se compose d'un soubassement divisé en dix-neuf ogives trilobées qui reposent sur des faisceaux de trois colonnettes. Au-dessous est un bas-relief continu où se succèdent treize sujets du Nouveau-Testament. Des touffes de feuillage, des animaux fantastiques et quelques petits personnages remplissent les intervalles des archivoltes.

La clôture historiée reprend du côté du midi, et les sujets se suivent en remontant de l'est à l'ouest. On y trouve vingt-sept arcs en ogives trilobées, qui se divisent en neuf sections, dont chacune correspond à un sujet sculpté en ronde bosse. Un dais continu, en pendentif, court au-dessus des figures. Des mains habiles ont ravivé les couleurs de toutes les figures, qui se détachent sur un fond resplendissant d'or, sous lequel le nu de la pierre a disparu.

Une des pages les plus curieuses de cette végétation de pierre épanouie sous le ciseau d'un artiste convaincu, c'est cette fantastique et originale composition en bas-relief représentant le jugement dernier qui décore le tympan de l'ogive du grand portail.

L'imagination la plus dévergondée ne saurait inventer rien de plus étrange que ces démons tourmentant les damnés, ni de plus pur que les anges qui conduisent en paradis les élus du Père éternel présidant la balance des bonnes et des mauvaises actions.

C'est la vision apocalyptique d'un Michel-Ange monacal, dans une extase de mysticisme naïf et de foi ardente.

C'est vers le milieu du siècle dernier, alors que tout ce qui prêtait au recueillement était passé de mode, que les antiques vitraux historiés de Notre-Dame furent enlevés et remplacés par du verre blanc, avec chiffres et bordures fleurdelisées ; les trois rosaces ont fort heureusement échappé à cet acte de vandalisme, et nous offrent trois curieux spécimens de l'art du verrier au moyen âge. Le vitrier Levieil, qui a démonté les vitraux du chœur et de l'abside, en a donné une description très-exacte ; il assure qu'on reconnaissait à l'une des fenêtres de la tribune du chœur le vitrail donné par l'abbé Suger ; le fond en était de ce beau verre bleu à reflets étoffés qu'au douzième siècle on savait préparer avec tant d'art.

Le souffle de 93 passa sur ce colosse de pierre ; il résista, mais l'ouragan enleva çà et là quelques parcelles. Tel un rocher, battu par les flots en courroux, voit peu à peu quelques grains de sable se détacher de ses flancs de granit. Gargouilles, fleurons, statues, galeries, toute cette végétation splendide, cette dentelle de pierre, fut brisée et joncha de ses nombreux débris le parvis teint de sang. Les statues des rois, précipitées de leurs niches, furent traînées, la corde au cou, dans les ruisseaux. Le délire révolutionnaire fouilla même les tombeaux, jeta les squelettes à la voirie et fit des balles avec le plomb des cercueils. Les cloches, fondues pour les canons, au lieu d'appeler avec leur voix sainte et joyeuse les fidèles à la prière, furent changées en instruments de destruction. Notre-Dame devint le Temple de la Raison.

Ce serait une longue et douloureuse histoire que celle des nombreuses mutilations de ce splendide monument qui, en 1723, fut badigeonné, par ordre du cardinal de Noailles, de cette couleur jaune infligée par le bourreau aux édifices *scélérés*.

Notre-Dame est le **monument national** par excellence; il résume à lui seul toute notre histoire. Là, le peuple priait, la commune délibérait, et la cloche, comme la grande voix de la vieille cité, appelait aux travaux des champs, aux affaires civiles et aux batailles de la liberté; l'innocent persécuté y trouvait un asile inviolable. C'est le premier monument de notre histoire, plus ancien que son voisin, le Châtelet, qui représente la justice en France. Ses tours splendides le dominent pour indiquer que la religion, qui vient de Dieu, est plus grande que la loi, qui vient des hommes.

Après avoir encore résisté aux émeutes de 1831, Notre-Dame se trouva dans un tel état de dégradation, qu'un cri d'alarme fut poussé par le clergé; il fut entendu. En 1845, MM. Lassus et Viollet-le-Duc commencèrent sa restauration, lente et difficile. C'était un travail héroïque.

Chaque pierre fut remplacée par une autre, de la base au faîte. M. Viollet-le-Duc, resté seul, continua l'entreprise. Rendons-lui justice, on ne pouvait faire mieux; il a su se soumettre à l'art d'une époque qui n'était plus, et si bien s'identifier avec les trois siècles qui se sont réunis pour élever le monument, qu'on ne distingue plus les parties anciennes, qui sont restées intactes, de celles qui ont été restaurées; il a tout respecté, jusqu'à la puérilité naïve des sculptures. Aujourd'hui la résurrection est complète ; vingt années auront suffi au dix-neuvième siècle pour relever une œuvre qui avait coûté trois cents ans au moyen âge.

LA
FOIRE AUX JAMBONS
A PARIS

Ne faisons pas étalage de science à propos des étalages de la foire. — Ancienneté de la foire aux jambons. — La légende de Monseigneur du Bourbier. — Une vieille chanson latine. — La légende du fils de Louis le Gros. — Ordonnance du treizième siècle. — Privilége des pourceaux de saint Antoine. — Quels étaient les boueurs du vieux Paris. — La corporation des charcutiers fondée en 1475. — Statuts. — Les fonctions de *Langayeur*. — Priviléges des charcutiers. — La fine andouillette et la tranche de jambon chez les moines de Saint-Bernardin. — Une pyramide de charcuterie. — Ce qu'en penserait Gargantua et ce qu'en dirait un membre de la société des légumistes. — Une vieille enseigne devenue proverbe.

L'antique foire aux jambons qui se tient tous les ans, les mercredi, jeudi et vendredi de la semaine sainte, au boulevard Bourdon, est surtout populaire dans les faubourgs de Paris. C'est là que les familles renouvellent leurs provisions annuelles de salaisons.

Cette foire a son historique.

Je pourrais, avant d'aborder cette histoire, parler du culte du cochon chez les Gaulois ; du porc qui figurait dans les armes des Druides et fut retrouvé sur les médailles gauloises ; des armes parlantes de la ville antique de Porentruy (porc et truie) ; des inscriptions votives à *Mercure cochon* ; du culte du cochon noir à Langres, et du commerce des salaisons dans les Gaules au temps des Romains ; mais, je n'ai nullement envie de faire étalage de science, quoique nous soyons à la foire, et j'aborde franchement mon sujet en racontant une légende sur l'animal qui fait tous les frais.

Pourquoi le porc fouille-t-il la terre avec le groin ? La légende nous l'apprend.

Un jour, il y eut une grande assemblée de dieux, d'hommes, d'animaux, pour décider quelle était la viande qui devait couronner les plats de légumes servis les jours de fêtes. Chacun émit son avis, suivant ses goûts et ses préférences.

Enfin quelqu'un déclara que pour lui, la meilleure viande à servir dans les grandes occasions était la chair humaine, et tous les animaux partagèrent cette opinion ; mais les hommes soutinrent que le corps humain était trop long pour être mis sur un plat ou sur un panier, qu'il faudrait lui couper la tête et les jambes et en déformer, par cela même, l'aspect et la physionomie habituelle.

Là-dessus s'éleva une longue discussion que le ver termina en proposant, à son tour, monseigneur du Bourbier : le porc, dit-il, a le groin long, mais on peut le lui couper en partie sans trop changer la face de la bête.

La motion réunit la presque unanimité des voix, et c'est pour cela que, depuis, le cochon fouille la terre du groin pour y découvrir les vers, auxquels il a juré une haine éternelle ; c'est probablement en cherchant des vers qu'il a découvert la truffe.

Le cochon mange toujours, il mange à perdre haleine tout ce qui se trouve à la portée de son groin.

Tout mange dans la nature, ditune vieille chanson latine qui remonte au treizième siècle. L'herbe mange la terre, le mouton mange l'herbe, l'homme mange le mouton et la terre finit à son tour par manger l'berbe, le mouton et l'homme.

> Non modo, ore hiante,
> Oportet semper bibere !
> Sed etiam manducare
> Cum impavidà fervore,
> Nam, herba manducat terram,
> Nam ovis manducat herbam,
> Et homo manducat ovem.
> Terra manducat, post mortem,
> Herbam, ovem et hominem.

Le cochon, lui, absorbe dans son vigoureux estomac les trois réunis jusqu'à ce que, suivant la loi mystérieuse de la nature, il soit mangé à son tour par la vieille nourrice du genre humain, la terre, marâtre impitoyable qui dévore tous ses enfants.

On ne peut dire d'une manière précise la date des premières *foires aux lards et aux chairs de porc* qui, dès l'origine, se tenaient au parvis Notre-Dame, le mardi de la semaine sainte.

Un événement malheureux arrivé au douzième siècle sur la Motte-Saint-Gervais, à l'endroit où s'élève aujourd'hui la mairie du IVe arrondissement, donna lieu à une ordonnance de police alors regardée comme très-sévère.

A cette époque, comme dans les temps les plus reculés, les rues de Paris, encore privées de pavage, étaient d'affreux bourbiers remplis d'ordures dont les chiens et surtout les pourceaux, qu'on laissait vaguer librement dans la ville, absorbaient une grande partie ; c'étaient les boueurs, balayeurs et orduriers de l'époque. Ce qu'ils n'engloutissaient pas se décomposait sur place et engendrait pestes et épidémies.

Or, en 1131, le roi Louis le Gros passant, le 13 octobre, avec son fils, sur la Motte Saint-Gervais qui venait d'être annexée à la capitale, un de ces cochons errants, sans respect pour la majesté royale, vint se jeter dans les jambes de la monture du jeune homme. Le cheval effrayé se cabra, et son cavalier, vidant aussitôt les arçons, tomba d'une façon si malheureuse, qu'il en mourut au bout de quelques heures.

Quelques chroniqueurs religieux prétendent que saint Bernard avait prédit au roi que cette catastrophe arriverait pour le punir d'avoir *persécuté* les évêques.

La superstition aidant, tout le monde le crut.

Quoi qu'il en soit de ce prétendu châtiment, Louis VI ne se départit en rien de sa conduite envers le clergé, tandis qu'il défendit à tous les propriétaires de pourceaux de laisser sortir ces animaux, sous peine de les voir confisquer au profit du bourreau. Ils devaient être enfermés dans les maisons.

Cette interdiction, d'abord rigoureusement observée, ne tarda pas à être oubliée, de sorte que Louis IX, en 1261, et Charles V, en 1369, se virent obligés de la renouveler, et ce dernier l'étendit non-seulement à l'intérieur de la capitale, mais encore aux faubourgs et aux pays circonvoisins.

En 1667, une nouvelle ordonnance faisait la même défense sous peine de 200 livres d'amende, et séjour aux cachots du Châtelet en cas de récidive.

Dès lors, la défense finit par avoir force de loi. Il y eut une seule exception pour les religieux de l'abbaye de Saint-Antoine qui alléguèrent que ce serait manquer de respect à leur illustre patron que de ne pas exempter ses cochons de cette obligation générale. Un moine prétendit même que saint Antoine lui était apparu en songe et lui avait prédit de grands malheurs pour la ville si l'on n'octroyait pas le libre parcours des rues à ses animaux de prédilection.

Il n'y avait rien à dire à une aussi excellente allégation ; de sorte que pendant longtemps on vit les cochons de saint Antoine, devenus, de par ordonnance royale, seigneurs et maîtres des ordures de Paris, courir les rues sales et fangeuses, sonnette au col, comme le prescrivait l'ordonnance, (la sonnette était également marquée d'une croix pour éviter la fraude) et butinant sans concurrence dans les détritus sordides que chaque maison rejetait dans les ruisseaux.

En 1331, une nouvelle ordonnance donnait aux sergents le droit de tuer les porcs qu'ils rencontreraient dans les rues, de garder la tête et de porter le corps à l'Hôtel-Dieu. Dans la suite, notamment au quinzième siècle, ils eurent le droit de les tuer et de se les approprier en entier, sauf la tête, qui était réservée au bourreau de Paris.

Malgré l'ancienneté de leur profession, les charcutiers ne furent établis en corporation que par un règlement du 17 janvier 1475, que leur octroya Robert Touteville, alors prévôt des marchands. En voici les deux principaux articles :

« Les *chair cuitiers* (chairs cuites) et *saucisseurs*, tant hommes, femmes que veuves, tenant ou exerçant alors ledit métier, et ayant ouvroir ou boutique dans la dite ville, demeurent et seront maîtres sans faire aucun chef-d'œuvre, en prêtant seulement serment et en payant douze sous parisis pour les droits du roi, à l'exclusion de tous autres qui n'auraient pas les dites qualités.

« L'apprentissage devra être de quatre ans, et il ne sera pas permis au maître d'avoir plus d'un apprenti à la fois. »

L'administration chercha toujours à concentrer dans un quartier, sur un même point, la vente de chaque espèce de marchandises et principalement celles qui servaient à l'alimentation. C'était plus facile à surveiller et la concurrence forçait au bon marché. C'est ainsi qu'un grand nombre de rues gardent encore le nom des industries que jadis elles abritèrent. C'est surtout dans cette vue que Louis le Gros fit construire les Halles de Paris et que Philippe-Auguste, son petit-fils, les fit clore en 1183.

Quand l'ordonnance de 1475 parut, les charcutiers durent suivre la règle commune. D'abord, ils eurent aux Halles douze places, puis vingt, puis trente. En 1622, ils étaient obligés d'occuper cinquante-deux places, les mercredi et samedi de chaque semaine ; le nombre s'accrut avec la population.

La vente du porc se faisait autrefois chez les bouchers ; un règlement du roi Jean, le 30 janvier 1350, l'un des plus anciens sur cette matière, nomma quatre prud'hommes pour visiter les viandes de porc. Cette sage mesure fut provoquée par les nombreuses maladies (la lèpre surtout) engendrées par cette denrée alimentaire proscrite par les juifs.

Hugues Aubriot, prévôt de Paris, le 22 novembre 1375, défendit de s'*entremettre de langayer pourceaux* à moins d'avoir subi un examen devant le maître des bouchers de la grande boucherie, prescription renouvelée et étendue par d'autres ordonnances.

Un arrêté du parlement du 23 février 1602 régla les fonctions et les droits des vingt *langayeurs* existant alors.

Ces offices de langayeurs, supprimés en 1704 par un édit qui créa en même temps des jurés visiteurs de porcs dans toute la France, furent rétablis peu à peu, et, en avril 1708, remplacés par des jurés inspecteurs et contrôleurs de porcs.

Jusqu'au seizième siècle, les achats de porcs se firent par l'intermédiaire des bouchers.

En juillet 1513, des lettres patentes les autorisèrent à acheter des porcs sur tous les marchés et où bon leur semblerait.

Une remarque historique assez curieuse, c'est qu'un arrêté du 22 janvier 1592, leur permettait d'ouvrir leurs boutiques les jours de dimanches et fêtes, à l'exception des quatre fêtes annuelles et des fêtes de la Vierge.

La loi de 1791 abolissant maîtrises et jurandes, plaça la charcuterie dans le droit commun comme tous les autres commerces et industries. Ce commerce est encore réglé par l'arrêté des consuls du 13 brumaire an XI, et par les ordonnances de police du 4 floréal an XII, et du 27 septembre 1815.

Nous avons dit, en commençant, que cette foire, d'origine si ancienne, avait lieu au parvis Notre-Dame dans la semaine sainte. On avait probablement choisi cette semaine de pénitence pour rendre la mortification plus forte par les tentations de gourmandise que devaient réveiller les étals affriolants des marchands parmi lesquels rôdaient écoliers espiègles, malandrins affamés, truands houspilleurs, ribaudes, etc., tous les habitués de la cour des Miracles.

Plus d'un moine abbé, en contemplant d'un œil béat toutes ces appétissantes salaisons, ces saucissons dodus et ces jambons luisants, se rappelait, de retour au couvent, toutes les jouissances gastronomiques qu'ils renfermaient et envoyait au plus vite le moine pourvoyeur renouveler les provisions de l'abbaye. Si nous en croyons certaines chansons grivoises, ils célébraient dignement *la foire aux lards* dans ses succulents jambons et ses fines andouillettes.

> Nous sommes des moines
> De Saint-Bernardin
> Qui se couchent tard
> Et se lèvent matin,
> Pour aller à matines
> Vider leur flacon,
> Et bon, bon, bon
> Et v'la qu'est bon
> Et bon, bon, bon
> Ah ! voilà la vie
> La vie suivie,
> Ah ! voilà la vie que les moines font.
>
> A notre déjeuner
> Du bon chocolat
> Et du bon café
> Que l'on nomme moka,
> La fine andouillette
> La tranche de jambon,
> Et bon, bon, etc.

> A notre dîner
> Un bon chapon gras
> Qui trempe la soupe
> Comme au mardi gras,
> Lapin de garenne
> Sentant la venaison,
> Et bon, bon, bon, etc.
>
> A notre goûter
> Des petits oiseaux,
> Que l'on nomme cailles
> Bécasses et perdreaux,
> La tarte sucrée,
> Les marrons de Lyon,
> Et bon, bon, bon, etc.

Une ordonnance du prévôt de Paris, du 25 avril 1488, réglait la police de cette foire ; trois cent vingt-cinq ans plus tard, elle fut transportée quai des Augustins ; vingt ans après, au faubourg Saint-Martin ; et, en 1843, boulevard Bourdon, où elle se tient actuellement.

Cette foire parisienne met à contribution toutes les contrées. Les jambons de Bayonne, de Lorraine, des Ardennes, de Mayence, de Westphalie, du Jutland; d'York, de Bretagne, de Normandie, de Bourgogne ; les saucissons d'Arles, de Lyon, de Bologne, de Modène, Milan, Strasbourg, etc., se donnent rendez-vous à Paris, pendant les trois jours de cette foire.

Un véritable gourmet, pour alimenter sa table, doit réunir dans un repas la hure de Rheims, la langue de Troyes, les pieds de Sainte-Menehould, les saucissons de Lyon, d'Arles ou d'Armentières et les andouilles fourrées de Vire.

Plus de 300,000 kilogrammes de charcuterie arrivent

au boulevard Bourdon. On pourrait faire une immense colonne aussi haute que celle de Juillet, ayant pour base les pieds de cochon, pour poitrine les jambons, pour tête les hures, pour bras les saucissons, le tout cimenté avec les graisses et saindoux ; énorme géant dont la vue aurait fort réjoui Gargantua, et qu'un membre de la société des légumistes appellerait *un tas de cochonneries.*

Paris absorbe une quantité considérable de salaisons et de charcuterie, à cause de la facilité et de la rapidité avec lesquelles on peut consommer ces genres d'aliments toujours préparés d'avance ; mais, dans les campagnes, c'est différent. Le bon fermier tue le cochon gras à Noël, enguirlande d'andouilles et de jambons sa cheminée ; le saloir reçoit le lard et les morceaux de choix, et quand vient un jour de fête ou la visite d'un ami, le cellier donne sa meilleure bouteille, le bahut son pain blanc, le saloir le petit salé, et la cheminée ses andouilles et jambons tout noirs. Le repas n'est pas somptueux, mais il est riche en cordialité, ce qui est un grand luxe par le temps qui court.

Disons, en terminant, que, conformément à la vieille enseigne passée à l'état de proverbe, *chez lui tout est bon de la tête aux pieds ;* car, vivant, il donne d'excellent fumier ; mort, sa peau sert à la reliure et à la sellerie ; ses soies pour brosses, pinceaux et autres industries ; sa graisse pour les parfumeurs ; sa viande, nourriture à bon marché, etc. La vieille enseigne cache donc une grande vérité agricole, alimentaire, industrielle et économique, et le porc est un des animaux les plus utiles.

LA
RUE DE LA HARPE

La rue de la Harpe. — Ses anciens noms. — Le collége de Raoul d'Harcourt. — Saint-Côme et Saint-Damien. — La légende de François Trouillac. — Son épitaphe. — L'enseigne du roi David. — Ce à quoi songeait la belle Agnès. — Un orage affreux et ce qu'il en advint. — Le cauchemar du luthier. — Un page de messire Satanas. — La nouvelle qu'il apporta. — Le diable plus malin que le grand prévôt. — La légende de la belle Nanette. — Fatalité ! ! !

Le vieux Paris, s'en va par morceaux. Tantôt, c'est tout un quartier qui disparaît pour faire place à de nouvelles rues; tantôt, c'est une antique maison chargée de sculptures, chef-d'œuvre du temps, une gentille tourelle, ou un pignon crasseux, ou un vieil hôtel vermoulu qui se met à la mode du dix-neuvième siècle. Cependant, avec chaque pierre qui tombe, s'envole une tradition, une légende.

Au milieu du bruit et de la poussière d'un passé qui s'écroule, écoutez une vieille chronique dont la voix s'élève, faible et chevrotante pour raconter une dernière fois une histoire du temps jadis.

La rue de la Harpe se nomma d'abord rue de la Juiverie, parce que les Juifs y avaient leurs écoles.

Plus tard, on la divisa en deux parties qu'on distingua par deux noms différents.

On l'appelait rue de la Harpe depuis la rue Saint-Séverin jusqu'à celle des Cordeliers, aujourd'hui de l'École de médecine; et, depuis cet endroit jusqu'à la Porte Saint-Michel, on la désignait sous le nom de rue Saint-Côme aux Hoirs d'Harcourt; cette distinction subsista jusqu'en 1636.

Raoul d'Harcourt était chanoine de Paris en 1280. Comme il avait été successivement archidiacre de Coutances, chancelier de Bayeux, chantre d'Evreux, grand archidiacre de Rouen, et de plus, issu d'une des plus anciennes et des plus illustres maisons de Normandie, il voulut procurer aux pauvres étudiants de cette province les moyens de pouvoir apprendre les arts et la théologie.

Il fonda donc un collége qui devint célèbre par le nombre de ses écoliers et le savoir de ses professeurs. Il acquit à cet effet plusieurs vieilles maisons situées dans la rue Saint-Côme, aujourd'hui rue de la Harpe. La mort étant venue le surprendre, son dessein fut poursuivi et achevé par son frère Robert d'Harcourt, évêque de Coutances, qui ajouta même une rente pour l'entretien de vingt-quatre pauvres écoliers pris dans les quatre diocèses désignés plus haut, dont seize pour les arts et huit pour la théologie.

C'est de cette pieuse fondation que venait le nom de Hoirs d'Harcourt.

L'autre nom lui venait de l'église Saint-Côme et Saint-Damien qui était située au coin de la rue de la Harpe et des Cordeliers.

Les derniers restes de cette église existent encore; elle fut démolie lors du percement de la rue Racine prolongée. Elle avait un cimetière et un charnier; le premier lundi de chaque mois, des chirurgiens venaient y visiter les pauvres malades et donner des consultations gratuites.

Parmi les épitaphes curieuses qui ornaient cette église, il en est une rapportée par les vieilles chroniques, et qui se rattache à la légende d'un espèce de gnome qui fut le jouet de son époque.

François Trouillac vint au monde avec une étrange difformité qui le rendit célèbre. Il avait une petite corne au milieu du front, et cet appendice étrange ne fit que croître et embellir avec l'âge.

Il avait grand soin de la cacher.

Or, un jour qu'il travaillait à une charbonnière, dans la forêt du Maine, le marquis de Lavardin, étant en chasse, vint à passer. Aussitôt tous les manants de se découvrir au plus vite et de saluer respectueusement le noble chasseur, mais François Trouillac, dans la crainte de faire voir sa difformité, n'ôta pas son bonnet. Aussitôt, il est saisi par les écuyers, qui le décoiffent violemment. Amené au château, le marquis de Lavardin s'en amusa quelque temps et le conduisit à la cour de Henri IV comme curiosité.

Le roi galant, qui aimait tant à rire des maris trompés et à courir les aventures amoureuses, le donna à un de ses valets pour en tirer profit.

En effet, le malheureux, promené de foire en foire, devint un objet de risée publique. Il en mourut de chagrin.

Les quolibets le poursuivirent même après sa mort, et l'on est étonné de retrouver dans une église cette épitaphe ridicule, qui fut payée par celui dont il avait fait la fortune :

> Dans ce petit endroit, à part,
> Gît un très-gentil cornard,
> Car il l'était sans avoir femme.
> Passant, priez Dieu pour son âme.

Maintenant, voici la légende qui a fait donner à cette voie publique le nom de la Harpe, nom qui a remplacé les deux premiers dont je viens de parler, et qui subsiste encore aujourd'hui :

On raconte que, vers 1250, une enseigne pendait à la deuxième échoppe à droite, au-dessus de la rue de Mâcon. Elle représentait le roi David jouant de la Harpe, et indiquait la chétive boutique d'un honnête luthier, vieillard qui côtoyait la nonantaine.

Il avait auprès de lui, pour charmer ses vieux jours et les ennuis d'un commerce peu lucratif, une gentille fillette, vive et follette.

C'était la belle Agnès qui, cloîtrée dans cette demeure froide et triste, suppléait par l'imagination à la monotonie du logis. Elle passait tout le jour dans une douce et mélancolique rêverie.

A quoi songeait-elle ?

A ce que songe fillette de vingt ans.

Plus d'une fois de gentils clercs, en allant aux écoles, lui jetaient des sourires qui disaient beaucoup de choses.

Un beau jour, elle disparut, montée en croupe sur le cheval d'un gentilhomme inconnu de tous, excepté sans doute de la charmante Agnès.

Ce soir-là, il fit un orage affreux et un vent à tout emporter.

Il y avait déjà de longues heures que le couvre-feu était sonné; cependant le pauvre luthier attendait toujours Agnès. Il ne savait que penser d'un pareil événement. Un noir pressentiment tourmentait sa cervelle, c'est alors qu'il se remémora en tremblant un rêve horrible, qui avait troublé son sommeil, ordinairement si calme.

Il avait vu une légion de diables rouges s'abattre sur son échoppe, s'emparer de tous ses instruments, et faire un vacarme épouvantable, tel qu'on doit l'entendre au sabbat. Ils célébraient les noces de sa fille avec Satan en personne trônant sur son vieux fauteuil de cuir noir aux clous dorés. Plus de doute, ce funeste présage cachait un malheur pour sa maison, et Beelzébuth avait choisi pour victime sa pauvre Agnès.

Il se lamentait déjà avec cette idée fatale quand, tout à coup, il y eut dans la rue de Mâcon, qui commence rue de la Harpe, un bruit horrible, un tapage épouvantable sur le pavé. On eût dit une armure qui tombait, un chevalier tout bardé de fer pourfendu par la foudre et roulant sur le sol.

C'était le roi David et sa harpe qui, fatigués de danser sur leur tringle de fer, venaient tout simplement de choir dans le ruisseau.

Le pauvre luthier comprit alors tout à fait l'avertissement tardif qui venait compléter son horrible rêve; il voulut sortir pour relever le saint roi, sans doute bien endommagé. Mais, hélas! ce fut inutilement, car à peine eut-il entrebâillé l'huis, qu'il vit un page noir de mauvaise mine, le guettant à la porte.

Ce page était bossu et contrefait des jambes; de sa cape

s'échappait une odeur de soufre; tout en lui indiquait qu'il portait la grande livrée de Satan.

A sa vue, le luthier ferma vivement sa boutique et, plus mort que vif, poussa les verrous.

Mais le page de mauvais augure lui glissa sous la porte une missive de sa chère Agnès elle-même.

Elle lui disait sans doute que, fascinée, ainsi que la Marguerite de Gœthe, par un Faust aux manches de satin, elle avait suivi un gentil cavalier dont le bel air et la barbe fine lui plaisaient infiniment mieux que le roi David avec sa harpe qui ne disait rien, et son vieux père qui lui débitait toute la journée de sempiternels et ennuyeux discours, et que alors, montée sur une belle haquenée, rue du Palais-des-Thermes, elle partait avec un noble et gentil cavalier courir les aventures à travers le monde.

Le lendemain matin, l'honnête luthier fortement scandalisé, fit mettre sur pied tous les archers du grand prévôt, mais ce fut en vain; monsieur le grand prévôt n'était pas assez malin pour attraper le diable.

Le luthier, pour se venger, ramassa son enseigne qui était de bois et la brûla. Il s'en alla ensuite demeurer rue de l'Hirondelle, avec un vieux tonnelier de ses amis qui le consola de son mieux. (1)

---

(1) Voici l'origine de cette rue : elle fut ouverte vers le treizième siècle, sur le territoire de Laas : on la nommait de *l'Arondale de Laas*. Elle doit sans doute son nom à une enseigne de l'hirondelle, en vieux langage *arondale* ou arrondelle.

Le 23 mars, 1594, rapporte le *Journal de Henri IV*, le roi passait dans la rue de l'Arrondelle. Un seigneur de sa suite, apercevant le curé de Saint-André et celui de Saint-Germain, demanda à celui-

L'aventure connue et commentée par le populaire passa à l'état de chronique.

Telle est l'origine légendaire du nom d'une des plus anciennes voies publiques de Paris.

On voit dans cette petite chronique un caractère de fatalité, qui, sous le nom de *Satan*, joue un rôle terrible. Elle me rappelle celle de la belle Nanette dans les récits allemands, et que je vais vous conter en deux mots :

Nanette était encore enfant;

Sa grand'mère, un jour, la conduisit chez le bourreau pour acheter des onguents contre la brûlure, comme c'est l'usage chez le peuple allemand et comme ce l'était chez nous.

Elles étaient à peine entrées dans sa demeure sombre, au plafond voûté, au vitrage crasseux losangé de plomb, que tout à coup on entendit remuer quelque chose dans l'armoire qui était à côté de la petite Nanette.

L'enfant effrayée s'écria : « Un rat ! un rat ! mère, sauvons-nous. »

Et en disant cela, elle se cachait derrière sa grand'mère.

Mais le bourreau s'effraya davantage, il devint pâle comme un mort et fit à la grand'mère cette fatale prédiction :

« Ma bonne femme, dans cette armoire est accroché le

---

ci s'il n'était pas aise d'avoir le roi pour paroissien, et s'il ne crierait pas volontiers : Vive le roi ! Le curé répondit qu'il aviserait. La haine des prêtres pour le roi était telle, ajoute le chroniqueur, qu'ils demandaient à ceux qui se présentaient à confesse s'ils étaient contents de la rentrée du roi. Si le pénitent répondait oui, le prêtre refusait la confession.

sabre avec lequel j'exécute, et ce sabre s'agite de lui-même chaque fois que quelqu'un qui doit être décapité s'en approche. Mon sabre a soif du sang de cette enfant ; permettez-moi que je m'en serve pour égratigner seulement un peu le cou de la petite ; le sabre se contentera d'une seule goutte de sang et n'aura plus envie de répandre le reste.

Ainsi parla l'honnête bourreau.

Mais la grand'mère se récria contre ce sage conseil et ne voulut pas consentir. Plus tard, la belle Nanette séduite par un riche seigneur aux beaux atours, lancée dans une vie de plaisir et de crimes, s'oublia dans une nuit d'amour ; et, neuf mois après, accusée et convaincue d'infanticide, elle fut décapitée ainsi que l'avait prédit le grand sabre du bourreau.

Dans quelques légendes du moyen âge, l'idée de prédestination est terrible et aussi bien suivie que la tragédie antique. On eût dit que cette enfant était née à l'ombre d'un échafaud, comme telle autre que je pourrais raconter semble avoir vu le jour au pied d'une potence.

LA
RUE DU PUITS-QUI-PARLE

Les puits miraculeux. — Celui de Saint-Marcel. — Un antique usage. — Le puits de Lori et le pilori. — La vérité qui ne sort pas du puits qui parle. — Quatre légendes pour une. — La véritable. — Le castel du comte d'Argile sur la montagne Sainte-Geneviève. — Un père qui propose, et l'amour qui dispose. — Une victime des lois de la vénérable hiérarchie seigneuriale. — Un chevalier félon. — Anathème et mystère. — C'est le diable ! — Panique. — De ce que l'on trouva dans une oubliette d'un couvent des Bénédictines. — Pauvre Odette ! — Le nouveau nom de la rue du Puits-qui-Parle. — Amyot. — Un nom bien choisi. — Souvenirs historiques qui le justifient. — Les noms incrustés sur la butte latine. — Les semeurs d'idées. — Ce que font de la belle langue d'Amyot nos écoliers du dix-neuvième siècle.

La plupart des anciennes églises de Paris avaient des puits miraculeux. Dans celle de l'abbaye de Saint-Germain des Prés on voyait un puits situé au fond du sanctuaire et nommé *puits de saint Germain,* parce qu'il était placé auprès du tombeau de ce saint. Ses eaux avaient la réputation de guérir miraculeusement plusieurs maladies. Abbon, dans son poëme sur le siége de Paris par les Normands, rapporte plusieurs traits qui attestent la vertu merveilleuse de l'eau de ce puits.

Dans l'église de Saint-Marcel, il y avait aussi un puits près duquel était la pierre du tombeau de ce vénérable évêque. Suivant un antique usage dont parle saint Grégoire de Tours, on râclait cette pierre, et la poudre ainsi obtenue, infusée dans un verre d'eau du puits, dévotement avalée après avoir entendu une messe, passait pour un puissant spécifique contre plusieurs maladies. On cite l'exemple d'un chanoine de Beauvais qui, se croyant empoisonné, trouva dans la râclure de cette pierre un antidote souverain.

Il y avait aussi des puits particuliers réputés pour la bonté de leurs eaux. Le *Puits Censier*, le *Puits de l'Ermite*, le *Bon Puits*, le *Puits du Diable* que l'on croit ainsi nommé à cause d'une tête de diable gravée sur sa margelle; le *Puits d'Amour*, aux environs des Halles, où les servantes et les ménagères allaient puiser de l'eau et se laissaient conter fleurette par les varlets.

Il y avait aux Halles, appartenant à un nommé Lori, un puits acheté par la municipalité; on y bâtit un gibet qui tira son nom du puits de *Lori*, d'où l'on a fait *Pilori*, nom qui fut adopté ensuite par toute la France pour désigner les lieux patibulaires ou les poteaux auxquels la justice attachait les condamnés.

On voyait au haut de la montagne Sainte-Geneviève une rue nommée la rue du *Puits-qui-Parle*, et dont l'origine a tourmenté la cervelle de plus d'un chroniqueur tant il était difficile de faire sortir la vérité de ce puits-là. On cite à ce sujet quatre légendes différentes.

Selon les uns, c'était tout simplement un écho bien réussi, qui redisait parfaitement les paroles; et, comme tout paraissait mystérieux au populaire peu éclairé et que la science n'était pas encore capable de l'expliquer, on en fit un événement qui attira la foule et passa à l'état de tradition. Tout le monde disait : « Allons voir le *puits qui parle;* » d'où le nom.

Selon d'autres, il y avait sur la montagne Sainte-Geneviève une espèce de Job qui chanta pendant trente ans les sept psaumes de la pénitence, sur un fumier, au fond d'une citerne, recommençant quand il avait fini, psalmodiant plus haut la nuit, *magna voce per umbras.* Encore aujourd'hui, l'antiquaire croit entendre sa voix en entrant dans la rue du *Puits-qui-Parle,* car ce puits existe encore, encastré dans la façade latérale d'une maison qui fait le coin de la rue des Poulies; seulement il est fermé par un énorme volet surmonté d'un cône qui ressemble de loin à une de ces échauguettes où veillaient les hommes d'armes des vieux châteaux.

Une troisième légende nous raconte qu'un mari trop peu débonnaire, fatigué des criailleries de sa femme, la jeta dans ce puits et s'en retourna tranquillement au logis, la croyant morte, et lui, débarrassé.

La peur le fit revenir le lendemain, pour s'assurer si le cadavre était au fond et ne trahirait pas son crime.

Mais à peine penché sur la margelle, il entendit une voix terrible arrivant du fond du puits et triplée par l'écho, qui lui cria trois fois :

— Assassin! assassin! assassin!

Réfugiée dans une des cavités latérales, la victime attendait patiemment que la providence vînt à son secours.

Foudroyé par cette voix vengeresse qui sort du gouffre pour le dénoncer, le coupable tombe à la renverse, les voisins accourent, les archers paraissent, on délivre la femme qui le dénonce; bref, il est pendu.

Ce fait rendit le puits célèbre, et tout le monde raconta l'histoire du Puits-qui-Parle.

Enfin une quatrième version plus ancienne et qui me paraît la véritable, raconte longuement un événement encore plus tragique.

C'était vers la fin du neuvième siècle. La gloire de Charlemagne, après avoir jeté l'éclat du soleil, allait en déclinant comme un beau jour qui finit. La prédiction du grand empereur s'était accomplie. Un jour qu'il était sur le bord de la mer et qu'il voyait les grandes barques des Normands approcher des côtes, il s'était mis à pleurer en disant à son fidèle Alcuin : *S'ils osent déjà, moi vivant, venir jusqu'ici, que sera-ce quand je ne serai plus!* En effet, ces redoutables pirates, montés sur leurs *drakars*, avaient, en remontant le cours de la Seine, longé la grande île qui renfermait Paris. Après un siège mémorable dans lequel les Parisiens se conduisirent en héros tandis que leur roi se conduisait en lâche, une paix honteuse, par lui conclue, les éloigna gorgés d'or et de butin, et laissant les campagnes dévastées; mais la menace de ces terribles brigands pesait toujours sur la ville.

Sur les hauteurs de la montagne Sainte-Geneviève, alors presque sauvage, s'élevait un vieux couvent de Bénédictines, aux murs duquel était adossé le modeste castel du comte d'Argile. Un puits, entouré de grands chênes, derniers vestiges d'une vaste forêt, était mitoyen, et fournissait aux deux maisons l'eau nécessaire aux usages journaliers.

Le vieux comte, couvert de blessures glorieuses faites

par l'épée des Normands, habitait cette résidence avec ses deux filles, Irmensule et Odette. On chassait la monotonie de cette solitude en recevant belle et noble compagnie.

Parmi les hôtes accoutumés du manoir se trouvait un jeune gentilhomme aux belles manières, grand ami du comte, qu'il avait sauvé de la mort sur le champ de bataille; c'était le chevalier Raoul de Flavy. Le comte nourrissait l'espoir de payer sa dette de reconnaissance en lui donnant la main de sa fille aînée, Irmensule.

Mais les pères proposent et l'amour dispose. Le cœur du chevalier, froid auprès d'Irmensule, battait à tout rompre sous le doux sourire de la gente Odette. Déjà des gages d'affection s'étaient échangés mutuellement, déjà l'on s'était juré un amour éternel, déjà même on avait échangé en secret l'anneau des fiançailles, quand le comte s'aperçut qu'Irmensule était délaissée, et que, du train qu'y allait le trop galant gentilhomme, il faudrait, un jour ou l'autre, rompre avec lui ; car jamais, au grand jamais, il n'aurait consenti à violer les lois de la véritable hiérarchie en mariant la cadette avant l'aînée. C'eût été bouleverser toutes les prérogatives des familles seigneuriales, et le vieux comte était trop entiché de ces nobles préjugés pour les oublier un seul instant, même en faveur de celui qui lui avait sauvé la vie.

Un matin, le chevalier ne trouva plus la gente Odette : la colombe avait quitté le castel ; le comte lui apprit qu'une de ses tantes de Bretagne, d'un grand âge et de beaucoup d'infirmités avait réclamé la compagnie de sa nièce, qui devait rester quelque temps auprès d'elle.

Les mois se succédèrent. Raoul soupirait et Odette ne revenait pas. Mais, comme dit le bon La Fontaine :

> Sur les ailes du temps la tristesse s'envole;

et le chevalier félon oublia la dame de ses pensées.

Or, il advint qu'un jour d'été, par une chaleur suffocante, le comte, sa fille, le chevalier et les commensaux habituels du manoir s'étaient retirés sous les épais massifs des chênes, qui, avec la fraîcheur qu'exhalait la bouche du puits, rendaient le poids du jour plus supportable.

Raoul de Flavy, vaincu par les raisons de son ami et les œillades enivrantes d'Irmensule restée sans rivale, était assis avec la future châtelaine sur un banc de gazon adossé au mur du couvent et proche du puits.

La nuit était venue, et de larges gouttes d'eau, précurseurs infaillibles d'un terrible orage, mouchetaient les allées du jardin.

C'est alors que, cherchant un refuge, le chevalier prit la main d'Irmensule effrayée, qu'il pressa plus amoureusement que de coutume, et la conduisit vers la margelle du puits, afin que le petit clocheton construit au-dessus de l'orifice pût abriter sa tête.

Mais à peine y étaient-ils arrivés, qu'un affreux éclat de la foudre, accompagné de grêle et d'éclairs, ébranla la montagne Sainte-Geneviève, et qu'une voix sortie du puits, triste et lamentable, prononça cet affreux anathème :

— Hommes pervers, soyez maudits ! maudits ! maudits!

A ces mots, qui semblaient s'adresser à lui, Raoul pâlit, et, emportant dans ses bras la jeune fille à moitié morte d'effroi, il quitta ce lieu lugubre et arriva ruisselant au château, où il raconta la terrible malédiction sortie du puits.

La sinistre nouvelle circula par la ville, et le lendemain matin on entoura le puits. Le plus courageux y descendit, et n'y vit qu'une eau calme et limpide, dormant du sommeil de l'innocence, et de vieilles pierres enveloppées de mousse.

On en conclut que c'était le diable qui était venu s'y loger pour tourmenter les nonnes et le châtelain. C'était alors l'affaire des chanoines, et le clergé de Sainte-Geneviève vint, bannières déployées, suivi de nobles et vilains, exorciser cette nouvelle retraite de Satan.

On psalmodia des psaumes, on jeta des seaux d'eau bénite dans le puits, et pour compléter la cérémonie, le chanoine s'avança vers l'orifice. Mais à peine eut-il étendu la main pour faire le signe de la croix, qu'une voix s'en échappa, vibrante et terrible, et répéta :

— Hommes pervers, nobles et moines, soyez tous maudits ! maudits ! maudits !

La panique fut générale. Chacun s'enfuit en poussant des cris; on jeta les bannières pour se sauver plus vite, les chapes furent déchirées; en un clin d'œil le jardin du manoir fut désert.

Les échevins firent entourer d'un mur ce lieu sinistre, et le soir les passants entendirent encore pendant quelque temps des cris et des lamentations. Ils pressaient le pas et se signaient en recommandant leur âme à Dieu. Puis, un jour, on n'entendit plus rien.

Le comte quitta cette résidence et rentra dans Paris avec

sa fille ; le chevalier resta plongé dans une noire mélancolie.

Au bout d'un an, le calme revint dans les esprits, et les noces du chevalier Raoul de Flavy et de noble demoiselle Irmensule d'Argile se célébrèrent à Saint-Germain-l'Auxerrois, nouvelle paroisse du comte.

Le fait, passé à l'état de légende, fut transmis de bouche en bouche ; tout le monde y vit l'œuvre du diable. L'abbesse et le comte seuls connurent le secret de cette voix sinistre.

Odette n'était pas en Bretagne ; son père, pour sauver les lois de la hiérarchie seigneuriale, avait confié sa fille à la mère abbesse des bénédictines, dans l'espoir que le calme glacial du cloître éteindrait le feu qui la dévorait, et qu'il aurait le temps de marier Irmensule.

Mais il arriva que la réclusion avait exaspéré la jeune fille ; ses imprécations furent telles que l'abbesse, dans la crainte d'être compromise, la mit dans un cachot, affreuse oubliette qui touchait aux parois du puits. La pauvre Odette, qui ne vivait que d'amour, de fleurs et de soleil, n'y souffrit pas longtemps. Ses soupirs, ses cris, ses malédictions, s'échappant par une fissure du puits cachée par une touffe de lierre, avaient produit tout le remue-ménage que nous venons de raconter.

Quand, plus tard, on fit des réparations au couvent, on trouva la crevasse, mais les coupables se gardèrent bien de raconter le drame qui s'était passé dans cette froide cellule, et tout le monde crut que c'était le diable qui avait parlé.

Les guerres et les révolutions rasèrent la montagne Sainte-Geneviève ; le couvent et le château disparurent, mais le puits resta. Le bon populaire de Paris allait le voir, en contant des récits diaboliques; puis, peu à peu, des maisons se construisirent à droite et à gauche avec les pierres mêmes du couvent détruit, et ainsi se forma la rue *du Puits-qui-Parle*.

Un nouvel arrêté préfectoral remplace ce nom légendaire par celui de *Jacques Amyot*.

Ce nom donné à l'une des vieilles rues du pays latin est un des plus heureux, et est justifié par quelques traits de la vie d'Amyot qu'on peut résumer en peu de mots.

Quand le pauvre écolier vint étudier à l'université de Paris, il avait douze sols dans la pochette de sa souquenille bien raccommodée, mais la providence veillait sur lui, car sa mère, la bonne Marguerite des Amours, lui envoyait chaque semaine un pain par les bateliers de Melun. Malgré ce secours, le chétif écolier serait mort de faim sur la paille infecte de la rue du Fouare, s'il ne s'était mis au service des écoliers riches. Pour satisfaire sa soif ardente de science, il étudiait, la nuit, à la lueur de quelques charbons allumés, comme Jean Stoudouck, le cuisinier de Montaigu, *le collège de la Pouillerie*, montait, la nuit, sur la plate-forme de la tour du collège pour étudier aux rayons gratuits de la lune.

A la suite de la traduction de *La Vie des Hommes illustres* de Plutarque, il fut reçu maître ès arts au collège de France, ce qui lui attira la protection de Marguerite, sœur de François Ier. Henri II le choisit pour précepteur de ses deux enfants qui devinrent Charles IX et Henri III. Le lendemain de son avénement, Charles IX lui fit don de plusieurs abbayes, entre autres celle de Saint-Corneille près Compiègne, et le nomma son aumônier. La reine mère se fâcha tout rouge contre « ce petit prestolet » qui gênait ses intrigues, et lui dit que, s'il ne refusait pas, il irait au coucher du soleil se balancer aux fourches de Montfaucon. On peut être grand savant sans être un brave ; il se cacha ; mais le roi réclama à hauts cris son ancien ami, et Catherine elle-même le fit rechercher.

Trop vertueux et trop éclairé pour ne pas être tolérant, il fut soupçonné d'hérésie, et, sans la protection de son royal élève, il aurait été arquebusé dans la nuit sinistre de la Saint-Barthélemy ; à Auxerre encore messire Jacques Amyot échappa à la rage des soudards de la Ligue suscités par les Cordeliers en se faisant administrer publiquement l'absolution.

Ce grand savant a rendu un immense service aux lettres en déterminant Henri III à fonder, en 1575, une bibliothèque d'ouvrages grecs et latins. Plutarque n'a pas eu de meilleur interprète, et ses nombreux ouvrages sont les magasins du vrai et pur langage français. Il est au premier rang dans cette brillante pléiade du seizième siècle composée de l'Hôpital, de Montaigne, de la Boétie, de Bodin, etc., noms illustres qui semblent être incrustés par les larmes, le sang et la science sur la vieille butte latine entourée de toutes les écoles, petites-filles privilégiées de l'antique université.

C'est du haut de cette montagne Sainte-Geneviève, où jadis se dressa la chaire d'Abélard, que ces grands semeurs d'idées lançaient sur la France la poussière fécondante dont les siècles futurs recueillirent les fruits, car, si l'on épluchait bien attentivement les éléments qui composent notre progrès, on trouverait dans la gerbe lumineuse bien des épis plantés par Amyot.

Le modeste écolier est devenu un des premiers savants de son siècle ; et, faire redire son nom par les échos du quartier latin, c'est, tout en lui rendant justice, le donner comme exemple à la jeunesse actuelle qui s'ingénie au milieu de l'atmosphère abrutissante des caboulots, à créer un argot de fantaisie avec cette belle langue au moyen de laquelle, un des leurs, trois siècles auparavant a gagné une grande réputation, et la rendit si pure et si belle, que Racine lui-même désespérait d'atteindre, dans ses chefs-d'œuvre, l'harmonie et l'élégance que nous admirons dans les récits nombreux du célèbre professeur de deux rois de France.

LA
FOIRE DU LANDIT

La plus ancienne foire de France. — Son étymologie — Son origine. — Les logettes du champ de foire du Landit. — Privilége des marchands. — Les attributions du capitaine du Landit. — Ce que des marchands arméniens amenèrent à la foire en 1400. — Entrée des chats angoras à Paris. — Leur légende. — Origine du village de Popincourt. — D'où vient le mot égout. — Les rats de Montfaucon mordent la poussière. — Ce que l'on vit à la foire du Landit au mois d'août 1427. — Les plus pauvres gens qui oncques furent vus dans le beau royaume de France. — Ce qu'il en advint. — Origine de l'argot. — Les argotiers de la cour des Miracles. — Leurs mystères découverts par un page de la chambre d'Henri IV. — Aspect de Paris les jours du Landit. — Les bons tours des écoliers. — Une vieille jovialité du temps de Louis XI. — Quel était le plus beau jour de la foire. — Curieuses coutumes. — Les frippe-landits. — Ce qu'il reste du Landit.

La foire du Landit, qui se tenait dans la plaine de Saint-Denis, « en France », ont bien soin d'ajouter les vieilles chroniques, entre la Saint-Barnabé et la Saint-Jean, est la plus ancienne foire de Paris. Cette limite n'était pas toujours invariable; il y eut des années où les rois de France la prolongèrent tout aussi bien que celles de Saint-Germain, de Saint-Laurent, de Saint-Ladre, de Saint-Lazare, de Saint-Antoine, du Temple, excepté cependant la foire aux oignons et au lard du jeudi absolu, métamorphosée aujourd'hui en foire aux jambons, et qui ne fut jamais prolongée.

Cette foire du Landit dont les rois accordaient le privilége à l'abbaye, était tellement solennelle que le Parlement et l'Université prenaient un jour de vacation, lors de son ouverture, sous prétexte d'y aller. Ce congé lui empruntait même son nom et s'appelait le *Landit*.

Avant de parler de cette foire, disons un mot sur son nom, qui a mis à la torture la cervelle de plus d'un archéologue.

Selon les uns, c'est Charles le Chauve qui fit transporter cette foire à Saint-Denis. Elle se tenait, du temps de Charlemagne, à Aix-la-Chapelle, où tous les ans on *indiquait* un jour pour montrer aux pèlerins accourus de toutes parts, les insignes reliques de la chapelle impériale.

Un héraut *indiquait*, à son de trompe, ce jour solennel, qui prit de là le nom d'*indict*, et, par corruption, *Landit* (les mots : *indict, ordonnance* ou *cri public*, sont synonymes dans les vieilles chartes.)

Selon un titre du temps de Louis le Gros, le landit de Saint-Denis fut, par autorité apostolique, confirmation des archevêques et évêques et ordonnances des rois, établi en l'honneur, révérence et mémoire du saint Clou, du très-saint bois de la Croix et des épines de la couronne du Rédempteur, transportés à pareil jour en l'église de Saint-Denis, pour la protection des rois et du royaume par Charles le Chauve, qui les rapporta d'Aix-la-Chapelle et les mit sous la garde des moines. Ce fut un jour de grande fête longtemps indiqué à l'avance, d'où *feriæ indictæ*, d'où *l'an dit*.

D'autres le font venir de *lan dit*.

Enfin la dernière opinion que nous adoptons est celle de Sauval ; il dit :

« Voici de quelle façon on l'écrivait en 1465. Cette année-là Paris ayant été bloqué par le duc de Guienne, frère de Louis XI ; le comte de Charolais, fils du duc de Bourgogne, et autres flambeaux de guerre, les ministres du roi et des ennemis tinrent diverses assemblées à Bercy, petit village compris maintenant dans le faux bourg Saint-Antoine, et nommé alors la *Grange aux merciers*, et les différends ayant été terminés par adresse, le roi alors ayant fait naître quelque sujet de jalousie et de soupçon dans l'esprit des chefs de l'armée ennemie. Au lieu même où avaient été tenues ces assemblées, on érigea une croix avec cette inscription : « L'an MCCCCLXV, « fut icy tenu le Landit des trahisons, et fut par ces trêves « qui furent données, maudit soit-il qui en fut cause ! »

D'où il résulte que le Landit signifie une assemblée, et doit s'écrire Landit, par respect pour la vieille orthographe.

Ce vieux quatrain couronne mon opinion :

> « En l'honneur de la marchandie
> M'est pris talent que vous die
> Se il vous plaist un nouveau dit :
> Bonne gent ce est du *Landit*
> La plus roial foire du monde... »

Le Landit se tenait sur le chemin de Saint-Denis, en certaines loges qui avaient été bâties exprès des deux côtés du chemin, sur des caves en partie détruites par l'incendie de 1336, qui brûla presque toutes ces logettes, à la grande douleur des pauvres marchands qui, venus riches, s'en retournèrent pauvres et fort marris.

L'endroit en garda toujours le nom et s'appelle encore le *Champ du Landit.*

Depuis ce fait mémorable, le Landit est toujours tenu dans la ville de Saint-Denis en certaines halles bâties à cet effet.

L'origine de la foire est toute religieuse, comme tout ce qui se faisait au moyen âge. Ce furent d'abord les nombreux pèlerins qui vinrent pieusement s'incliner devant les saintes reliques ; comme chacun apportait ses provisions, elles furent déclarées franches de droit. Les marchands arrivèrent à leur suite pour profiter de cette grande agglomération de chrétiens que la foi attirait de très-loin. Par extension, leurs marchandises furent aussi déclarées franches, grande faveur pour l'époque, et c'est ainsi que peu à peu, en ajoutant les jongleurs, baladins, trouvères, mendiants et diseurs de toute sorte, cette réunion religieuse devint une foire marchande célèbre.

Pour maintenir en bon ordre cette grande foule qui dépendait momentanément de la juridiction de l'abbé de Saint-Denis, on avait créé un grade exprès, le *capitaine du Landit*. Le premier jour, le moine portier de l'abbaye avait droit d'assister, armé de pied en cap, et suivi de tous ses gens d'armes, à la procession de la bénédiction du Landit, procession qui faisait le tour du champ de foire ; ce droit avait été proclamé et reconnu par un arrêté du Parlement donné le 9 avril 1334 ; l'abbaye l'a laissé tomber en désuétude.

Les officiers de l'abbaye jugeaient en dernier ressort les différends survenus pendant la foire ; leur sentence était payée en nature avec des denrées que donnaient les marchands. Mais bien des conflits de juridiction s'élevaient entre les sergents du guet de Paris et ceux de l'abbaye sur les limites de la banlieue de Saint-Denis et de Paris ; et, pour y mettre fin, le roi Jean autorisa le chevalier du guet de Saint-Denis, pendant la foire du Landit, à traverser la chaussée royale pour exercer sa juridiction. Les droits des sergents de Saint-Denis s'arrêtaient à l'empavement de la chapelle Sainte-Geneviève. C'était à partir de cette chapelle légendaire jusqu'à la ville de Paris que se tenait, le long du grand chemin royal, la foire de Saint-Lazare, après la Toussaint.

Vers 1400 on vit arriver à la foire du Landit des marchands arméniens qui avaient avec eux des chats magnifiques dont la taille énorme, la fourrure splendide et le courage attirèrent la curiosité de tous les Parisiens.

C'étaient des chats d'Angora, contrée d'Asie.

Ces chats, selon la légende orientale, ont beaucoup de ressemblance avec les lions parce qu'ils naquirent dans l'arche de Noé de l'éternument des lions ; c'est l'Alcoran qui nous l'apprend, il n'en faut pas douter. Mahomet adorait cet animal.

Selon une autre légende, russe, je crois, le chien lorsqu'il fut créé, attendait sa *pelisse*. Le Père Éternel ne se pressant pas de le compléter, la patience lui manqua et il suivit le premier venu qui l'appela. Ce passant était le diable ; il en fit son compagnon, son émissaire et même, dans les métamorphoses diaboliques, il se logea souvent dans sa peau. La fourrure destinée au chien fut donnée au chat qu'il créa après lui; c'est ce qui explique l'antipathie des deux quadrupèdes ; le premier prétend que l'autre lui a volé son bien, et de là le proverbe : *s'aimer comme chien et chat*. Les chats angoras qui vinrent les premiers, eurent les plus belles pelisses, et la guerre la plus acharnée fut toujours ouverte entre eux et la race canine (1).

Le premier président du parlement de Paris sous Charles VI, Jean Popincourt, avait acheté aux environs de Paris sur les hauteurs qui se dressent à l'est, de vastes terrains parsemés de cours d'eau, et couverts de marais qu'il fit dessécher. Quelques années après, le coteau métamorphosé se couvrit de vignes et de maisons de plaisance bâties au milieu de jardins et d'opulents vergers. Jean Popincourt y avait une maison de plaisance où il venait passer ses vacances. Telle fut l'origine de Popincourt, qui devint un hameau champêtre fort agréable surtout à cause des ruisselets clairs et limpides et des cultures qui les bordaient. Ces petits cours d'eau descendaient des pentes verdoyantes de Ménilmontant, pentes peuplées de maraîchers. Tous les ruisselets qui coulaient des hau-

---

(1) Nous venons de dire l'origine de la guerre éternelle entre chien et chat. Une autre légende aussi curieuse nous apprend pourquoi les chats ne tombent jamais sur le dos.

Saint Matthieu avait un chat qu'il affectionnait beaucoup. Un jour que l'animal, couché sur une manche pendante du vêtement de son maître exécutait ses rons rons les plus sonores, ce dernier, appelé à la prière, n'osant le tirer de son sommeil, coupa la manche de sa robe.

A son retour, l'apôtre trouva le chat qui revenait de son assoupissement et qui, voyant sous lui la manche coupée, reconnut l'attention dont il avait été l'objet.

Alors, il se leva, fit la révérence, dressa la queue, et plia son dos pour témoigner son respect. Saint Matthieu comprit ce que cela voulait dire, et lui passant trois fois la main sur le dos, lui imprima, par cet attouchement, la vertu de ne jamais tomber sur cette partie.

teurs de Belleville et de Ménilmontant, après avoir arrosé les jardins et formé des ruelles vertes, (1) allaient se jeter dans la Seine. Peu à peu des maisons se bâtirent à droite et à gauche de leurs rives charmantes ; on y jeta des immondices, et ces ruisseaux devinrent des cloaques d'infection qui engendraient des pestes. C'est même de ces petits cours d'eau limpide et pure que l'on nommait du vieux mot *aigues*, eaux fraîches et courantes, qu'on a fait *aigoux* ou *égouts* ; le mot, en changeant d'orthographe, devint synonyme d'infection. François Myron fit voûter ces cloaques qui plus tard devinrent des égouts canalisés.

Mais si les nouveaux habitants des coteaux jouissaient de jardins ravissants et du magnifique panorama de Paris qu'on apercevait de là par-dessus ses murailles et ses bastions, ils eurent pendant longtemps à combattre deux fléaux terribles résultant du sinistre voisinage de Montfaucon. Le jour ils étaient assaillis par des nuées de mouches stercoraires logées dans les carcasses putrides des pendus ; la nuit, leurs demeures étaient mises au pillage et minées dans les fondations par des myriades de rats.

Pour chasser et asphyxier les ennemis ailés, on fut, pendant longtemps, obligé de brûler à certaines époques de l'année des fagots de romarin, de genièvre, des branches de saules et des herbes odorantes sèches.

Pour combattre les rats, on fit une levée générale des chats parisiens qu'on distribua par brigade de cinq dans chaque logis; ils n'avaient pas toujours la victoire. Sur

---

(1) Ces ruelles s'appelèrent *chemins verts ;* une rue allant vers Ménilmontant a gardé ce nom.

ces entrefaites, Jean Popincourt étant allé à la foire du Landit, fut frappé de la force et de la beauté des chats angoras des Arméniens ; il en acheta, et grâce à ce renfort venu d'Asie, les légions de rongeurs de Montfaucon mordirent la poussière.

Pour compléter ce court aperçu sur le hameau de Popincourt, disons qu'au seizième siècle, pendant les premiers temps de la réforme, les protestants se réunirent clandestinement dans l'antique demeure qu'avait habitée, cent ans auparavant, le fondateur du village, et qu'au milieu du dix-septième, les religieuses Annonciades achetèrent pour en faire un couvent. Elles bâtirent une église qui devint la paroisse de Saint-Ambroise.

Au mois d'août 1427, la foire du Landit fut surtout curieuse et attrayante par la venue de ces émigrants d'Asie que l'on appela, suivant les contrées, Bohémiens, Gitanos et Zingari. En France, on les nomma Bohémiens, parce qu'ils passèrent de Bohême en France. Ils vinrent camper dans la plaine de Saint-Denis, et le populaire de Paris courut les visiter comme une grande curiosité.

Ils étaient au nombre de cent vingt hommes, femmes et enfants. Ils avaient la peau basanée, les cheveux crépus, des anneaux d'argent aux oreilles, étrangement accoutrés avec des loques pour chemises, retenues à la taille par des ceintures de cordes et de drap. C'étaient les plus pauvres gens qui onéques furent vus dans le beau royaume de France.

Cette caravane bigarrée, composée de gueux et de coupe-bourses avait un roi, une reine et des officiers superbement décorés du titre de comte. Les femmes, contrefaçons de sorcières, regardaient les mains de ceux qui les allaient voir et leur disaient ce qui advenu leur était et advenir devait : aux bourgeoises de Paris, des nouvelles des maris et ce qu'elles auraient bien voulu ne pas savoir. Et pendant qu'elles contaient la bonne aventure, les compères coupaient bourses et anneaux de ceux qu'elles amusaient, c'étaient des artistes passés maîtres en filouterie.

Ils nazillaient leur légende.

Nés dans les steppes de la basse Égypte, ils avaient été chassés, disaient-ils, par les Sarrasins, et allaient aux pays chrétiens. Ceux-ci les envoyèrent à Rome, ne voulant les héberger dans leurs logis qu'avec un ordre du pape. Ils prirent donc la route de la ville éternelle, traînant avec eux leurs ribambelles d'enfants chétifs et malingres.

Le pontife les confessa, leur donna l'absolution et leur imposa comme pénitence d'aller sept années d'affilée, errants de par le monde, sans coucher dans des lits, et, pour qu'ils ne mourussent pas de faim, il leur octroya une provision de bulles par lesquelles il mandait et ordonnait à tous archevêques, évêques et abbés, crossés et mitrés qu'ils rencontreraient, de leur donner chacun dix livres tournois. C'est à cause de cette pénitence extraordinaire, qui peint bien les mœurs de l'époque, qu'ils durent le nom de *pénanciers* (pour pénitenciers.)

Comme c'était la foire du Landit, le menu peuple, et les femmes surtout, mirent leur savoir divinatoire à l'épreuve. Leurs tours de force et de passe-passe provoquaient la grande hilarité des truands parisiens qui trouaient dans ces bohémiens des maîtres ès arts en larronnie.

Leur renom fut tel que l'évêque de Paris s'en inquiéta et vint les voir, de compagnie avec un frère jacobin du nom de Le Petit. Après un beau prêche contre les acolytes du diable, devineresses, sorciers et autres engins sataniques vomis par le trou horrifique d'enfer, le bon moine les goupillonna de son mieux avec force eau bénite, et, finalement, exorcisa, après avoir fulminé son petit anathème, toutes celles qui regardaient ès mains et toutes celles qui les avaient montrées et ajouté créance à leurs prédictions mensongères.

L'anathème fit son effet, car les bohémiens abandonnés du public, menacés, proscrits, déguerpirent le 8 septembre du champ de foire du Landit, sans que l'on sût jamais où allaient ces sauterelles d'Égypte.

La venue de ces bandes maudites au costume et au langage bizarres fit époque à la Cour des Miracles, car c'est de là que l'argot s'organisa parmi les gueux, francs-mitoux et surtout les argotiers, ramification de truands, qui prit son nom de ce langage pittoresque. C'est à l'instar de ces Bohémiens qu'ils élevèrent à la Cour des Miracles un roi et une reine, des officiers, et combinèrent ce langage particulier qui devint l'origine de l'argot parisien.

Les truands avaient déjà reconnu la nécessité de créer entre eux certains mots et signes particuliers, car pour vivre aux dépens d'autrui, il leur fallait un langage à part pour expliquer, articuler et manigancer leurs expéditions clandestines, partager les larcins, cacher le butin. Des écoliers débauchés associés à des gueux, coupeurs de bourses et francs paillards, habitués à argoter aux écoles (c'est de l'*ergo* des docteurs en Sorbonne que vient l'étymologie du mot argot) rédigèrent la grande charte du royaume argotique. Ils firent bande à part, se réservant l'exploitation facile des foires, pardons et marchés ; leur bande d'argotiers faisait ses initiations, accomplissait ses mystères, dans les bouges infectes de la Cour des Miracles.

Le hasard fit découvrir par un page de la chambre d'Henri IV leur mystérieuse manière d'opérer et de se rencontrer quand ils avaient jeté leur dévolu sur un champ de foire, halles, églises, endroit public quelconque ; coup hardi qui souvent exigeait des compères, recéleurs du larcin ou défenseurs.

Dans un obscur recoin connu seulement de la bande en expédition, le premier qui passait plaçait un dé qu'il tournait du côté marqué d'un point ; celui qui venait après, le tournait sur le deux ; le suivant sur le trois ; jusqu'à ce que le sixième gueux l'eût trouvé sur la face qui marque six points ; si le coup était fort risqué et exigeait plus ample précaution, le septième apportait un second dé qu'il plaçait à côté du premier et le tournait sur le un, le huitième sur le deux, ainsi de suite jusqu'à ce que la bande qui devait manœuvrer fut complète. Ils suivaient ainsi la trace du premier qui était ordinairement le plus adroit et le plus agile, sentinelle perdue, lancée en éclaireur.

Le page qui raconte sa découverte avoue naïvement qu'au lieu de donner l'éveil au lieutenant de police qui aurait gobé comme dans une souricière tout ce gibier de potence, il leur joua un tour de sa façon : pour sauver la bourse des braves gens de leurs mains larronnesses, il retourna le dé sur le six, quoiqu'il n'y en eût encore qu'un de passé, faisant ainsi avorter le coup en leur donnant créance que la bande était entière, et isolant le premier argotier.

Pardon, chers lecteurs, de cette promenade en aussi mauvaise compagnie, mon excuse est bien simple : ne sommes-nous pas à la foire du Landit : c'était la fête de tous les francs-mitoux, des truands, leur temps de moisson; et quoi faire à la foire, à moins qu'on ne s'y promène ? ordinairement on y va pour cela. Si je l'ai fait, c'est que je tenais, à propos de ces singuliers penanciers que je vous ai présentés, à constater que le royaume des gueux ne fut régulièrement organisé que lors de leur venue à la foire du Landit de 1427 : c'étaient des modèles superbes arrivés d'Asie tout exprès pour poser devant les truands parisiens, et qui firent époque à la cour des Miracles.

Le jour de la foire du Landit était jour de fête pour tout Paris dont l'aspect devenait bien étrange et pittoresque. Dans toutes les rues tortueuses grouillaient moines, soudards, manants, truands, clercs, criant et dévalisant les tavernes, joyeux et turbulents compaings ; comme ils savaient qu'il faudrait rosser le guet à presque tous les carrefours, ils troquaient l'écritoire contre la dague, suivant le vieil adage :

> Que l'épée et la dague
> Soient à votre côté ;
> Ne couré pas la bague
> Si vous n'êtes boté.

Les capettes de Montaigu avaient leurs victimes de prédilection, et jouaient force farces aux moines de l'ordre des Mathurins, surnommé par eux l'ordre des ânes, *asinorum,* parce qu'ils voyageaient toujours sur des ânes portant le sac au ventre rebondi.

La nuit ils couraient les rues avec des falots allumés, comme dans celle qui suit la fête de saint Nicolas, leur patron.

Ou bien il leur fallait ruser, à ces gamins de Paris des quinzième et seizième siècles, pour faire ces fameuses franches repues qui les alléchaient tant. Voici un de leurs moyens que nous empruntons à la *Légende de Pierre Faifeu,* moins connu que ceux que nous raconte si pittoresquement François Villon :

  Advint ung soir, luy et ses compaignons
  Pour leur soupper n'avoient pas deux ongnons,
  Et tous estoient sans denier et sans maille,
  Et n'eussent sceu trouver qui leur en baille,
  Tant ilz estoient bien par la ville acreuz,
  Et de grant fain estoient quasi recreuz,
  Pour en avoir il se va adviser,
  Qu'il se fauldroit par bendes diviser,
  Faisant le guect par tout la cité
  Quant chascun est allé soupper cité,
  Les Chanoines ungs o aultres en somme
  Se font porter leur soupper par leur homme,
  Avoir des gens qui portassent corbeilles,
  Barriz, flascons, pincernes ou bouteilles,
  Faire semblant de voulloir tout tuer
  Sans rien frapper, mais les destituer
  Tant seullement des bribles et lorreaux
  Pour le soupper des compaignons lureaux,
  Chascun a dict, c'est très-bien advisé,
  Ainsi soit faict comme il est dévisé.
  Lors ilz s'en vont par bendes et monseaulx
  Amassèrent, Dieu saiche! quels morceaulx.

Et de bons vins tant, qu'en heurent assez
A suffisance, et pour l'heure passer.
Mais les seigneurs qui leur soupper attendent,
Qu'il soit ainsy entre eulz pas ne l'entendent
Tant que leurs gens leur dirent la fortune,
Qui, pour le temps, leur fut grande infortune :
Car tel cuidait manger d'un bon pasté,
Ou d'ung chappon, qui n en a onc tasté.
Mais il fallut que maistres et servans
Pour ce soir là, tant fussent-ils sçavans
Fussent tout ung, et prinsent en passience,
Ou aultrement n'eussent pas heu science.

Ou bien quand la souquenille était trop percée, il fallait gausser les bourgeois et les moines en jouant de bons tours qui rapportaient profit. Quand ce tour était bien avisé ou que le *farceur* avait été *farcé*, la verve railleuse et gauloise s'en mêlait et le soir, après le couvre-feu, les chaînes tendues au coin des rues, l'huis fermé à triple verrous, on chansonnait l'aventure, la voix vibrante le visage gai. Cette chanson populaire du temps de Louis XI, pleine de jovialité, nous en donne un exemple :

I

Dieu vœuelle tous ceulx garder
De mal et d'encombrement
Qui me vorront escouter,
Pour rire joieusement.
Je vous chanteray comment
Ung fars (1) se laissa farcer,
Ainsi qu'il avient souvent,
Pour aultrui volloir gréver.

II

Le galant que je vous dis

(1) *fars* farceur.

De la guerre revenoit,
Il avoit meschans habis,
Car tout despendu avoit.
Ainsy comme il chevauchoit
Rencontra ung bon compain
Qui bonnes cauches portoit;
Mais tantost y mist la main.

III.

Le gent d'arme prestement
Lui dist; or vous arrestés,
Vos cauches certainement
Convient que vous me prestés;
Mes habits sont desquirés
En la guerre tout pour voir
Or à coup, or vous délivrés,
Car vos cauches me fault avoir.

IV.

De peur le bon compaignon
Contredire ne l'osa,
Et sans dire mot ne son
Bien envys se descaucha,
Et ses cauches délivra
Au gend'arme qui les rechupt;
Très-bien gaingnier il y cuida,
Mais il s'en trouva dechupt.

V.

Car le bon compaignon luy dist,
En priant courtoisement,
Que ses cauches lui volsist
Donner, pour tant de grammen t
Ne valoient; prestement
L'omme armé, sans penser mal,
Lui ottria bonnement,
Disant : Tenés mon cheval.

VI.

A la terre l'omme armé
S'asit pour soy descaucher;
Les cauches dont j'ay parlé
Commença à recaucher.
Quand l'autre lui vit muchier
L'autre jambe il s'avisa
Qu'il faisait bon chevauchier,
Lors sur le cheval monta.

VII.

Le compagnon s'en alla
Sur le cheval bien montés.
L'autre crie : Hola ! hola !
Tenés vos cauches, tenés !
— Certes vous vous abusés :
Mes cauches vous duisent bien,
Vous en estes bien parés.
Mais ce cheval sera mien.

VIII.

Vous estiés très-méchamment
Cauchiés comme ung gent gallant,
Et le cheval vraiement
Me duist très-bien maintenant.
Car je ne pooie avant.
Or suy je très-bien montés,
Plus ne me laisseray tant :
A Dieu soiés commandés.

LE GENT D'ARME.

Mon ami, hau ! revenés,
Et vos cauches reprenés.

LE COMPAGNON.

Se meshuy vous me tenés,
Au courrele gaignerés.

Le plus beau jour de la foire était le premier, car c'était un droit du recteur de l'université de Paris, droit qui datait de très-haut, que le *Landit* ne pouvait être ouvert que par lui. Il s'y rendait en grande cérémonie, suivi de tous ses suppôts, officiers et écoliers, à cheval, rangés par troupes, selon les droits de leurs colléges respectifs. Le nombre des écoles était si grand que la tête de la procession entrait à Saint-Denis qu'il y en avait encore aux Mathurins. Après avoir fait ses dévotions dans l'église, il venait protester en faveur de ses droits de recteur sur la vente des parchemins. Le procureur fiscal de l'abbaye, à cette interpellation, répondait invariablement que la foire était franche, et que les parchemins y jouissaient de la même faveur que les autres denrées. Les écoliers alors se débandaient et couraient avec les ribaudes faire des libations à Bacchus et à Vénus, rossaient les archers, enlevaient les jolies marchandes, se querellaient et dévalisaient les tavernes.

Pour mettre fin à ces batailles souvent sanglantes, le Parlement, en 1554, limita, au nombre de douze par chaque collége, le nombre des écoliers qui devaient accompagner le cortége du recteur, ce qui n'empêchait pas leurs camarades des Cholets, d'Harcourt, de Navarre, de Bayeux, de Montaigu, de Cambray, etc., de venir, par groupes séparés, jouer leurs bons tours aux marchands de la foire.

C'était à cette foire, malgré les doutes élevés par certains historiens, qu'ils achetaient leur provision annuelle de parchemins, d'écritoires et autres ustensiles d'écoliers, par la raison toute simple que ces denrées, franches de droit, y coûtaient moins cher, et que c'était, selon l'usage, la veille de l'inauguration du Landit que les écoliers donnaient à leurs maîtres le salaire scolaire, consistant en six ou sept sous d'or que chacun devait ficher dans un citron placé dans un verre de cristal.

Pourquoi cet usage singulier ?

Est-ce pour symboliser que la science est amère ? ou le citron, un fruit de l'Orient, rappelle-t-il que c'est de l'Orient que nous est venue la science ?... Devinera qui pourra.

Cette redevance scolaire, si singulièrement offerte au recteur et aux suppôts de l'Université, prenait le nom de *Landit*. Les écoliers qui frustraient les maîtres de cet impôt étaient appelés *frippe-landits*. C'était une grande injure que de donner ce nom à un capette.

Au moment des guerres de religion, la foire du Landit ne se tint plus que dans l'intérieur de la ville, et c'est le grand prieur qui bénissait les logettes au lieu et place de l'évêque de Paris.

Aujourd'hui, le Landit, dont nous venons de raconter en peu de mots l'historique, est bien déchu de son antique splendeur ; il étale de modestes baraques au cours Ragot, et n'est plus que l'étape peu productive de quelques saltimbanques et marchands de menues denrées qui parcourent les fêtes de l'ancienne banlieue de Paris.

DICTONS PARISIENS

Dictons et proverbes. — La menue monnaie des gens bien avisés. — Les dictons parisiens. — Leur origine. — Donner une danse. — Payer en monnaie de singe. — La confrérie des ménétriers. — Se mettre en grève. — En revenant de Pontoise. — La semaine des quatre jeudis. — Attendez-moi sous l'orme. — Aller au diable Vauvert. — Après lui il faut lever l'échelle. — Faire l'école buissonnière. — Origine de l'Hôtel des Haricots. — Mettre au violon. — Faire des pas de clerc. — Ceux qui en font. — Les pas de clerc du progrès. — Au temps du bon saint Louis. — L'œillade est le plus court chemin d'un cœur à un autre. — Une passerelle diabolique. — Un signe de croix bien mal placé. — Fatal dénoûment.

De tout temps, il y a eu des proverbes. Formez une tribu avec dix familles seulement, aussitôt il va se créer des dictons qui, dans une formule concise, tantôt joviale, tantôt sentencieuse, représentent le résumé de l'expérience et du bon sens de cette tribu et s'incrustent dans les mœurs, les usages et le langage. Ce sont les chevilles de la morale publique. Il en est qui naissent spontanément dans tous les pays et que nous retrouvons résumés dans des sentences plus ou moins pittoresques, mais ils sont tous cousins germains les uns des autres.

Il en est d'autres qui sont seulement l'expression de coutumes locales et renferment quelquefois une bonne vieille malice dans laquelle nos aïeux ont mis un grain de causticité gauloise. Plusieurs, recueillis par les auteurs et les poëtes, ont été emprisonnés dans un vers sentencieux et expressif, qui a surnagé à leurs œuvres.

Les dictons sont la menue monnaie usuelle des gens bien avisés ; poinçonnée par l'expérience publique, elle est d'un haut prix, a cours sous tous les règnes, roule et circule dans le populaire, portant en exergue, au lieu du *Domine salvum* « sagesse et probité. » Car il n'est pas de proverbes qui, en guise de millésime n'aient, gravé sur leurs faces, un enseignement ou une leçon qui corrige, dirige et fait réfléchir les prud'hommes.

Certains écrits ne sont célèbres que par leurs proverbes. Le roi Salomon, le sage entre tous les sages, avant que ne sonnât son quart d'heure de folie, a écrit *Le Livre des Proverbes*, Pythagore, les *Nombres d'or*.

Sancho-Pança a ses poches pleines de proverbes et de dictons ; en mainte occasion critique, ses poignées d'adages variés font flèche et vont atteindre son hidalgo perché dans les nuages de l'idéal chevaleresque que crée son imagination maladive.

La science du *Bonhomme Richard*, taillée et alignée en proverbes, est un jardin d'avertissements sensés et utiles, diraient nos pères. Les fleurs en sont non-seulement agréables, mais utiles : *utile dulci*.

Beaucoup aussi, ramassés dans la fange populaire, ne sont pas bons à citer, surtout avec le langage puritain de nos jours ; on est obligé d'avoir recours à une langue étrangère :

> Le latin dans les mots brave l'honnêteté,
> Mais le lecteur français veut être respecté.

Laissons de côté ces dictons malséants, et parlons des

proverbes parisiens qui ont, comme on dit, *la barbe blanche.*

Dans une grande ville comme Paris, composée de nobles attirés par la cour, de soudards venus pour leur service, de bourgeois pour leur sécurité, de marchands pour leur négoce, et de mendiants pour tendre la main aux riches, tous sortant de différentes provinces avec des idées et des usages particuliers, ce n'est qu'à la longue que la population est devenue un tout homogène. Il résulta de ce mélange un langage étrange, pittoresque, des accouplements de mots, des calembours, des proverbes, des dictons de tous les pays, qui, transmis de génération en génération, sont arrivés jusqu'à nous. On y retrouve la finesse du Gascon, la ruse du Normand, la franchise du Picard, la jovialité du Parisien, la simplicité du Champenois, la rudesse du Breton, etc.

Voici l'origine de quelques-uns, nés sur le pavé de Paris.

— On connaît plusieurs ouvrages qui portent le titre de *Danse.* Outre la *Danse macabre,* la danse des morts, la danse des femmes, il y avait encore la danse des aveugles et autres. Ce mot danse était, au quinzième siècle, fréquemment employé dans le sens de correction. Le vulgaire dit encore aujourd'hui : *Je te donnerai une danse,* pour dire : Je te châtierai. Il y avait une danse macabre sculptée autour du charnier des Innocents.

— C'était au passage du Petit-Châtelet que se percevaient, du temps de saint Louis, les péages et droits d'entrée dans Paris. Un tarif retrouvé nous apprend qu'un marchand qui fera entrer un singe pour le vendre, payera quatre deniers ; que si le singe appartient à un jongleur, celui-ci, ne le faisant jouer et danser devant le péager, sera quitte du péage, tant dudit singe que de tout ce qu'il aura apporté pour son usage. De là est venu ce proverbe populaire bien connu : *Payer en monnaie de singe*. Les jongleurs également étaient quitte du péage en chantant un couplet devant le péager. C'est de là aussi qu'est né un dicton bien usité, frère du premier : *avoir une chose pour une chanson bien chantée*. C'est-à-dire pour presque rien.

Saint Louis avait rendu une ordonnance exprès pour les ménétriers. Cette marque de sa munificence royale prouve que leur confrérie était en grande odeur de sainteté.

Un siècle plus tard, Jacques Crure et Hugues le Lorrain, deux ménétriers qui avaient fait fortune, fondèrent une chapelle dédiée à saint Julien et à saint Genest, à laquelle ils adjoignirent, avant de passer de vie à trépas, un hôpital où les ménétriers et jongleurs, passant par Paris, étaient logés et hébergés gratis *pro Deo*.

Ils avaient croix et bannière, et le sceau de leur confrérie représentait saint Genest, leur patron, jouant de la vielle. Un bateleur canonisé !!! Saint Polichinelle, priez pour nous ! Après tout, si le Père Éternel avait besoin d'un chef d'orchestre pour diriger les chœurs des anges, archanges et séraphins et organiser des sérénades célestes, autant celui-là qu'un autre.

Le péager du Châtelet devait avoir les oreilles doublées en fer pour entendre tous les instruments de musique que portaient alors les ménétriers ambulants, car ces instruments étaient aussi nombreux que discordants, si nous en croyons la nomenclature curieuse que nous donnent les poésies de Guillaume Machault :

> Je vis là tout en cerne (*cercle*)
> Viole, rubebe et guiterne (*guitare.*)
> L'eumorache, le micanon,
> Citole et le psalterion ;
> Harpes, tabours et nacaires (*timbales d'Orient*)
> Orgues, cornes, plus de dix paires,
> Cornemuses, flageolets et chevrettes,
> Bouceines, cimbales et clochettes
> Tymbres, la flauste brehaigne
> Et le grant cornet d'Allemaigne,
> Frajol de sens, fistule et pipe,
> Muse d'Aussay, trompe petite
> Buisine et monocordes...

Quel joli concert on ferait avec tous ces instruments-là, et que le péager du Grand-Châtelet devait être un homme heureux s'il était né mélomane ! Peut-être avait-on soin de choisir un sourd.

Comme la plupart de ces ménestrels étaient gens de sac et de corde, je doute fort que saint Pierre, le péager suprême, se fût contenté de cette monnaie de singe pour les laisser entrer dans la ville du bon Dieu, à moins que saint Genest fut bien influent à la cour céleste, ce qu'on n'a jamais pu savoir.

— *Se mettre en grève* est une expression des plus pittoresques et surtout très-significative. Le mot grève est synonyme de graviers, de gravois, qui, apportés au pied de la *Maison aux Piliers*, opposèrent peu à peu une barrière à la Seine et ont formé la place de ce nom. C'est sur cette place que viennent s'assembler encore aujourd'hui les mauvais travailleurs qui veulent en même temps être payés et ne rien faire. D'où : *se mettre en grève*.

— Dans un vieux manuscrit du quatorzième siècle, nous trouvons l'origine du dicton : *en revenant de Pontoise*.

Une châtelaine nommée Marguerite, fille de roi, avait un mignon castel aux environs de Pontoise, dans lequel elle réunissait noble compagnie. Elle y fit construire un grand nombre de trappes mystérieuses, pittoresquement nommées *oubliettes*, et, pour les essayer, il lui vint à l'idée d'envoyer *ad patres* l'ouvrier qui les avait construites. Ce pauvre diable, rôdant dans les souterrains du château pour vérifier son ouvrage, se trouva sous l'appartement de la châtelaine et l'entendit, dans un tête-à-tête intime, avouer à sa confidente son barbare projet. Pour échapper aux dangers de cette fatale culbute, il recouvrit les tranchants des rasoirs et les pointes de fer qui devaient couper et percer les victimes, de morceaux de bois, et forma avec des copeaux et fascines une espèce de matelas au fond de l'oubliette.

Quand il remonta pour avertir dame Marguerite que tout était terminé, elle le fit dîner ; pendant le repas, il se trouva saisi d'un sommeil invincible, et ne se réveilla que la nuit suivante, sur son lit prudemment préparé. Mais voici tout à coup un, deux, trois hommes qui tombent à ses côtés. C'étaient des gentilshommes que la dame voulait faire *oublier* pour éviter leurs indiscrétions ou s'emparer de leurs domaines. Ils s'échappèrent par des caveaux connus du pauvre ouvrier, et allèrent effarés et ahuris tout droit au roi lui conter l'aventure. Dame Marguerite était justement là. Épouvantée à la vue de ses victimes pleines de vie, elle leur demanda d'où ils venaient.

« — Madame, dirent-ils, nous revenons de Pontoise. »
D'où le dicton.

— *La semaine des quatre jeudis.* On dit qu'un pape, lequel ? voulant faire son entrée solennelle dans Paris un jeudi, en fut empêché par une pluie diluvienne qui retint clos au logis princes, moines, bourgeois et manants.

Désirant ne pas manquer son entrée qu'il voulait entourer de toute la magnificence possible, ce pape ingénieux la remit au lendemain qui était un vendredi ; et, pour fêter cette solennité, il permit de manger de la chair ce jour-là, ce qui était une grande hardiesse pour nos dévots aïeux, mais pour ne pas déroger au commandement qui dit :

« Vendredi chair ne mangeras,

Il débaptisa, pour cette fois là, le vendredi qu'il fit nommer *jeudi redoublé.*

« Il est avec le ciel des accommodements. »

Depuis lors, cette semaine célèbre fut surnommée la semaine des deux jeudis, et par extension, des quatre jeudis. Comme il n'y en a plus, on dit, pour se moquer de quelqu'un à qui l'on fait une promesse qu'on n'a pas l'intention de tenir : *Je te le donnerai la semaine des quatre jeudis.*

Ce dicton irrévérencieux se moquait de ce pape naïf qui, en dépit du calendrier, dérangeait les jours de la semaine pour ne pas manquer son entrée dans Paris.

— *Attendez-moi sous l'orme.* Au sommet du monceau

qui se dressait devant le portail de l'église Saint-Gervais, il existait un banc octogone qui entourait dans son anneau en pierre le pied d'un orme gigantesque dont les branches touffues offraient un abri aux bourgeois du quartier. Le peuple l'appelait *l'ormiau Saint-Gervais*.

La tradition le disait planté par les Druides, à cause de son antiquité et de son développement fabuleux. Tout le monde respectait cette curiosité végétale qui vécut jusqu'en 1800. Il mourut de vétusté.

Son ombre feuillue formait un dais naturel sous lequel les juges du temps de saint Louis venaient rendre la justice et tenir leur plaids. Les tenanciers y payaient leurs redevances, les débiteurs y faisaient force promesses quand ils n'avaient pas autre chose à donner. Les bourgeois, au sortir de l'office, s'y réunissaient pour y parler de leurs affaires. Les amants à la nuitée s'y donnaient des rendez-vous ; bref, le vénérable ormeau était le témoin de toutes les promesses légales et extra-légales, loyales et déloyales surtout.

Il arriva mainte et mainte fois qu'en matière d'amour comme en matière d'argent, on y fit des promesses déloyales, et que plus d'un créancier y attendit en vain le débiteur caché sans doute dans quelque taverne environnante, et se moquant du crédule qui se morfondait sous l'ormeau légendaire, d'où le dicton : *attendez-moi sous l'orme* ; manière ironique de donner un rendez-vous auquel on n'ira pas.

L'ordonnance de Sully de 1605 fit planter un ormeau dans toutes les communes de France, en face de l'église paroissiale, à l'instar de celui de Saint-Gervais. C'est l'ormeau parisien, alors d'une grande utilité puisque le peuple, fidèle à la tradition de ses aïeux, traitait ses affaires publiques en plein vent, qui lui donna l'idée de cette plantation officielle. Le dicton suivit la destinée de l'arbre qui l'avait vu naître et grandir, de là sa popularité. Les mauvais débiteurs n'étaient-ils pas toujours là pour l'empêcher de tomber en désuétude.

Il sert encore d'enseigne à une boutique du quartier Saint-Gervais.

— *Aller au diable auvert*, pour dire aller loin, est un dicton parisien qui date du douzième siècle. A l'origine, on disait : *aller au diable Vauvert*. L'usage escamota le V pour donner plus de rapidité au proverbe et, par conséquent, plus d'harmonie imitative.

Le castel de Val-Vert ou Vauvert allongeait ses toits pointus au-dessus des plaines désertes qui entouraient la barrière d'Enfer. Il avait été bâti par Philippe le Bel après son excommunication. C'est là qu'il allait, non se repentir, mais en moquerie du pape, faire chère lie, avec joyeusetés sacrilèges. Le bon populaire alors crut que la retraite du maudit était hantée par les revenants et les démons.

Ce sinistre renom fit désigner sous le nom d'*Enfer* le sentier qui le reliait à la poterne Saint-Jacques et s'appelait auparavant la voie de Vauvert, à cause du château.

A la mort de Philippe le Bel, le castel abandonné servit de refuge aux bandes pillardes qui rôdaient autour de la capitale. Ils en firent le dépôt de leurs voleries. *Aller au diable Vauvert* était un acte de courage inouï pour les paisibles bourgeois, et quoique saint Louis, en 1257 ait donné le château aux Chartreux pour le désensorceler, le dicton n'en fit pas moins son petit bonhomme de chemin jusqu'à nos jours, car il est encore très-populaire.

— *Après lui il faut tirer l'échelle* est un dicton parisien dont l'acte de naissance date du temps lugubre des potences. Les échelles patibulaires étaient nombreuses dans le vieux Paris. Celle de l'évêque de Paris se dressait au coin de la rue de l'Échelle, au quartier Saint-Honoré ; c'est même de là qu'elle tira son nom sinistre, et, comme il était d'usage, lorsqu'une ribambelle de gredins allaient chanter la ballade des pendus entre ciel et terre, d'attacher le plus scélérat le dernier, au gibet, c'était le bouquet de la cérémonie. — Le bourreau, besogne faite, retirait l'échelle, d'où le proverbe populaire : « *Après lui il faut retirer l'échelle* », locution qui, au rebours de sa sanglante origine, s'est appliquée à toutes les circonstances, soit que l'on parlât de l'échelle des grandeurs, des bienfaits, voire même de celle de Jacob sur laquelle les anges du Seigneur faisaient une gymnastique céleste, mais toujours pour signifier les extrêmes limites du bien.

— Bien des étymologistes ont battu la campagne pour trouver l'origine du dicton : « *faire l'école buissonnière* » ils ont *donné campos* à leur imagination vagabonde ; c'est encore sur le pavé de Paris qu'il faut ramasser ce proverbe populaire.

Paris a toujours été la patrie du savoir ; mais bien des écoliers qui n'avaient en poche ni croix, ni pile, et des maîtres guère plus riches, ne pouvaient payer la redevance due au Chantre de Notre-Dame ; alors, pour le fripper, ils allaient tenir clandestinement leurs écoles dans les champs et les bois des environs, s'abritant derrière les buissons, d'où le nom.

Quand l'heure de la persécution sonna pour les protestants, comme ils n'osaient tenir publiquement leurs prônes, ils firent comme les pauvres docteurs du moyen âge, et enseignèrent leurs dogmes derrière les buissons et dans les fourrés qui remplacèrent pour eux les catacombes des premiers chrétiens. Leurs réunions secrètes devinrent encore des écoles buissonnières. Le Parlement en fut informé et rendit un arrêt, le 6 août 1552, où défenses étaient faites d'enseigner sans la permission du chantre de Paris.

Telle est l'origine historique de ce dicton qui continue à courir les champs et se moque bien aujourd'hui des licences du chantre de Paris. Nos écoliers du dix-neuvième siècle vont faire l'école buissonnière à Asnières et à Robinson, en compagnie de folles épouses d'un jour, et dans un but bien différent de celui des pauvres capettes des quinzième et seizième siècles.

— Sur le sommet de la montagne Sainte-Geneviève se dressait jadis un collége fondé en 1314 par Gilles Aiscelin, archevêque de Rouen et nommé Montaigu, du nom de Pierre de Montaigu, évêque de Laon. Il était célèbre dans la gent écolière par sa rude discipline, ses fortes études et ses maigres repas.

Les chétifs capettes avaient résumé son histoire dans ce proverbe latin célèbre en son temps : *Mons acutus, ingenium acutum, dentes acuti.* « Tout y était aigu. » Les écoliers l'avaient baptisé du nom de *Collége des*

Haricots, à cause de l'usage immodéré de cette piètre nourriture.

La Révolution supprima la caserne universitaire, mais n'effaça pas son terrible renom ; elle en fit une prison militaire pour les gardes nationaux récalcitrants. Tout change autour de lui, excepté le régime qui eut toujours pour base fondamentale le légume tapageur, et il continua, comme conséquence logique, à garder son sobriquet historique de *Hôtel des Haricots*.

Telle est l'origine parisienne de ce dicton qui, d'universitaire, devint national.

— On a cherché longtemps l'origine du dicton : *mettre au violon* ; et, avant que la lumière se fît sur son berceau, on avait adopté généralement la signification ingénieuse qui suit :

Parmi les dictons qui revenaient souvent à la bouche de nos pères, il y avait celui-ci : *mettre au psaltérion* qui signifie *mettre au psautier*, c'est-à-dire dans un endroit sûr et paisible où l'on pouvait méditer et se repentir à son aise en récitant les sept psaumes de la pénitence. La jovialité populaire, toujours narquoise quand il s'agit de l'infortune d'autrui, avait substitué le mot *violon* qui était déjà le roi des instruments de musique ; d'où l'adage.

Mais un de nos confrères les plus érudits, M. Amédée de Bast, a trouvé dans ses recherches historiques l'explication authentique de ce proverbe tout à fait parisien puisqu'il est né dans la Cité ; nous l'adoptons.

Il paraît que du temps de Louis XV, les nombreux plaideurs qui assiégeaient le temple de Thémis amenaient

LA
LÉGENDE DE SAINT NICOLAS

Un ancien usage. — Chaque confrérie a son patron. — L'église Saint-Nicolas du port Saint-Landry. — La fête des bateliers parisiens au treizième siècle. — La complainte que les enfants récitaient dans les carrefours de la Cité. — Pourquoi saint Nicolas est le patron de la navigation. — Légende. — Une curieuse superstition. — Le coulon blanc de saint Nicolas. — La tradition légendaire de cette coutume naïve. — La ballade de saint Nicolas sur les bords du Rhin. — Saint Nicolas gardien des trésors. — La légende des Monténégrins. — Voyage de saint Nicolas. — Ce qu'il racontera en rentrant au paradis.

Aux grands siècles de foi du moyen âge, c'était l'usage de mettre chaque confrérie, corporation, corps de métiers, etc., etc., sous le patronage d'un saint, chargé tout spécialement de veiller sur les confrères, et dont l'image brodée sur la bannière flottait aux grands jours de fête à la tête des processions.

Ainsi, saint Éloi, ministre et orfévre du bon roi Dagobert, plus célèbre par les belles châsses qu'il faisait que par les bons conseils qu'il donnait au roi et que sa complainte nous raconte d'une manière si naïve, était le patron des orfévres.

Saint Martin veillait tout particulièrement sur les voyageurs, probablement parce qu'ayant été soldat, il voyageait beaucoup ; et sa légende raconte qu'un jour en route il donna la moitié de son manteau à un pauvre qui grelottait de froid. Une ancienne porte de l'église de Saint-Séverin, à Paris, était entièrement couverte de fers à cheval. La tradition nous dit que c'était en l'honneur de saint Martin, l'un des patrons de cette église. C'était l'usage de l'invoquer avant d'entreprendre un voyage, et d'attacher un fer à cheval à sa chapelle ou à la porte de cette église. Cette dévotion superstitieuse allait même jusqu'à faire marquer les chevaux avec la clef de la chapelle pour les préserver de tout accident.

Saint Jacques était le patron des pèlerins ; saint Yves, des procureurs et avocats ; saint Côme et saint Damien, des chirurgiens ; saint Fiacre, des jardiniers ; saint Antoine, des charcutiers, etc... ; enfin, saint Nicolas, des écoliers et des bateliers.

Près du port Saint-Landry, où les bateliers parisiens débarquaient les vivres et les marchandises qui devaient approvisionner la Cité et se vendaient au Marché-Palu, ils érigèrent à leurs frais en 1140, sous le règne de Louis le Jeune, une église qu'ils dédièrent à saint Nicolas, et y établirent leur confrérie (1).

---

(1) Ce n'est que vers le onzième siècle que le culte de saint Nicolas commença à se répandre en France, et voici comment :

En ce temps-là, des marchands de Bari amenèrent en Italie le corps du saint évêque de Myre, et ce fut dans la Pouille que Guillaume Pontoul, de Noron près Falaise, déroba quelques-unes de ses reliques pour en doter la Normandie.

Ce pieux larcin commis en 1090 par ce chevalier normand est l'origine de la dévotion en France pour ce saint d'Orient qui eut bientôt, comme patron des enfants, une chapelle dans toutes les églises.

Tous les ans, le 6 décembre, cette église était parée avec un grand luxe de courtines et de cierges. La confrérie s'y assemblait. Monsieur l'évêque de Paris y disait une messe solennelle et allait ensuite processionnellement bénir le port et les bateaux qui, ce jour-là, étaient pavoisés de rubans et d'images grossièrement façonnées de Monseigneur saint Nicolas, chevalier baron du paradis.

On plantait sur la berge un grand mai aux branches duquel pendaient des rubans, des poissons et de petites figurines de plomb représentant le patron de la fête. On dansait en rond, et, de tous les côtés, l'on racontait les diverses complaintes du bon saint Nicolas.

Les enfants chantaient dans les carrefours de la Cité la vieille légende qui narre naïvement la manière dont il devint leur patron.

La voici dans toute sa candeur, telle que nous la retrouvons dans les vieux fabliaux :

> Il était trois petits enfants
> Qui s'en allaient glaner aux champs.
> S'en vont un soir chez un boucher :
> « — Boucher, voudrais-tu nous loger ? »
> « — Entrez, entrez, petits enfants ;
> « Il y a de la place assurément. »
>
> Ils n'étaient pas sitôt entrés,
> Que le boucher les a tués,
> Les a coupés en p'tits morceaux,
> Mis au saloir, comme pourceaux.
>
> Saint Nicolas au bout d' sept ans,
> Saint Nicolas vint dans ce champ ;
> Il s'en alla chez le boucher :
> « Boucher, voudrais-tu me loger ?

» — Entrez, entrez saint Nicolas,
» Il y a d'la place, il n'en manque pas. »
Il n'était pas sitôt entré.
Qu'il a demandé à souper.

» Voulez-vous un morceau de jambon ?
» — Je n'en veux pas, il n'est pas bon.
» — Voulez-vous un morceau de veau ?
» — Je n'en veux pas il n'est pas beau.

» — Du petit salé je veux avoir,
» Qu'il y a sept ans qu'est dans le saloir. »
Quand l'boucher entendit cela,
Hors de sa porte il s'enfuya.

» — Boucher, boucher, ne t'enfuis pas,
» Repens-toi, Dieu te pardonnera ! »
Saint Nicolas posa trois doigts
Dessus le bord de ce saloir.

Le premier dit : « J'ai bien dormi ! »
Le second dit : « Et moi aussi ! »
Le troisième répondit :
» Je croyais être en paradis ! »

Cette vieille complainte explique pourquoi nous voyons ce saint représenté dans nos vieilles cathédrales avec une cuve à ses pieds, dans laquelle sont trois petits enfants qui élèvent vers lui leurs mains suppliantes.

Les bateliers, de leur côté, chantaient la complainte des marins.

Moins heureux que pour celle des enfants, nous ne pouvons pas la citer, car les vieilles chroniques ne nous ont pas conservé les couplets du bon vieux temps. La voici en résumé ; elle racontait comment saint Nicolas devint le patron de la navigation :

Achemed, vil mécréant, général sarrasin, étant en expédition guerrière, s'empara par traîtrise de la ville de Myre, sur la côte de Syrie.

Fatigué d'entendre raconter les miracles de saint Nicolas, patron de cette ville, et jaloux de son grand renom, il entra dans l'église avec l'intention de briser son tombeau à grands coups de massue.

Par une supercherie innocente, de pieux moines dirigèrent sa fureur sur un autre cercueil qui était proche de celui du glorieux saint; il le saccagea et remit à la voile pour retourner au pays sarrasin.

A peine sa flotte eut-elle quitté le port, qu'elle fut assaillie par une affreuse tempête; et comme on lui disait que c'était saint Nicolas qui se vengeait, il jura, sacra contre lui, le défia en lui disant de descendre du paradis, s'il y était, et de venir en champ-clos se mesurer avec lui.

Sa flotte périt tout entière, et les pêcheurs de la côte virent passer sur un nuage, au-dessus du port, le bon saint Nicolas avec son manteau bleu parsemé d'étoiles et son auréole lumineuse.

Plus de doute, c'était lui qui avait fait punir le sacrilége. Depuis ce fatal événement, il fut regardé comme le patron de la navigation, et on l'invoqua sur mer pour détourner les tempêtes et prévenir les naufrages.

Les marins se seraient crus perdus s'ils avaient entrepris un voyage sans avoir à la poupe ou au mât de leur bateau l'image de saint Nicolas, comme un talisman tout-puissant à l'heure du danger.

On attribua même à ce saint une si grande puissance

sur les eaux, qu'il s'établit dans le peuple une superstition curieuse qui mérite d'être rapportée :

Quand quelqu'un était noyé, ses amis ou ses parents, après avoir fait bénir à l'église de Saint-Nicolas un pain, dit pain de saint Nicolas, le mettaient, avec un cierge allumé planté dessus, dans une sébile de bois, qu'ils plaçaient sur l'eau. La sébile était entraînée par le courant; pendant ce temps-là, ils se mettaient à genoux sur la rive du fleuve et récitaient à haute voix une certaine prière à ce saint; le pain s'arrêtait à l'endroit où était le corps du noyé qu'on retirait de l'eau et qu'on portait en terre bénite après avoir dit les prières des morts.

A la Saint-Nicolas, il y avait messe carillonnée à Saint-Jacques-la-Boucherie à laquelle assistaient les écoliers et les enfants. Quand l'*ite missa est* était chanté, on lâchait dans l'église des coulons blancs comme à la Pentecôte.

Pourquoi ces coulons blancs ?

C'était alors croyance générale que cet oiseau voyageur allait porter au grand patron de la jeunesse séant en paradis, à la droite de sire Dieu le père, les vœux et les souhaits de ses fervents adorateurs, pour les présenter au Père Éternel; et, comme il faut être sans tache pour entrer dans le séjour des bienheureux, on les choisissait blancs. Si le plumage eût eu la moindre souillure, saint Pierre ne leur eût pas ouvert la porte, ni la Sainte-Vierge la fenêtre.

Quand ils sortaient de l'église, on chantait la complainte de messire saint Nicolas, qui devait être dans une sainte jubilation de voir qu'on ne l'oubliait pas ; on leur souhaitait bon voyage pour le pays des anges en disant :

> Dieu te garde ! gentil coulon,
> Du vent et du bec du faucon !

Qu'y a-t-il de plus gracieux que cette curieuse cérémonie de nos bons aïeux confiant leurs vœux à ce rapide messager qu'ils suivaient des yeux et du cœur jusque dans la nue, essayant de fouiller l'azur le plus lointain dans l'espérance de voir la réception de leur missive, car quelques-uns avaient soin de fixer au cou du gentil oiseau immaculé une sentence ou une prière à l'adresse de ce grand saint, placet qu'il devait lire avant de présenter la cédule au roi de l'univers. Et, comme les coulons ne revenaient jamais, ou du moins qu'on ne les reconnaissait plus, ils étaient persuadés que leur épistole était parvenue au paradis.

Que de foi et de candeur dans cette adorable naïveté qui peint bien la foi mystique du moyen âge ! Comme c'est naturel ! j'ignore ce que saint Nicolas devait dire ; toujours est-il qu'à sa fête, il devait avoir plus de besogne que le facteur de la poste au premier de l'an ou à la Saint-Valentin.

Cette coutume est une arrière-petite-fille de la légende de la Sainte-Ampoule, légende populaire s'il en fut, et qui, à l'origine de la première race, fit regarder les coulons blancs, pigeons et colombes, comme les oiseaux de prédilection de Dieu.

La Sainte-Ampoule, qui renfermait l'huile précieuse avec laquelle on oignait les rois de France, était venue miraculeusement, du ciel et voici comment : Le clerc de la suite de saint Remi qui portait le saint chrême n'ayant pu, à cause de la foule, approcher du saint évêque au moment solennel de la consécration, celui-ci pour ne pas faire attendre Clovis, leva les yeux au ciel, invoqua Dieu, et aussitôt l'on vit descendre une colombe plus blanche que neige portant dans son bec une ampoule pleine d'une huile divine d'une odeur si exquise et si suave, que tous les assistants en furent émerveillés.

Cette fiole, arrivée d'une si merveilleuse façon, fut intarissable ; c'est grâce à elle qu'on imprimait à l'élu de Dieu l'inviolabilité sacrée qui plana toujours sur la tête des rois de France, ce qui fait voir la puissance d'une légende qui, jusqu'à la fin du dix-huitième siècle, c'est-à-dire pendant une période de quatorze cents ans, protégea les princes que le peuple ne regardait comme rois que lorsque leur auguste front avait été touché par ce talisman, pierre de touche de leur puissance royale. De plus, la tradition disait que l'huile sainte montait ou descendait suivant qu'ils étaient en bonne ou en mauvaise santé.

Un sans-culotte en 93, rompit le charme populaire en brisant la fiole miraculeuse contre le piédestal même de la statue de Louis XV sur la place royale de Reims.

En faisant le rapprochement de ces deux croyances populaires, j'ai voulu montrer que cette confiante crédulité dans le coulon blanc chargé d'un message pour saint Nicolas était issue d'un haut lignage légendaire. Pourquoi n'aurait-il pas porté ce qu'il avait si bien apporté une première fois ? il devait connaître la route du ciel. C'est ainsi que pensaient nos bons aïeux.

L'église Saint-Nicolas du port Saint-Landry n'avait qu'une nef. En 1491, Louis de Beaumont, évêque de Paris, lui ayant donné des reliques de sainte Madeleine, qui firent des prodiges, elle fut agrandie, érigée en paroisse, et prit le nom de cette sainte. Elle conserva seulement dans ses bas-côtés une chapelle dédiée à saint Nicolas, entretenue aux frais de la confrérie des bateliers parisiens.

Les contrées que le Rhin traverse sont richement pourvues de traditions poétiques et de ballades. Le grand fleuve allemand, bordé de burgs historiques et légendaires, serré dans un long couloir de rochers rempli d'écueils et de précipices redoutés des bateliers, a tout naturellement aussi sa ballade de saint Nicolas qu'ils doivent invoquer souvent sur leur barque en péril.

Quand, passant près de Bingen, ils craignent de sombrer dans le tourbillon au milieu du Rhin, ils font encore un vœu qu'ils tiennent plus consciencieusement que le batelier de la ballade suivante, si bien traduite par M. N. Martin.

— Puissant et bon saint Nicolas,
Préserve-nous de couler bas
Dans ce tourbillon où chavire,
Près de Bingen, plus d'un navire ;
Et je t'offrirai sans débat
(Ma promesse vaut un contrat)
Un cierge aussi grand que mon mât !

Soudain le soleil perce l'ombre
Et l'esquif passe sans encombre.

— Merci, grand saint ; mais franchement.
Le danger n'était pas si grand.
Ce ciel serein, ce flot docile,
Rendaient le miracle facile ;
Et c'est au plus si l'on te doit
Un cierge gros comme le doigt !

Pensée ingrate autant qu'impie,
Et que tôt le marin expie ;
Une trombe roulant sur l'eau
Engloutit l'homme et le bateau.

Les légendes que je viens de narrer nous disent pourquoi saint Nicolas est tout spécialement chargé de veiller sur les enfants et sur les marins.

Mais ce que beaucoup de personnes ignorent, c'est qu'il existe une autre tradition d'après laquelle le bon saint Nicolas est aussi le gardien des trésors.

Un ménestrel d'Arras du treizième siècle, Jean Bodel, en a fait le thème d'un mystère qui eut beaucoup de succès dans son temps.

Ceux qui disent vrai nous content que jadis il y avait un roi païen, voisin des chrétiens, et qui leur faisait une guerre acharnée.

Un jour, ce mécréant les fit attaquer dans un moment où ils ne s'y attendaient pas. Pris en traîtrise, ils furent défaits; il y en eut beaucoup de déconfits et de prisonniers.

En faisant leurs poursuites, les païens victorieux s'en vinrent en une petite cabane où demeurait un chrétien de grand âge et grand prud'homme de renom. Ils le surprirent à genoux devant une image de monseigneur saint Nicolas, chevalier baron du paradis. Ces vils mécréants, qui ne respectaient rien, s'en moquèrent, le couvrirent de chaînes, prirent l'image et s'en vinrent devant le roi qui fut très-joyeux de cette victoire; ils lui contèrent l'histoire de ce chrétien.

— Vilain, dit le roi au prud'homme, as-tu créance en ce morceau de bois?

— Grand sire, répondit-il sans trembler, il est fait à l'image de monseigneur saint Nicolas que j'aime beaucoup; c'est pourquoi je le prie et invoque tous les jours, car celui qui l'appelle du cœur ne sera jamais égaré en aucune manière, et sa garde est si bonne qu'il multiplie et fait prospérer tout ce qu'on lui recommande de garder.

— Vilain, je te fais larder s'il ne multiplie et garde bien mon trésor; je le lui donne en garde pour te confondre par une épreuve.

Il le fit reconduire en prison, la corde au cou, puis il ouvrit ses trésors, coucha l'image de saint Nicolas au milieu en disant : s'il m'est fait tort d'une seule pièce d'or et qu'il ne sache m'en rendre compte, qu'à l'instant il soit torturé et occis!

De tous côtés, dans la ville, on raconta l'expérience. Des larrons l'apprirent; une nuit s'assemblèrent, et, au nombre de trois, s'en vinrent au trésor et l'enlevèrent. Mais, en route, Dieu leur donna une telle envie de dormir, qu'ils s'arrêtèrent dans une hutte et sommeillèrent profondément.

Quand le roi vit que son trésor était enlevé, se croyant le jouet d'un imposteur, il entra dans une grande colère et fit venir en sa présence le pauvre chrétien.

— Vilain, lui dit-il, pourquoi m'as-tu déçu?

A peine fut-il possible au prud'homme de répondre, car chacun de ceux qui le tenaient le tiraient et poussaient à tout moment à droite et à gauche.

Le roi commanda qu'on le fît mourir de mort laide et honteuse.

— Ah! grand sire, s'écria-t-il, pour l'amour de Dieu, donnez-moi le répit de cette journée pour savoir si saint Nicolas me délivrera de ces chaînes.

A grand'peine il lui donna ce délai. La légende nous dit :

> Qu'arrivé en prison
> Il fit son oraison,
> Toute la nuit pria
> Et pleura dévotement.

Le bon saint Nicolas, qui ne pouvait laisser en détresse son pieux serviteur, mit son auréole lumineuse sur sa tête, prit son bâton, et saluant poliment saint Pierre, se mit en chemin. Il vint droit aux larrons et les éveilla, car ils dormaient toujours. Dès qu'ils le virent, ils agirent à sa volonté, rapportèrent le trésor sans aucun retard, et remirent dessus l'image qu'ils avaient emportée avec lui.

Quand le roi eut ainsi éprouvé le miracle du bon saint, il ordonna qu'on lui amenât le prud'homme sans lui faire de mal ; il se prosterna devant lui, se fit baptiser lui et les siens, et devint prud'homme et bon chrétien à son tour, ne faisant jamais de mal à personne.

Sa confiance en saint Nicolas fut telle qu'il laissa son image sur son trésor qui ne diminuait jamais.

Aujourd'hui, il y aurait peu de banquiers qui feraient comme ce roi païen, et je puis affirmer, sans crainte d'être démenti, qu'ils ont bien plus de confiance en un bon coffre-fort bourré de secrets et garni d'une serrure de Fichet, que dans la protection, quelque puissante qu'elle soit, du bon saint Nicolas.

Saint Nicolas est encore le patron national des Monténégrins. Les montagnards de cette contrée racontent aux voyageurs qui les interrogent sur leur origine, une légende naïve qui peint bien en quelques mots, et à grands traits, l'aspect topographique de leur pays et le caractère de ses habitants.

Quand Dieu voulut créer le monde, il prit une besace qu'il mit sur son épaule. D'un côté se trouvait de la terre, de l'autre des pierres ; il parcourut ainsi l'espace, semant la terre à poignées pour former notre globe. Parvenu à un certain point, il se trouva que, la provision de terre étant épuisée, et la toile usée par un long service, le sac se déchira. Toutes les pierres qui y étaient tombèrent alors en bloc et formèrent cet amoncellement de rochers qui s'appelle le Monténégro.

Voyant celà, Dieu se dit qu'il devait un dédommagement aux hommes qui viendraient habiter cette affreuse contrée. En conséquence, dès qu'il fut remonté au ciel, il manda le grand saint Nicolas, dont l'emploi dans le paradis est de protéger spécialement la partie du monde qui se trouve en Europe.

— Que veux-tu, dit le bon Dieu à saint Nicolas, que je donne aux Monténégrins pour les dédommager du vilain pays que je leur ai créé involontairement ?

Saint Nicolas réfléchit quelques instants, puis il dit :

— Seigneur, faites-les grands et forts.

— Accordé, dit le bon Dieu ; après ?

— Seigneur, dit encore saint Nicolas, faites-les courageux.

— Accordé, ils seront braves entre les braves. Que veux-tu encore ?

— Seigneur, reprit saint Nicolas, en hésitant un peu, comme un homme qui va demander une énormité : Seigneur, faites-les libres.

— Ils le seront, dit encore le bon Dieu ; après?...

— C'est assez, Seigneur, répondit respectueusement saint Nicolas; avec la liberté, les Monténégrins auront le plus grand trésor de la terre.....

Et voilà comment il se fait que le petit Monténégro a pu soutenir de longues guerres contre de grandes puissances, sans avoir jamais été soumis. Quand le monde tremblait devant l'armée turque, le Monténégrin, libre, fumait tranquillement sa pipe, que lui bourrait la mère de ses fils.

Les Monténégrins sont non-seulement les plus vaillants guerriers du monde, mais ils sont d'une sobriété extrême.

Une croyance, qui date de bien loin, nous apprend que les saints, le jour de leur fête, ne se contentaient pas seulement de recevoir les missives de leurs adorateurs, mais qu'ils viennent aussi sur la terre visiter leurs protégés, et voir si leurs autels sont bien ornés et suffisamment pourvus de luminaire. Si saint Nicolas vient faire son petit voyage terrestre, il sera satisfait, car son culte est très-répandu en France. La quantité de villes, de villages, bourgs et même de hameaux de qui ont des églises ou des chapelles dédiées en son honneur, est presque fabuleuse. Rien que pour Paris, il y a Saint-Nicolas-des-Champs, Saint-Nicolas-du-Chardonnet, Saint-Nicolas-d'Antin, Saint-Nicolas-du-Louvre, etc.

Il peut également visiter nos ports de mer, notre marine marchande et militaire, nos ateliers de construction, nos chantiers remplis d'ouvriers actifs et intelligents, et même au pied du Louvre, le port, qui a pris son nom et où les produits des quatre parties du monde viennent débarquer comme pour rendre hommage au souverain qui règne sur la France, et dont la main puissante maintient la paix universelle. Il peut constater aussi les immenses progrès accomplis avec les bateaux à voile, à hélice, blindés, cuirassés et autres ; s'il les compare aux troncs d'arbres creusés qui formèrent les bateaux primitifs des nautoniers parisiens au temps de la vieille Lutèce, il verra la France du dix-neuvième siècle dans toute sa splendeur, avec son activité fiévreuse, sa soif ardente de découvertes l'entraînant aux extrémités du globe, ses colonies pacifiées, ses innombrables bateaux transatlantiques qui sillonnent les océans, portant partout dans leurs flancs, avec ses produits, ses idées, ses inventions, ses armées. Et si, au retour, il raconte ce qu'il a vu au Père Éternel et aux saints qui lui demanderont des nouvelles de la France, il pourra dire qu'elle est toujours la première en avant, et que, jouissant d'une paix féconde, tout entière au progrès d'une civilisation bienfaisante, elle verse à pleines mains, sur les autres nations qu'elle invite aux grandes fêtes de la Fraternité universelle, l'abondance, la paix et la justice.

LES
PETITS AUTELS DE LA FÊTE-DIEU

Les petits autels. — Ramassons les miettes de l'histoire. — Les madones parisiennes. — Bravades des Huguenots. — Du sang, toujours du sang! — La vierge de la rue des Rosiers. — Ce que dit un rimailleur du temps. — Les pousse-crapauds. — Les couplets catholiques. — L'heure de l'indifférence. — Les processions du vieux Paris à la Fête-Dieu. — Une autre opinion. — L'aumône faite aux Quinze-Vingts. — Erreurs. — La fête de la *Maïa* et ses autels. — Différence des deux coutumes. — Respect aux vieux usages.

La Fête-Dieu ramène tous les ans dans Paris et quelques villes de province un usage assez singulier pour lui consacrer quelques lignes. Nous voulons parler des petites chapelles.

Les enfants, avec une petite table recouverte d'une petite nappe et une boîte surmontée d'une croix ou d'une vierge en plâtre entre deux pots de fleurs et une foule de brimborions religieux, parodie des ornements de l'église, se mettent à l'affût, au coin des rues, et demandent l'aumône d'un petit sou pour les frais de leur petit culte provisoire, car le casuel est la principale fonction de ces bambins improvisés ministres pour huit jours.

En général, ce sont les enfants pauvres qui perçoivent cet impôt indirect pendant la huitaine. Les sacristains de ces petits reposoirs enfantins sont une dernière représentation du culte extérieur aboli par la liberté de conscience.

Quelle est donc l'origine de ces petites chapelles?

En fouillant des montagnes de vieilles chroniques pour remonter à la source de plusieurs coutumes populaires dont je parle dans mon dernier ouvrage, les *Fêtes légendaires*, j'ai à peine trouvé quelques miettes historiques laissées sur la route des siècles, absolument comme dans le Petit Poucet les mies de pain qui devaient guider ses frères à travers la forêt. Les gros événements ont emporté ces légères traces, et il est bien difficile de s'y reconnaître. Cependant, j'ai recueilli ce que j'ai trouvé, et voici ce que je crois pouvoir établir de positif sur cette coutume.

Il fut un temps où notre vieux Paris, éminemment religieux, était orné, à chaque coin de rue et de carrefour, de niches grillagées entourées de sculptures et abritant une madone, une Vierge, une Notre-Dame de Pitié, de Bon-Secours, etc. Quand le catholique passait, il s'inclinait respectueusement et murmurait un *Ave*. A chaque solennité, surtout à la Fête-Dieu, on les ornait de fleurs, et une foule de mendiants, dont la cour des Miracles fournissait le principal contingent, agenouillés tout autour, provoquaient la charité des bonnes gens par le récit de leurs malheurs, la promesse de leurs prières, ou le nasillement de quelque complainte.

Vers le seizième siècle, les Huguenots, qui regardaient toutes ces dévotions exagérées comme des superfluités, passaient souvent, par bravade, devant ces petits autels populaires sculptés dans les murailles, le feutre sur l'oreille, affectant d'outrager cette touchante et poétique vénération.

Quelquefois, le peuple ameuté les forçait bien à s'incliner; mais alors le sang coulait au pied de ces madones parisiennes. Ils se vengeaient en les brisant la nuit. C'était une vengeance bien innocente en échange des flots de sang qu'ils payaient chaque jour au fanatisme catholique. Ainsi, en 1528, la statue de la Vierge du coin de la rue des Rosiers et de celle des Juifs fut mutilée par les protestants. Une procession solennelle répara ce sacrilége; le roi mit une statue d'argent là où la statue de pierre avait été décapitée.

Un poëte du temps rappelle le fait avec une sainte indignation.

> Ceste meschante villenaille
> Remplie de Leviathan,
> A trouvé, à nos murailles,
> La mère du roy triomphant,
> La benoiste vierge Marie,
> En ses braz son fils tenant.
> Les testes leur ont destachées
> Et fait aultre grant villenaille.

Ces injures ne sont que des douceurs à côté des sobriquets encore plus ridicules qu'on inventait contre ces pauvres martyrs, dans certaines campagnes : on alla jusqu'à les appeler du nom de *bousbots, pousse-crapauds chasse-crapauds* et le nom leur était resté parce qu'il avait la même terminaison que Huguenots.

La haine allait toujours en grandissant contre tout ce qui sentait huguenoterie, et, après le couvre-feu, les catholiques chantaient ces couplets sanguinaires :

> Nos cappitaines corporiaux
> Ont des corselets tous nouviaux.

> Doux et beaux ;
> Et des couteaux
> Aussi longs comme un voulge,
> Pour Huguenots égorgetter,
> Et une écharpe rouge
> Que tous voulons porter.

Ils énumèrent ensuite la liste des braves qui

> Avec leurs cuirasses d'assier,
> Iront les premiers
> Les essayer.
> Vous yrez à la messe
> Huguenots, ou Marcel vendra
> Ses biens, et, de vitesse,
> Hors de France s'en yra.

Les moines, montés sur la borne des carrefours, ameutaient la foule contre les Huguenots. Par animosité, les Parisiens multiplièrent au coin des rues, leurs petites chapelles de la bonne Vierge ; et un jour vint, jour fatal, où ils vengèrent d'un seul coup, par le massacre le plus épouvantable qu'ait enregistré l'histoire, toutes ces injures nocturnes faites à leur culte. Du sang, toujours du sang !

Ces iconoclastes continuèrent leurs ravages et détruisirent un grand nombre de ces images vénérées. Peu à peu, le sentiment religieux, allant toujours en diminuant selon les uns, en se purifiant selon les autres, on passa indifférent devant la Notre-Dame du carrefour. La grande révolution balaya tout cela ; les démolitions pour embellissement firent le reste.

Les petits pauvres seuls continuent, à l'époque de cette fête, à faire des petites chapelles au coin des rues, petites chapelles qui remplacent les niches grillagées du vieux Paris, et ne se doutent guère de cette antique origine.

Mais pourquoi ont-ils choisi cette fête de préférence à tout autre ? C'est parce qu'elle est la fête des processions, qui datent du règne de Constantin, et qu'elle fut, pendant le moyen âge, une des plus dramatisées et des plus splendides, à cause de ses reposoirs étincelants de reliques, de vases d'or et d'argent ; c'est aussi qu'elle était accompagnée de toutes les confréries de moines et de pénitents qui ne manquaient pas de faire de pieuses et longues stations devant ces Vierges de la rue, célèbres par leurs légendes ou leurs miracles, comme celle de Notre-Dame de la Carole, rue aux Ours, que je raconterai plus tard.

Une autre opinion, moins fondée, en attribue l'origine aux moines mendiants, ces nomades religieux venus d'Italie et d'Espagne en montrant dans une boîte en forme de retable une madone, un *ecce homo* ou un saint dont ils psalmodiaient, sous forme de complainte, la légende merveilleuse. Ils s'arrêtaient dans les villages aux jours d'assemblées et de pardon et recevaient des aumônes abondantes ; ils allaient aussi dans les castels colportant leurs reliques et leurs prières.

Les petits mendiants, en voyant leurs profits, les imitèrent et firent des petites chapelles portatives garnies de chapelets, médailles et images grossières ; c'était un moyen d'attirer l'attention sans cependant faire du charlatanisme religieux.

Nous repoussons cette opinion, car cette exhibition se faisait à toute époque de l'année, tandis que, d'après la première, c'était surtout à la Fête-Dieu que ces petits retables sculptés en pierre dans les murailles des rues étaient ornementés et fleuris à cause des processions. Les pieux bourgeois du quartier se chargeaient de la décoration gratuite, dont les jardins faisaient souvent tous les frais.

Dans les quartiers qui n'en étaient pas pourvus, c'étaient les enfants de chœur de la paroisse qui dressaient ces petits autels avec les ornements de rebut de la sacristie; ils demandaient aussi la charité aux passants, et l'argent recueilli était remis aux marguilliers qui le faisaient passer à l'hospice des Quinze-Vingts.

Pourquoi à des aveugles?

Probablement pour les indemniser de ce qu'ils ne pouvaient pas admirer les splendides processions qui sillonnaient les rues à l'époque de cette fête.

Un esprit sceptique verrait dans cette coutume des petites chapelles de la Fête-Dieu, et de la modeste obole du passant, un reflet de cette immense mendicité religieuse qui, à propos de tout, tendait son escarcelle toujours ouverte, et faisait payer la première oraison des fonts baptismaux, comme la dernière pelletée de terre bénite qu'elle jetait sur la tombe. Ce serait aller trop loin. La religion catholique, différente du protestantisme rigide, sévère, qui fait des raisonneurs, des philosophes et des penseurs, est toute de poésie, d'amour, de charité, d'expansion, vertus qui font les poëtes et les martyrs. C'est de tout cela que sont sorties les nombreuses madones de nos vieux carrefours; et aujourd'hui, ces petits autels des enfants à la Fête-Dieu en sont la dernière métamorphose.

Pourquoi aussi trouvons-nous que la religion, avec ses gracieuses coutumes, est tout au plus bonne pour les femmes et les enfants? Si les enfants en ont fait un joujou, à qui la faute?

Dans des articles de journaux, ne disant rien de nouveau sur les petits autels de la Fête-Dieu, et qui reviennent périodiquement chaque année, des journalistes blâment cette coutume enfantine à cause du mercantilisme avide qu'elle semble cacher selon eux, ce qui me paraît une absence complète du sens historique de cette fête ; et, par une erreur aussi grossière qu'étrange, ils placent dans leur malédiction, la belle et symbolique *fête de la Maïa*, sur le même rang, comme ayant la même origine.

C'est une erreur des plus graves.

Tous les archéologues et les historiens sont d'accord pour dire que cette gracieuse coutume de la fête de la belle de Mai dans la mythologie celtique représentait la célébration du mariage de la terre avec le ciel. Mai était le plus beau mois de l'amour et du printemps. Une belle jeune fille, choisie parmi les filles « de neuf ans en bas », dit la chronique, c'est-à-dire, neuf ans et au-dessous, représentait la terre.

L'année celtique commençait en mai. La clef symbolique que porte l'épousée était assez significative ; c'est elle qui ouvre l'année ; les bergers chantent, autour du trône sur lequel ils placent leur reine improvisée, la ronde suivante :

En Franche-Comté :

> Étrennez notre épousée.
> Voici le mois,
> Le joli mois de mai !
> Etrennez notre épousée
> En belle étrenne
> Voici le mois,
> Le joli mois de mai
> Qu'on vous amène.

Dans la Bresse :

> Voici venu le joli mois,
> Les filles nous marirons.
> Voici venu le joli mois,
> Nous marirons les filles.
> Les filles il nous faut marier,
> Car elles sont jolies.

Dans le Midi, la ballade provençale dit :

> Voici le joli mois de mai,
> Que les amoureux plantent le mai ;
> J'en planterai un à ma mie ;
> Il sera plus haut que son toit.

Les passants donnent une pièce de monnaie et un baiser ; la pièce de monnaie figure dans la coutume universelle des mariages.

Les dons des passants ne sont pas pour les pauvres, comme le disent encore ces historiens improvisés, mais pour lui composer une dot. Et, enfin, cette fête si significative se célèbre toujours le 1er mai, tandis que la Fête-Dieu tombe ordinairement en juin.

Concluons. L'origine des petits autels remonte au moyen âge ; c'est la ruine d'une vieille coutume de nos aïeux ; c'est sa dernière métamorphose, et au lieu d'en demander la suppression comme certains confrères, respectons au contraire ce dernier débris du vieux temps, il mourra bien tout seul, trop tôt, hélas ! Elle n'apprend pas à mendier, mais à rappeler au sceptique qui passe que c'est un jour de fête, et que ce jour-là il faut penser à Celui qui donne gloire et fortune.

avec eux une multitude de gens qui encombraient la salle des Pas-Perdus. Des bandes de spadassins, de clercs et même d'écoliers, grossissaient cette foule turbulente et causaient un désordre quotidien.

Il fallait un remède à cet inconvénient.

Un jovial bailli du Palais destina une salle basse de la Conciergerie à enfermer temporairement pendant les audiences les plus mutins parmi tous ces polissons, et comme cette jeunesse bruyante n'avait point maille à partir avec la justice, le bon bailli voulut qu'un violon restât constamment suspendu aux murailles de la prison pour que ces captifs de quelques heures pussent se divertir honnêtement. Les gens qui dansent et font de la musique ne peuvent penser à mal et le prisonnier pouvait en jouer tout à son aise, car ce n'étaient pas les *archers* qui lui manquaient ni les *cordes* au besoin ; les prisons du Châtelet en étaient toujours abondamment pourvues pour les pendaisons si fréquentes pendant tout le cours du moyen âge.

Et voilà comment le nom de *violon* resta à toutes les chambres d'arrêt réservées dans les tribunaux et les postes pour fautes légères.

— *Faire un pas de clerc* a pour origine une légende curieuse ; mais, avant de la raconter, faisons bien comprendre par des exemples ce qu'on entend par des *pas de clerc*.

Hélas ! qui n'en a pas fait dans sa vie ?

Vous, monsieur X..., pour retrouver la femme charmante que vous avez vue passer et dont l'œil brûlant a incendié votre cœur, que de pas, que de marches et de contre-marches n'avez-vous pas fait! Que d'humiliations pour séduire un portier entêté qui se fait tirer l'oreille avant de tirer le cordon ! que de déboires ! et tout cela pour rien. C'est un *pas de clerc*.

Vous M. Y... pour avoir cette place que convoite votre ambition, cette croix qui ornerait si bien votre boutonnière, que de bassesses, que de faux sourires, que de courbettes, que de paillassons de ministres troués et usés! et tout cela pour rien. Encore un *pas de clerc*.

Vous aussi, belle lectrice, qui désirez un cachemire, de combien de câlineries, de chatteries n'avez-vous pas entouré votre mari qui ne donne rien et se contente de dire : Ma femme est charmante. Encore un *pas de clerc*.

Et vous, belle blondinette, qui descendez, pimpante et fardée, des hauteurs de Bréda, où courez-vous dans ces pompeux atours? — A Mabille. — Quoi faire? — Je vais à la chasse aux louis d'or. — Va gentil chasseur, cours, tire à bout portant sur ces comtes, vicomtes et banquiers de contrebande, trémousse-toi dans ce cercle vicieux qui entoure la danse, allume tes prunelles, lance tes œillades les plus incendiaires, minaude tes chatteries les plus mignonnes, intrigue, fascine, attire, magnétise.

Minuit sonne. Quoi! tu rentres seule, tu vas déformer ton joli pied de Cendrillon ; mais les cafés étincellent, la Maison d'or t'attend.

Hélas ! le vent a mal tourné ; bredouille partout ! et la pauvre délaissée rentre dans sa chambrette triste et seulette, jurant, en s'endormant, qu'elle recommencera demain. — Encore un *pas de clerc*.

Et vous, parents ambitieux, vous êtes flanqués de deux

filles qui menacent de coiffer sainte Catherine, déjà même les commères du quartier en ont jasé un tantinet ; votre amour paternel vous aveugle, vous les trouvez charmantes et rêvez pour elles un riche mariage, un blason peut-être. Que de toilettes, de démarches, de sottises, de flatteries et même d'avances compromettantes ; tout cela pour faire remarquer de M. un tel, riche héritier, porteur d'un nom sonore, et qui n'y prend pas garde, vos deux poupées d'un placement si difficile ! Ce sont des *pas de clerc*.

Voyez cet avocat sans cause, qui, dans l'espoir de gagner un riche client de Normandie, se promène en robe et en rabat, un énorme paquet de journaux sous le bras pour simuler un dossier volumineux, l'air empressé, préoccupé des nombreuses plaidoiries que rêve son imagination féconde ; en chasse d'un client, il arpente avec frénésie, en agitant sa toque, ses bras, ses doigts, sa robe, ses jambes, tout enfin, cette immense salle des Pas-Perdus qui devrait plus justement se nommer la salle des *Pas de clerc*.

C'est encore un faiseur journalier de *pas de clerc*.

Enfin, nous en avons fait tous, nous en faisons encore tous les jours, et nous en ferons tant que nous vivrons. L'humanité entière dans sa marche progressive, que de faux pas n'a-t-elle point faits pour découvrir les quelques vérités dont elle est en possession ! Chacune de ses erreurs était un *pas de clerc*.

Mais, arrivons à notre légende, et consolons-nous en voyant qu'on en faisait aussi dans le bon vieux temps.

C'est au siècle du pieux saint Louis que nous remontons. Alors, si nous en croyons les chroniques, tout le monde était vertueux; c'était l'âge d'or du christianisme.

Du côté des femmes, nous ne voyons que des rosières.

Du côté des hommes, tous étaient dignes du prix Montyon.

Heureux siècle, où le diable devait singulièrement s'ennuyer!

Or donc, en ce temps-là il y avait, rue Messire-Saint-Jacques, un jeune et gentil clerc qui demeurait dans un grenier.

> Dans un grenier qu'on est bien à vingt ans!

Et, comme pendant, une jeune et jolie bachelette logeait en face, à la même hauteur.

Naturellement le jeune clerc aimait à ouvrir sa fenêtre et oubliait souvent de la fermer; il se mettait en douce et mélancolique rêverie en regardant la fenêtre vis-à-vis, oubliant les rhumes de cerveau. Sa voisine était si belle et si doucette!

> Amour, amour, quand tu nous tiens,
> On peut bien dire : Adieu, prudence!

De son côté, la jolie bachelette oubliait de fermer sa fenêtre. Accoudée à la balustrade, elle rêvait aussi.

A quoi veut-on que l'on rêve à vingt ans?

Les regards des deux jeunes gens s'entre-croisaient sans cesse. Une *œillade est le plus court chemin d'un cœur à un autre*. Leurs œillades disaient donc bien des choses; mais, quoique ce langage fût très-éloquent, il leur parut bientôt insuffisant pour exprimer tout ce qu'ils avaient à se dire; il fallait de toute nécessité passer d'une mansarde à une autre. Le jeune et galant clerc comprit que c'était à lui d'aller offrir, en langage ordinaire, sa mansarde et son cœur.

Il sonda la distance.

La rue ressemblait à un gouffre de cent pieds de profondeur sur trente de largeur.

Quel moyen employer sans éveiller les commérages?...

Il se désespérait et se lamentait, regrettant en voyant passer les hirondelles, de n'avoir pas comme elles des ailes pour voler aux pieds de sa mie tant blanchette, quand heureusement, le diable, qui n'avait rien à faire et flânait sur les gouttières, vint lui offrir charitablement son secours tout-puissant.

Voyez comme tout vient à point à qui sait attendre!

— Ami, lui dit-il, tu veux passer de l'autre côté? Rien de plus facile. Tiens, voilà une passerelle tout exprès pour toi; je suis heureux quand je puis obliger un ami.

Et, en disant cela, le diable se plia sur le bord du toit, tournant le dos du côté de la rue, comme pour le montrer aux passants. Il étendit sa queue, qui s'allongea comme un morceau de caoutchouc jusqu'à l'autre fenêtre, en se nouant à la balustrade.

Notre clerc, fou d'amour, n'hésita pas : la nuit était noire.

— Ma foi, se dit-il, tout chemin mène à l'amour quand il y a gente fillette au bout : courons aux pieds de ma belle.

Il dit, et passa sur la corde roide, aussi tranquillement que l'eût fait madame Saqui, d'acrobatique mémoire.

L'entrevue fut longue; c'était le premier rendez-vous,

et l'on avait tant de choses à se dire!... La fenêtre resta fermée cette nuit-là. Et les anges durent entendre de bien jolies choses, car nos amoureux étaient dans le ciel.

Le diable, toujours en posture, bayait aux corneilles et comptait les étoiles pour se distraire. Quand il fait tant que d'être patient, il ne l'est pas à demi, et rend des services complets.

L'aube blanchissait déjà le faîte des tours de Notre-Dame, quand, enfin, notre amoureux reparut au balcon. Pour rentrer dans sa chambrette, il fallait passer par le même chemin.

Il le reprit donc, mais il était moins hardi que la première fois, car il était moins amoureux. Dès le premier pas, il sentit son pied glisser; l'imprudent, regardant au-dessous de lui, vit l'abîme prêt à l'engloutir; une sueur froide courut par tout son corps.

Le diable cependant se tenait toujours ferme et faisait tout son possible pour l'aider à revenir sans méchef.

Mais le clerc, tremblant toujours, eut l'étourderie de faire un signe de croix pour conjurer le danger... Aussitôt un jet de feu passa comme un éclair sur les toits, un horrible cri retentit dans les airs, et l'on entendit un bruit sec au fond de l'abîme. C'était le pauvre clerc qui se fracassait la tête sur le pavé.

Le diable, à ce signe de croix inattendu, avait senti comme un charbon ardent courir sur sa queue, et l'avait subitement repliée.

La légende ajoute que la jeune fille pleura quelque temps son gentil clerc, si tristement occis pour elle, mais qu'elle se consola bientôt avec d'autres qu'elle eut soin de faire passer par un chemin moins dangereux, montrant ainsi que, même au temps du saint roi, l'amour n'était pas plus sage et ne valait pas mieux qu'aujourd'hui.

Cette lugubre aventure fit beaucoup de bruit et fut l'origine du proverbe : *Faire des pas de clerc.*

LES
ENSEIGNES DU VIEUX PARIS

I

Pas si vite, S. V. P. — Les enseignes. — On n'a pas encore fait leur histoire. — Les corporations. — Leur utilité. — Les six grandes corporations marchandes. — Leurs armoiries et enseignes. — Origine du prévôt des marchands. — Utilité et importance des enseignes. — Ordonnances y relatives. — Origine du bouchon. — De l'esprit et de la malice des enseignes. — Les rebus. — La Samaritaine. — Le cabaret de la *Pomme-de-Pin*. — Le vieux quai de la Ferraille.

Au fur et à mesure que le vieux Paris disparaissait pièce par pièce, nous racontions dans *l'International*, en guise d'oraison funèbre, l'histoire ou la légende de ses rues, palais, maisons, hôtels, tourelles, etc , qui rappelaient un fait ou une tradition. A peine si nous pouvions suffire, et, de même que Boileau, voulant flatter le roi Soleil, lui disait :

Grand roi ! cesse de vaincre, ou je cesse d'écrire.

Nous aurions pu dire, à notre tour, à M. le préfet de la Seine :

Grand édile ! cesse de démolir, ou je cesse d'écrire.

Arrêtons-nous cependant quelques instants pour nous occuper d'une toute petite chose qui passe presque inaperçue au milieu du grand cataclysme de tout un passé qui s'écroule, modeste accessoire des rues, qui cependant attira l'attention de trois grands souverains : Henri IV, Louis XIV, Napoléon Ier ; de ministres tels que Sully, Richelieu, Colbert, et d'une série de prévôts des marchands, de lieutenants de police et de préfets.

Nous voulons parler des enseignes du vieux Paris.

On n'a pas encore fait l'histoire des enseignes de cette bonne vieille capitale, où de tout temps l'esprit et la malice, qui courent les rues, ont gravé leurs bons mots sur la pierre et le bois, au fronton des maisons comme au portail des églises. C'est surtout dans le choix des devises et des sujets que représentaient les enseignes, que nous retrouvons le côté pittoresque, jovial, satirique, original et gaillard en même temps, de la vieille gaieté gauloise devenue proverbiale.

D'une grande utilité dans les relations des bourgeois, l'enseigne est comme le reflet des idées et des mœurs du temps, et nous allons voir son importance au milieu du chaos qui régnait alors dans les rues, dont les maisons n'étaient pas encore numérotées, et combien nous sommes heureux du progrès, en comparant le vieux Paris avec celui de nos jours.

Pour bien comprendre le rôle de l'enseigne, il faut entrer dans le labyrinthe du moyen âge et dire un mot des grandes corporations des marchands qui avec leurs statuts, leurs usages, leurs devises, leurs bannières et leurs patrons tenaient le haut du pavé du commerce parisien. Elles furent une puissance contre laquelle plusieurs rois furent obligés de batailler. C'est là que chaque artisan, faible et chétif, quand il était seul en présence de l'avidité et de l'ambition des riches et des puissants, trouvait pour défendre son métier et son salaire, un appui naturel, une protection à l'heure du danger de ses droits méconnus. On eut alors l'amour du métier comme plus tard l'amour du clocher. Comme il y avait un petit nombre d'oppresseurs et beaucoup d'opprimés, les corporations étaient une nécessité du temps, et les rois comprirent qu'ils avaient intérêt à les faire fleurir pour s'en faire un auxiliaire contre les nobles. Utiles à leur origine, elles devinrent plus tard, avec leurs priviléges et immunités, un obstacle à l'essor du génie et au progrès des arts et de l'industrie dont elles avaient le monopole exclusif. Elles empêchaient l'ouvrier passé maître, et dès lors soumis à leurs statuts, de travailler pour son compte particulier.

Elles ennoblirent et élevèrent les métiers qui à l'origine, avaient été entre les mains des serfs comme serviteurs à gages. C'est au douzième siècle que les premières corporations, celles des tailleurs, parurent en Allemagne, et c'est seulement de Louis XI que date leur entier développement en France.

Avec 89 sonna l'heure de la libre concurrence et de l'émancipation du génie.

Les commerçants de Paris formèrent une grande corporation divisée en six classes appelées *corps des marchands*; d'où le titre de *prévôt* des marchands donné au chef de l'administration municipale.

Chaque corps des marchands avait son syndic et ses règlements particuliers. Il y avait : 1° les *drapiers* ; 2° les *épiciers* et *apothicaires*; 3° les *merciers*; 4° les *pelletiers*; 5° les *bonnetiers*; 6° les *orfèvres*.

Celle des *drapiers*, créée en 1183, par Philippe-Auguste, avait pour armoiries un navire d'argent à la bannière de France, en champ d'azur, un œil en chef avec cette légende : *Ut cæteros diriget*, ce qui veut dire qu'étant la première de toutes, elle dirigeait les autres.

Les *épiciers* et les *apothicaires* composaient la seconde; les statuts des premiers remontaient à 1180, ceux des seconds à 1484. Les armoiries de l'épicerie étaient : coupé d'azur et d'or; sur l'azur, la main d'argent tenant des balances d'or, et sur l'or, deux nefs de gueules flottantes aux bannières de France accompagnées de deux étoiles avec cette inscription : *Lances et pondera servant*, indiquant le dépôt des poids et des balances confié à cette corporation.

Les *merciers* dataient de 1407. Leurs armoiries étaient un champ d'argent chargé de trois vaisseaux, dont deux en chef et un en pointe. Ces vaisseaux étaient construits et mâtés d'or avec cette devise : *Te toto orbe sequemur* (nous te suivrons par toute la terre). Bien avant le quinzième siècle, ils avaient *l'image de Saint-Louis* en champ d'azur, tenant une main de justice semée de fleurs de lis d'or.

Les *pelletiers* datent de 1183. Philippe-Auguste, après l'expulsion des Juifs, donna dix-huit de leurs maisons aux pelletiers de Paris. Ces maisons étaient situées dans une rue de la Cité qui prit à cette occasion le nom de rue de la Pelleterie. Leurs armoiries étaient : Un agneau pascal d'argent en champ d'azur, à la bannière de France, ornée d'une croix d'or; pour supports, leurs hermines, et sur l'écu, une couronne ducale.

Les *bonnetiers*, nommés aussi *aulmussiers, chaussiers, mitainiers*, et *chapeliers* ou *chaperonniers* de Paris.

Leurs premières armoiries étaient : des ciseaux ouverts, avec quatre chardons au-dessus. En 1629, ils changèrent leurs armoiries, qui devinrent : d'azur à cinq navires d'argent à la bannière de France, et en chef une étoile d'or. Plus tard, ils ôtèrent l'étoile pour mettre en abîme une toison d'argent accompagnée de trois navires en chef et de deux en pointe.

En 1838, un bonnetier de la rue de Richelieu reprit la vieille enseigne traditionnelle, en faisant peindre à la porte de sa boutique les ciseaux et les chardons primitifs, avec cette inscription :

C'est li blazon des chauciers de Paris.

La corporation des *orfévres* remonte à saint Éloi; ses statuts datent de 1330; ses armoiries étaient : de gueule à croix d'or, dentelée, accompagnée au premier et quatrième quartiers d'un calice d'or, et au deuxième et troisième d'une couronne de même métal, au chef d'azur semé de fleurs de lis sans nombre, avec cette légende : *in sacrâ igne coronas*, pour faire entendre que l'orfévrerie était consacrée principalement à la pompe du culte divin, et à la majesté des rois.

Les changeurs formèrent une septième et puissante corporation.

Les marchands de vin furent érigés en corporation par Henri III, vers 1585; leur écusson, donné en 1629 par le prévôt et les échevins, portait un navire d'argent à bannière de France, flottant avec six autres petites nefs d'argent à l'entour ; une grappe de raisin en chef, le tout en champ d'azur.

Continuer la nomenclature de toutes les corporations nous entraînerait trop loin : bornons-nous à mentionner encore celle des archers, arbalétriers et arquebusiers, érigée en 1443 par Charles VI, avec saint Sébastien pour patron. Elle donnait des fêtes. Celle des talmelliers (boulangers), fourniers et pasticiers, avec saint Honoré pour patron. Les poissonniers, etc.

La grande querelle des corporations était de savoir le rang qu'elles occuperaient dans le cortége qui accompagnait les entrées solennelles des rois et dans les grandes cérémonies ; pour éviter toute discussion, ce fut le sort qui en décida, ainsi que pour ceux qui devaient porter le poêle.

Ces industries étaient cantonnées dans certains quartiers respectifs. Les voies prenaient leurs noms des métiers et du commerce qu'on y exerçait. Quai des orfévres, des Pelletiers, rue des Lombards ou de la Friperie. La rue du *Pied-de-Bœuf*, était celle où les garçons bouchers égorgeaient les bestiaux au milieu du ruisseau, usage qui dura jusqu'au dix-huitième siècle.

En dehors de ces quartiers où étaient groupés les métiers, il y avait d'autres boutiques disséminées çà et là dans les rues, avec l'enseigne de la corporation, ou une de fantaisie. Ces enseignes alors que les rues n'étaient pas numérotées, eurent une grande importance, les maisons n'ayant pas un signe particulier officiel ; pour fixer d'une manière exacte la position d'une maison, il fallait avoir recours à tous les indices topographiques de son voisinage, soit une église, une tour, une porte, un hôtel connu, un four, un colombier ou une enseigne.

Dans les actes du temps, pour indiquer une maison à vendre, on dit : c'est celle où pend telle enseigne, ou en amont, ou en aval ; ou bien encore la deuxième ou troisième après telle enseigne. On mentionnait aussi, pour s'y reconnaître au milieu de tout ce chaos, le nom de l'ancien fief ou de l'ancien hameau : au Bourg-Thibour, au Bourg-l'Abbé, Clos Bruneau ; ou le logis d'un propriétaire célèbre, comme Jean Lantier, Geoffroi Lasnier, Geoffroi Langevin, Pierre Sarrazin ; ou celui du commerce exercé : Barillerie, Draperie, Ferronnerie : ou d'après la nation des habitants du quartier : Lombards, Juifs ; ou à certaines particularités, comme les deux portes, colombier, deux degrés, four, puits, etc.

La confusion régnait souvent, car les points de repère changeaient suivant le caprice des propriétaires de l'enseigne. On comptait les maisons et le nombre des portes à partir du point indiqué, et la complaisance des habitants du quartier aidant, on arrivait juste quelquefois, mais pas toujours, car que de méprises et d'erreurs sans nombre ont donné lieu à des scènes curieuses ou lugubres, habilement exploitées par les romanciers dans leurs sujets moyen âge ; on marchait à tâtons dans les rues comme dans les idées et le progrès.

Les enseignes avaient donc une grande importance, et plus d'une rue prit la dénomination de l'enseigne dominante : de l'*Épée de Bois*, de l'*Éperon*, du *Croissant*, de l'*Homme-Armé*, de la *Femme-sans-Tête*, de la *Licorne*, du *Plat-d'Étain*, de l'*Arbre-sec*, du *Pot-de-Fer*, de la *Harpe*, et bien d'autres dont les noms existent encore.

Presque toutes pendaient au bout de potences en fer ; et quand le vent soufflait un peu fort, c'était un vacarme de tous les diables, car enseignes et potences grinçaient sur leurs ferrements rouillés, se balançaient et s'entre-choquaient comme des chevaliers bardés de fer dans un tournois furieux. Ce carillon plaintif et discordant, même en temps ordinaire, était plutôt fait pour mettre en fuite le client que pour l'attirer. Elles menaçaient d'autant plus d'écraser les passants, que plus d'une était d'un volume colossal et en relief ; c'était tantôt une épée de six pieds de haut, tantôt un gant gigantesque peint en rouge, comme aujourd'hui ; on aurait logé un enfant dans chacun de ses doigts. Un éperon phénoménal, un bras énorme, une botte fabuleuse, digne de l'ogre du petit Poucet, une tête monstrueuse, des bras armés de fleurets, qui occupaient toute la largeur de la rue. Elles avaient l'inconvénient d'intercepter la lumière du jour ou celle des lanternes, et de favoriser ainsi les voleurs qui se glissaient sous l'ombre complice de leurs larcins. Une ordonnance du lieutenant général de police Sartines les fit disparaître.

Un édit du roi Henri III, en 1577, ordonna l'usage des enseignes aux hôteliers, qui, pour épargner leur bourse, se contentaient d'accrocher, au bout d'une perche, un bouquet de feuillage ou de fougères, comme nous en trouvons dans certaines auberges de village ; c'est même de là que vient le nom populaire et pittoresque de *bouchon*, pour indiquer un cabaret de chétif aspect.

En 1666, un arrêt du conseil royal en fixe les dimensions ; en 1693, le changement ou la pose d'une enseigne, avec ou sans potence, est soumise à un droit de voirie de quatre livres. La propriété en était déjà protégée, et l'usurpation et la contrefaçon punies d'une amende.

Presque toutes parlaient au peuple ignorant par images ou jeux de mots faciles à comprendre ; la malice et l'originalité inventaient les choses les plus bizarres pour attirer l'attention ou la curiosité, et par suite l'acheteur.

Il y en a de trop curieuses pour les passer sous silence. Le bon mot la pointe et l'épigramme y sont réunis. Quelques-unes se composent de mauvais rébus :

A la Roupie — une roue et une pie.

A l'Assurance — un A sur une anse.

La vieille science — une vieille qui scie une anse.

Au puissant vin — un puits dont on tire de l'eau. Un puits sans vin.

Le bout du monde — un bouc et un globe.

Les sonneurs pour les trépassés — des sols neufs et des poulets tués.

Le cabaretier du coin, *au bon coing* ; à *l'épi scié*, l'épicier ; un marchand de toiles, un singe en batiste ou en manchettes avec ces mots : *Au saint Jean-Baptiste.*

A la botte pleine de malices, disait l'une ; et, dans la botte même, on voyait, rangés côte à côte, *une femme, un singe et un chat*. Et le passant de rire et d'entrer bien vite dans la boutique. — *A la bonne femme !* disait une autre, et l'on voyait au-dessus une femme *sans tête*. Les femmes surtout, comme on le voit, étaient le point de mire des épigrammes. L'une d'elles représentait un homme qui ploie sous le poids d'une femme, d'une pie et d'un singe avec cette légende :

> Un singe, une femme, une pie :
> C'est la malice définie.

Un cordonnier de la rue Saint-Jacques s'était donné tout un tableau où l'acheteur était représenté portant la main droite sur une belle paire de chaussures posée devant lui, et s'efforçant de prendre de la main gauche une oie grasse qui rôdait sous la table. Le cordonnier, pourtrait lui aussi, s'écriait d'un ton goguenard à la gauloise, comme auraient pu parler Rabelais et Brantôme :

> Si tu prends mes souliers, laisse au moins là mon oie.
> (la monnoie.)

Les merciers se sont contentés longtemps d'un seul Y.

Les barbiers étuvistes formaient une corporation. Sur leur bannière était représenté saint Jean-Baptiste versant avec une coquille de l'eau du Jourdain sur la tête du Christ. Les statuts de la corporation réglaient la forme de leur enseigne. Des bassins peints en bleu indiquaient l'entrée de l'étuve. Dans quelques villages de France nous retrouvons encore cette vieille enseigne suspendue par une petite potence en fil de fer à la porte des Figaro rustiques. Au-dessus de leurs portes on lisait en grosses lettres :

> *Céans on fait le poil proprement*
> *Et l'on tient bains et estuves.*

Le droit de tenir des bains n'appartenait qu'à la communauté des maîtres barbiers et perruquiers.

Les enseignes les plus célèbres des imprimeurs et libraires, sont : celle de la vieille maison Didot, quai des Augustins, *à la Bible d'or* ; celle de Nivelle, rue Saint-Jacques, *Aux cigognes*. Dans d'autres, c'est un griffon portant une devise. Celles de Henri Estienne et des Barbou sont bien connues ; signes authentiques recherchés dans les vieilles éditions par nos plus fins bibliophiles.

Le fameux Jacquemard de Saint-Paul était une grande figure en fer, perchée en haut de la tour de Saint-Paul, et qui frappait les heures.

Le Lamproyon de la Samaritaine était, en 1611, une marionnette qui battait les heures sur un carillon placé dans un campanile surmontant l'édifice. Ce carillon jouait des airs. Ce nom bizarre lui avait été donné par des crocheteurs, à cause de la ressemblance avec un certain gaillard de leurs camarades qui portait ce nom-là et se raillait de tout le monde.

Dans un dialogue plaisant composé par les faiseurs de pasquins, on lui faisait raconter avec Jacquemard une foule de choses qui se passaient à la cour ; et le maître de la pompe reçut ordre de la supprimer. Cette pompe, située sur le Pont-Neuf, alimentait les bassins et fontaines du palais des Tuileries ; elle était appelée Samaritaine parce qu'on y voyait un groupe de figures de bronze doré représentant le Christ assis près d'une fontaine, demandant à boire à la Samaritaine.

Une inscription plaisante disait :

> Arrêtez vous ici, passants,
> Regardez attentivement,
> Vous verrez la Samaritaine
> Assise au bord d'une fontaine.
> Vous n'en savez pas la raison ?
> C'est pour laver son cotillon.

Au coin de la rue de la Cité se voyait la fameuse enseigne du cabaret de la *Pomme de Pin*, que Rabelais comptait parmi *tavernes méritoires où couponisaient joyeusement les écoliers de la Cité.* Ce cabaret eut une grande vogue sous Louis XIV. Ses tables modestes, fort chargées de bouteilles, furent honorées par les grands génies de l'époque. C'est là que Chapelle enivrait le sévère Boileau :

> Et répandait sa lampe à l'huile
> Pour lui mettre un verre en main.

Molière, Racine, Boileau et la Fontaine s'y réunissaient une fois par semaine avec Lully, Mignard et Dufresnois.
Les *Plaideurs* et le *Chapelain décoiffé* ont été crayonnés dans cette obscure taverne.
Le vieux quai de l'École était un des quartiers les plus riches en enseignes curieuses. Mais qu'est-il devenu, ce vieux quartier de la Mégisserie, *vulgo* de la Ferraille ? comme il est métamorphosé ! que de souvenirs rappelle cette antique place du Châtelet, avec ses charlatans, ses acrobates ambulants, ses ventes à l'encan, ses vieux marchands de bric-à-brac établis devant le fameux *Veau qui tette*, de gastronomique mémoire, où venaient faire ripaille les huissiers et les brocanteurs ! Où est-il ce pittoresque quai de la Ferraille, avec ses magasins d'armes, où se trouvaient réunis dans un pêle-mêle fraternel tant de vaillantes épées qui s'étaient peut-être croisées jadis ? La rapière du protestant de La Chapelle, près du coutelas du quartier de la Ligue ; le casque autrichien à la bombe de cuir bouilli, rayé de bandelettes de cuivre, ramassé près

des buttes Saint-Chaumont, à côté du grand sabre français, à la poignée jadis argentée, et qui portait sur l'azur de sa lame ces mots : *Armée d'Italie* 1797.

Et ces marchands d'ustensiles de pêche qui posaient sous un verre de pendule des têtes de brochet trop grosses pour être vraisemblables ? et la boutique d'instruments aratoires avec son enseigne : *Au berger galant ?* Un paysan d'opéra-comique, le pied sur le fer de sa bêche, le coude sur le manche, la tête penchée sur la main et rêvant sans doute à Dugazon (sans calembour). N'oublions pas non plus l'enseigne du bureau de placement ni celle du grainetier horticulteur, ni le *coq hardi* du taillandier.

Que sont-ils devenus ? Hélas ! c'est le vieux Paris qui tombe avec ses antiques pignons, ses vieilles légendes ; c'est le vieux temps qui se range devant le progrès ; c'est la civilisation qui aligne avec sa pioche toutes les gibbosités disparates et malsaines du vieux gothique.

II

Les vieilles maisons et les enseignes sculptées. — La rue des Prêcheurs. — La rue des Vieilles-Étuves. — Un monde fantastique. — Les plus célèbres. — La fameuse *truie qui file*. — Sa généralité. — Son origine. — Son symbolisme. — Légende. — Curieuse cérémonie de la mi-Carême. — Les saints et les patrons des métiers. — Leurs légendes. — Le diable dans les enseignes. — Les enseignes bibliques, mythologiques, légendaires. — Celle de la rue Cherche-Midi. — Le proverbe. — Le lion d'or. — Un calembour non reconnu par la loi. — L'enseigne dans le blazon. — Le reflet des idées du temps. — Le numérotage des maisons. — Quand il a commencé. — L'orientation des rues. — Le règne de l'affiche. — Son histoire. — Roulez-vous les uns les autres. — Un vieux proverbe toujours vrai.

Ce qui donnait aux enseignes du moyen âge une originalité si grande et les bizarreries curieuses que nous y trouvons, c'est que les commerçants qui les arboraient au-dessus de leurs boutiques cherchaient à attirer les regards par quelque chose d'extraordinaire, ce qui était fort difficile, car presque tous les pignons des maisons, hôtels et tourelles étaient eux-mêmes chargés d'une décoration variée et divertissante. Leurs poutrelles illustrées de saints, de patrons, de fabliaux, de scènes comiques, d'animaux chimériques ; leurs girouettes enluminées, les encadrements des portes et des ogives, logeant les animaux les plus fantastiques qu'eût enfantés l'imagination en délire, formaient pour ainsi dire autant d'enseignes que de maisons.

Nous en avons encore quelques exemples sur la façade de vieilles maisons échappées aux démolisseurs. Ainsi, dans une sculpture murale allant jusqu'au comble d'une maison située à l'angle de la rue des Prêcheurs et de la rue Saint-Denis, on voit l'arbre généalogique de Jésus-Christ, sortant du flanc de Jessé et portant sur ses branches latérales les douze rois de Juda, et, sur son rameau le plus élevé, la mère du Sauveur ; cette sculpture date du quinzième siècle.

Il n'y a pas longtemps, à l'angle formé par les rues des Vieilles-Étuves et de Château-Fêtu, aujourd'hui Saint-Honoré, il y avait un grand arbre sculpté chargé de pommes ; une armée de jeunes singes grimpant de branche en branche en faisait tomber les fruits, tandis qu'un autre, plus vieux et plus rusé, assis au pied du tronc, les ramassait à son profit. Le tout était rehaussé d'or et de couleurs.

De tous côtés, des têtes monstrueuses, des dragons, des chimères formaient une population diabolique et grimaçante dont l'œil fixe ou la posture ironique semblait railler le passant.

Les marchands devaient donc, pour attirer l'attention, inventer des choses encore plus plaisantes ou saillantes, qu'ils faisaient sculpter au-dessus des ogives de leurs boutiques. Les plus célèbres étaient : *L'Ane qui joue de la vielle*, probablement à cause de sa jolie voix ; *Le Chat qui pêche*, l'animal qui a le plus peur de l'eau ; *La Chèvre qui danse*, comme celle d'Esméralda dans *Notre-Dame de Paris*, de Victor Hugo ; et surtout la fameuse *Truie qui file*, ressuscitée par un marchand de comestibles de la rue Saint-Antoine.

Cette dernière a donné lieu à tant de commentaires, que nous devons nous y arrêter un moment pour en expliquer le symbolisme et la généralité.

Nous retrouvons *La Truie qui file*, à Lyon, sur l'enseigne d'un hôtel situé au coin de la rue du Palais-Grillet et de la rue Tupin. On en voit encore une à Dijon, dans la rue qui va de la place Marimont à la rue Crébillon.

En 1466, un pauvre charlatan nommé Grillet Soulart (un nom prédestiné, comme vous allez voir), donnait tous les jours, sur la place de Grève, des représentations burlesques, qui attiraient tout le populaire de Paris. Il avait dressé une truie à s'asseoir sur son derrière, à tenir une quenouille d'un pied, et à manier un fuseau de l'autre. Un pareil tour d'adresse ne pouvait être que l'œuvre du démon, sans l'intervention duquel l'homme le plus patient et le plus habile ne serait jamais parvenu à le produire. Aussi, les juges de la prévôté de Paris le condamnèrent-ils à être brûlé vif avec sa truie en place de Grève, lieu ordinaire de ses représentations diaboliques, ce qui fut exécuté incontinent.

Le malheureux saltimbanque avait peut-être vu au portail de la cathédrale de Saint-Pol de Léon ou à celle de Chartres, ancienne capitale du druidisme des Gaules, l'idole emblématique de la *truie qui file* ; ce qui lui avait donné l'idée, pour son malheur, de réaliser cette amusante allégorie.

Que veulent donc dire *les truies qui filent* que nous voyons dans les enseignes comme dans les sculptures des cathédrales, à côté de la reine aux pieds d'oie ?

Leur représentation symbolisait la terre, car la truie

qui file est tout simplement une allégorie relative à l'activité continuelle et au travail constant de la terre pour amener à fin toutes ses productions.

Selon d'autres savants, le porc ayant été les armes parlantes des druides, et cet animal représentant la terre, on a voulu ridiculiser ce culte matériel, qui était plus universel chez nos aïeux et sans doute plus invétéré.

Plusieurs vieux hôtels, parmi les populations qui bordent le Rhin, dans la Souabe et à Bade, sont sous les auspices du cochon noir ou du sanglier. La plupart des vieilles maisons de ces contrées sont couvertes d'inscriptions et d'enseignes de ce genre, avec des vers allemands qu'on peut traduire ainsi :

> En Dieu je mets tout mon espoir,
> Et je demeure au Cochon noir.

La plus remarquable parmi les folies qui tous les ans réunissaient beaucoup de populaire, était la fameuse *truie qui file,* sculptée contre une maison du marché aux Poirées, près des Halles. Tous les ans, à la mi-carême, les garçons de boutiques forçaient les apprentis nouveaux chez les marchands et artisans des halles à baiser le groin de la truie; et l'on essayait de leur cogner le nez contre celui de l'animal, lorsqu'ils accomplissaient sans défiance cette cérémonie singulière, et tout le restant du jour ce n'était que ripailles et ivrogneries dans les tavernes avoisinantes.

Comme nos pères avaient le pieux usage de mettre tout sous la protection des saints, certains artisans, et même des corps de métier tout entiers, prirent pour enseigne l'image du bienheureux dans la vie duquel la légende racontait quelques traits se rapportant à leur état.

Les six corps de métiers avaient leurs saints.

Saint Éloi, patron des maréchaux, était représenté au-dessus de leurs boutiques en habits pontificaux, la mître en tête, ferrant un cheval ; et cela, sans se baisser ni lui faire tenir le pied, mais assis dans un fauteuil, son enclume à côté de lui, et tenant sur ses genoux, l'ayant probablement détaché du cheval, le pied à referrer. L'enseigne suivait la légende qu'elle représentait naïvement. Il était encore le patron des orfévres, à cause des belles châsses qu'il avait faites de son vivant.

Saint Nicolas, avec son saloir à côté de lui, contenant trois petits enfants qui élèvent leurs mains suppliantes, était le saint de prédilection des mariniers, poissonniers, drapiers et épiciers, parce qu'il était le patron de la navigation et qu'il leur apportait les denrées étrangères, aujourd'hui nous dirions coloniales.

Les meuniers avaient le bon Larron, reconnaissant sans doute par là qu'ils étaient voleurs.

Saint Yves, le patron des procureurs, avocats, clercs de la bazoche et de toute la gent *pouilleuse* des hommes de loi, servait d'enseigne aux marchands de parchemins. Le populaire avait adopté le côté plaisant et satirique des légendes qui racontaient sa vie et l'avaient représenté dialoguant avec saint Pierre à cause du trait suivant expliqué de deux manières.

Quand saint Yves vint faire toc toc à la porte du Paradis, il y rencontra un grand nombre de nonnes qui se morfondaient à l'huis céleste, attendant le bon vouloir de saint Pierre : — Qui êtes-vous ? demanda l'incorruptible gardien à l'une d'elles. — Religieuse, répondit-elle en faisant sa plus belle révérence. — Vous avez le temps d'attendre, il y en a déjà assez en paradis et la place nous manque pour les loger toutes. — Et vous, qui êtes-vous? demanda-t-il à saint Yves. — Avocat. — Entrez, car il n'y en a pas encore.

D'après une autre version, quand saint Yves passa de vie à trépas, il aimait tant les procès et les écritures que, crainte de chômer là haut et d'être séparé de tous ses parchemins, il se présenta devant saint Pierre portant sur le dos un sac à procès, rempli de cédules, arrêts et assignations.

Saint Pierre lui barra la route en disant qu'on n'entrait point avec pareil bagage et qu'il fallait, pour passer, dépouiller entièrement le vieil homme. Saint Yves, malin comme les procureurs, dont il connaissait plus d'un tour, trouva le moyen de se faire si petit, qu'il se faufila dans la foule des élus; mais au moment de se caser il fut reconnu par saint Pierre qui le pria de sortir de céans.

Yves, qui connaissait sur le bout du doigt toutes les lois de la procédure, protesta et s'obstina à dire qu'il resterait jusqu'à ce qu'un huissier assermenté près la haute cour du grand juge lui signifiât en bonne et due forme un arrêt d'expulsion.

Saint Pierre, fort embarrassé, chercha partout un huissier pour donner congé à ce chicaneur forcené; il ne put en trouver un seul, attendu que jamais il n'en était entré au Paradis.

C'est pourquoi, grâce à cette filouterie de bon aloi, Yves resta au milieu des saints et devint le patron de la gent chicaneuse aussi nombreuse et aussi puissante au moyen âge qu'aujourd'hui.

Saint Marc et saint Jérôme sont toujours représentés avec un lion; saint Luc avec un bœuf; saint Hubert avec un cerf; saint Gilles avec une biche; saint Roch avec son chien; saint Georges et saint Victor, toujours à cheval; saint Jean avec un aignelet; saint Honoré mettant la pâte au four.

> Saint Honoré
> Est honoré
> Dans sa chapelle,
> Avec sa pelle.

Saint Honoré, à vrai dire, ne se servait pas toujours de pelle pour enfourner son pain; selon la légende, il entrait lui-même dans son four chauffé à rouge, et disposait tranquillement sur les dalles de terre cuite les pains pétris de ses mains.

Saint Vincent, entouré de ceps de vigne par les imagiers, était le patron des métiers qui font et vendent le vin, à cause de la première syllabe de son nom.

Souvent le patronage était déterminé par l'analogie grammaticale, et nous avons encore dans certaines campagnes des saints qu'on invoque à cause de cette ressemblance.

Saint Michel présidait à la confection des miches chez les boulangers, et faisait concurrence à saint Honoré.

Saint Justin versait sur l'apprêt des aliments sa bienveillance culinaire.

Saint Crampon guérissait de la crampe.

Saint Vrains (en langage vulgaire venin) neutralise

les piqûres des animaux impurs qui ont du venin.

Saint Ouen, à cause de l'analogie de son nom avec ouïe, était invoqué par les sourds. Les moines de Saint-Denis avaient construit dans l'île de Saint-Ouen une chapelle où ils conservaient précieusement dans une châsse un doigt du saint évêque de Rouen. On le faisait passer autour de l'oreille des personnes atteintes de surdité; beaucoup ont été guéries.

Saint Marcou, pour les maux de cou.

Sainte Claire pour les maux d'yeux.

Un des plus curieux est certainement saint Raboni qui avait sa chapelle sur la butte Montmartre, la butte des martyrs.

Les pauvres maris martyrs de la méchanceté de leurs femmes, venaient faire une neuvaine à sa chapelle. De leur côté les femmes qui avaient à se plaindre de la brutalité de leurs maris, venaient dans l'église de l'abbaye invoquer saint Raboni à qui le peuple attribuait la vertu de rabonnir les plus féroces.

Ce saint, à qui l'on faisait jouer le rôle de juge de paix domestique, exauçait même au delà de leurs demandes ses fidèles pèlerins, car on rapporte qu'une femme fit une neuvaine à sa chapelle pour demander la conversion de son mari; quatre jours après, le mari étant mort elle s'écria : « Que la bonté du saint est grande! il me donne plus que je ne lui demande. »

Saint Mécin (ou Méen), pour la gale et les maux de main. La légende de ce saint breton est complète; source jaillissante, dragon tué, etc. Un Carme a mis naïvement son histoire en vers :

> Saint Méens, arrivant en Bretagne,
> Fit rencontre du sieur Gaël
> Qui le reçut à sa campagne
> Comme un homme envoyé du ciel
>
> . . . .
>
> Les ouvriers étant en peine
> D'aller chercher de l'eau fort loin,
> Saint Méen fit sourdre une fontaine
> Tout proche d'eux pour leur besoin.
> Cette source miraculeuse
> Est un remède souverain
> Et d'une vertu merveilleuse
> Pour le mal qu'on nomme saint Méen.
> Les blés par plusieurs bestioles
> Etant ravagés tous les ans
> Le saint par ses saintes paroles,
> Les chassa tous de ces champs :
> Un dragon de grandeur terrible
> Faisait périr les bestiaux ;
> Il chassa cette bête horrible
> Et la fit périr dans les eaux.
> On fit don à ce saint père
> Du lieu qu'habitait ce serpent,
> Il y bâtit un monastère
> Que l'on appelle Saint-Florent.

Pour obtenir la guérison de la gale il n'était pas nécessaire d'aller jusqu'en Bretagne. Il avait une chapelle à Mortefontaine, près Paris, et des reliques à l'abbaye de Saint-Maur-les-Fossés. On devait mendier au moins le premier jour du voyage.

Saint-Laurent était le protecteur des compagnons rôtisseurs, à cause de sa mort sur le gril.

> Saint Martin suivi de près
> Du laid boiteux qui trote après,

servait d'enseigne aux hôteliers, comme protecteur des voyageurs.

> Saint Antoine au gris mantelet
> Et son compain le pourcellet,

était le patron des charcutiers.

Sainte Barbe, patronne des artilleurs et arquebusiers, était représentée avec une tour, à cause de sa légende :

Son père, un païen, ne voulait pas qu'elle fût chrétienne; mais elle trompa sa vigilance, et se consacra à Dieu. Quand ce mécréant l'apprit, il entra dans un grande fureur et la fit enfermer dans une tour à laquelle il ne fit faire que deux fenêtres. Elle en fit faire une troisième à cause de la Sainte-Trinité. Son père devint en rage, la traîna sur une colline et lui trancha la tête de ses propres mains, mais; comme il revenait du lieu du martyre, le feu du ciel tomba sur lui et le consuma si bien qu'il n'en resta pas vestige. C'est à cause d'un trépas si subit, que ceux qui sont exposés à périr de mort violente l'ont choisie pour patronne. Quelle arme ressemble plus à la foudre que celle dont l'âme est la poudre !

Saints Crépin et Crépinien, faisant des souliers; sainte Marguerite toujours avec son dragon. Il existe encore un curieux échantillon de la grosseur de ces animaux chimériques, au-dessus de la voûte qui sert d'entrée au passage du Dragon, en face la rue Sainte-Marguerite. Saint Jacques avec son manteau couvert de coquilles, son bâton et sa gourde de pèlerin; sainte Geneviève avec sa quenouille et ses moutons; saint Marcel avec son dragon; saint Denis portant sa tête dans ses mains; et saint Michel monté sur un diable.

Le diable lui-même, qu'on retrouve à chaque pas dans les innombrables sculptures du moyen âge, avait tout naturellement sa place dans les enseignes : *Au Secret du Diable, Au Château du Diable, A la Corne du Diable, A la Marmite du Diable,* etc. Sur les murs du couvent des Jacobins, on l'avait représenté à côté de saint Dominique, dans une position bien critique. Comme il avait voulu empêcher ce grand saint d'étudier la foi, celui-ci, en punition, l'avait forcé à tenir un petit bout de chandelle qui lui brûlait les griffes. Comme il n'osait pas l'éteindre, on le voyait changeant le luminaire sans cesse de main, et faisant les grimaces les plus affreuses.

Parmi les enseignes religieuses il y avait les Notre-Dame : *A l'image Notre-Dame; A Notre-Dame des Sept Douleurs, de Pitié, des Rosiers; A Notre-Dame des Champs,* etc.

Les enseignes bibliques : *A la chaste Suzanne, Les Patriarches, A la Verge d'Aaron, A Moïse, Au Buisson ardent, Aux Noces de Cana, A l'Arche de Noé, A l'Échelle de Jacob, A l'Agneau pascal, Au fort Samson,* etc. — *A la descente du Saint-Esprit* a pour origine une légende que j'ai racontée dans mon dernier volume *Les fêtes légendaires,* pages 161 et 162.

Le jeu de mots est une habitude tellement invétérée dans l'esprit français qu'il ne respecte même pas les choses saintes ; et l'on voit encore le vieux rébus jadis fort répandu : *Au signe de la Croix* (un Cygne dont le cou s'enlace autour d'une Croix).

Les enseignes mythologiques les plus communes étaient : *A la Fontaine de Jouvence, Aux travaux d'Hercule, Aux Danaïdes, Au Jugement de Pâris, Aux Trois Grâces, A la Toison d'Or, A la Boîte de Pandore, Aux Forges de Vulcain, Au Tonneau de Bacchus, Au Centaure,* etc.

Les enseignes légendaires étaient les plus curieuses :
Aux quatre fils Aymon cavalcadant sur le même cheval ;
Au Moine bourru. Les Parisiens ajoutaient foi à la légende terrible de ce fantôme imaginaire. Ce moine bourru, suivant la tradition, parcourait les rues pendant la nuit et tordait le cou aux personnes qui mettaient la tête à la fenêtre, ou faisait une foule de mauvaises plaisanteries, comme un lutin d'enfer ou un écolier du collége de Bourgogne.

A la table Roland ; la légende prétendait que le neveu de Charlemagne y avait bu avec les quatre fils Aymon.

Un boulanger dont la boutique faisait l'angle des deux rues de la Grande et de la Petite Truanderie, avait pour enseigne : *Au Puits d'amour*, en souvenir de la légende de la belle Agnès Hellebic.

Au douzième siècle, une jeune fille de ce nom, d'une rare beauté, s'était noyée dans ce puits à cause du chagrin que lui avait fait éprouver l'abandon de son fiancé.

Au commencement du seizième siècle, c'est-à-dire, quatre cents ans plus tard, un jeune homme, ne pouvant obtenir la main de celle qu'il aimait, se jeta dans ce puits par désespoir d'amour. Secouru à temps, il vécut et finit par épouser la jeune fille qui d'abord l'avait dédaigné. Pour perpétuer le souvenir de sa tentative de suicide, qui lui avait été si utile, il fit refaire à ses frais, ce puits que l'on appela dès lors le *Puits d'amour*, et sur la margelle duquel on grava cette inscription.

> L'amour m'a refait
> En 1525 tout à fait.

Au géant Isoré, dont je raconte plus bas la légende,— *A l'avocat Pathelin.*

Au cheval Bayard, dont voici en deux mots la légende : Charlemagne convoitait fort le fameux cheval de bataille nommé Bayard, appartenant à Renaud de Montauban. Celui-ci refusa de le vendre ; l'Empereur l'attira à Paris, où allait avoir lieu un tournoi avec un grand prix pour le vainqueur. Renaud, craignant la ruse, teignit de blanc le poil de son noble coursier, et lui apprit à boiter comme un mauvais cheval. L'Empereur, en voyant une si piètre monture, se mit à rire, et plaignit le pauvre chevalier, qui n'était autre que Renaud déguisé.

Mais, une fois dans la carrière :

— Bayard, lui dit Renaud, nous tardons trop et nous serons vaincus.

Alors, Bayard hennit et vole comme le vent ; Renaud gagne le prix.

— Arrête ! lui crie Charlemagne, descends de ton bon cheval, je te le payerai de tout l'argent que tu voudras.

— Ah ! Charles, je n'ai souci de vos trésors ; je suis Renaud, et ce bon cheval est Bayard ; dites à votre neveu Roland de venir le prendre !

Cela dit, il pique des deux, rejoint son écuyer et disparaît. Depuis, l'on parla toujours de ce cheval fameux.

Disons, en passant, que ces courses et tournois célèbres se passaient à côté de la métairie féodale, dans la plaine qui s'étendait du pied des buttes Montmartre à cette ferme appelée, à cause de cela, *Grange bataillère*, d'où nous avons fait *Grange Batelière*, nom que porte la rue qui remplace la métairie. Et même plus haut, le quartier Saint-Georges, sous l'invocation de ce parrain des batailles, rappelle aussi les joutes belliqueuses qui se faisaient dans ces terrains, témoins de si belles prouesses.

A *Jehan de Paris*, se rattache aussi à la légende.

Les héros de Rabelais figuraient aussi sur les enseignes.

A la marmite de Gargantua, *Grandgousier*, *Gargamelle*, les *Moutons de Panurge*, etc. La célèbre enseigne de la rue *Cherche-Midi* autrefois *Chasse-Midi* mérite quelques lignes. Il y avait à l'entrée de cette rue une peinture représentant un cadran et des gens qui cherchaient midi à quatorze heures. Cette enseigne a été trouvée si belle et si originale, qu'on l'a gravée dans les almanachs, et qu'on en a fait le proverbe : *Cherche midi à quatorze heures*, c'est-à-dire chercher ce qu'on ne peut trouver.

Selon Jalliot, ce proverbe viendrait d'Italie, où l'on était dans l'usage de compter vingt-quatre heures de suite; d'après ce calcul, midi pouvait se rencontrer, dans les grands jours, à quinze heures, mais jamais à quatorze ; aussi, chercher midi à quatorze heures, c'était se tourmenter l'esprit pour trouver une chose impossible.

Les enseignes qui représentaient la Vierge et les saints sont devenues rares en France ; elles eurent la vogue aux grands siècles de foi ; mais avec les religions nouvelles et les révolutions, elles disparurent. Elles étaient aussi communes chez nous qu'en Italie et en Espagne, où les théâtres eux-mêmes sont sous le patronage des saints.

Celles des vieilles auberges ont mieux résisté, et nous voyons encore : *Au Soleil levant*, *Au Soleil d'or*, *Au Grand Cerf*, *A la Galerie d'Argent*, *Au Croissant*, *Au Chariot d'or*, *Au Lion d'Or*, qui a donné lieu dans le temps au procès curieux que voici :

Un concurrent, jaloux de la vogue d'un hôtel rival portant pour enseigne *Au Lion d'Or*, eut l'idée, pour attirer chez lui les voyageurs en leur donnant le change, d'en faire une représentant un homme couché, avec ce calembour au-dessous : *Au lit on dort*, d'où procès. La loi n'admettant pas les calembours, l'ingénieux hôtelier fut condamné à envoyer *dormir* son enseigne dans son grenier.

L'orthographe défigurée d'une manière plaisante ou grossière faisait subir aux mots des métamorphoses que Molière a spirituellement plaisantées dans la comédie des *Fâcheux*, où nous voyons un nommé Cartidès, le correcteur d'enseignes.

Le traditionnel : *Ici on loge à pied et à cheval* était traduit par ces deux vers :

> Tout passant peut ici s'ébattre,
> Qu'il ait deux pieds, qu'il en ait quatre.

Des familles de bourgeois enrichis, voulant singer la noblesse, adoptèrent pour armoiries les armes parlantes, peintes sur les enseignes de leurs anciennes boutiques ; et plus d'une, quoique le temps ait consacré toute usurpation, serait bien humiliée si, en remontant à l'origine de son blason, on en trouvait le premier quartier dans la boutique d'un épicier, d'un tanneur, ou d'un poissonnier.

Les enseignes subirent l'influence des grandes révolutions, et reflétèrent les idées dominantes de chaque siècle. Les piques, l'arc, les bastilles, les bonnets de liberté, les petites guillotines, les abeilles, le coq gaulois, les aigles, etc.... vinrent tour à tour figurer sur ce modeste drapeau du boutiquier.

Enfin, le progrès vint détrôner l'enseigne, et son importance cessa avec le numérotage des maisons.

En 1726, le lieutenant général de la police, Hérault, fit mettre au coin des rues des plaques en tôle indiquant leurs noms avec défense de les changer; il y ajouta le numéro du quartier. Dans la même année, on prescrivit le numérotage des portes cochères et charretières, pour faciliter le recensement des maisons; c'est ainsi qu'archevêchés, hôtels, tourelles et même palais inclinèrent leurs têtes orgueilleuses, chargées de marbre et de sculptures, devant l'égalité du numéro. Le lieutenant de police et les agents voyers firent rigoureusement observer ce règlement.

Ce n'est qu'après 1789 que le numérotage devint obligatoire pour le recensement des citoyens, la répartition de l'impôt et l'établissement des rôles des gardes nationales et, disons-le aussi, pour indiquer les hôtels où la guillotine de 93 devait trouver une victime.

C'est ainsi que cessa le tohu-bohu du moyen âge. Mais quel temps il a fallu pour arriver à une mesure si simple et si naturelle! et quand on voit la lenteur et les tâtonnements du progrès pour une aussi petite chose, que faudra-t-il donc pour arriver aux grandes découvertes et aux idées fécondes qui doivent achever la régénération du monde?

C'est M. Frochot qui eut l'idée de l'orientation des rues pour le numérotage. Il établit deux règles : pour celles allant parallèlement à la Seine, les numéros durent suivre le cours de l'eau, et par conséquent commencer du côté du soleil levant; pour celles faisant angle droit avec la rivière, les numéros commencèrent à l'extrémité la plus proche du quai.

Les enseignes bariolées, parlantes, sculptées, tailladées, coloriées, légendaires, bibliques, mythologiques ont été détruites au dix-neuvième siècle par l'affiche et le prospectus.

Le Français né malin, inventa la réclame.

Le charlatanisme industriel, commercial, politique, littéraire, scientifique, théâtral, financier, étale tous les jours ses couleurs et ses nuances non garanties du gouvernement sur les murs de Paris, tapissés de papiers souvent plus élégants que ceux des mansardes des maisons après lesquelles elles s'acharnent, bravant les défenses de police et les amendes.

Et quel progrès dans l'affiche quand on remonte à l'origine de son histoire !

Pendant le moyen âge ce fut d'abord le *Monitoire* à l'entrée de l'église ; c'est même de là que tire son nom le journal officiel : *le Moniteur*. En général, on avait recours au son de trompe et à des lectures faites le dimanche dans les églises à la messe de paroisse. Pour les particuliers, c'était le crieur qui allait de carrefour en carrefour. Les montreurs de spectacles et baladins ajoutaient à leurs annonces des promenades en musique à travers les rues.

Les affiches reparurent dans la première moitié du quinzième siècle. Le siècle suivant vit revivre l'usage de la publication des lois au moyen de l'affichage. C'est ainsi que, par un édit du mois de novembre 1529, François Ier décida que ses ordonnances seraient « attachées à un tableau, écrites sur du parchemin, en grosses lettres, dans les seize quartiers de la ville de Paris, aux lieux les plus éminents, afin que chacun les connust et entendist » et fit défendre « de les oster, à peine de punition corporelle. »

Sous le règne de Louis XIII, les frondeurs inondèrent Paris de placards séditieux et satiriques. Le désordre devint même si grand, que le 5 février 1652, le Parlement se vit obligé d'intervenir sévèrement. C'est également sous Louis XIII que les affiches commencèrent à devenir ce qu'elles sont aujourd'hui ; spectacles, annonces judiciaires et commerciales, publications de livres, elles servirent à rendre tout public. Pour répondre aux besoins qu'elles ne pouvaient satisfaire, le médecin Renaudot fonda en 1638, sous le nom de *Bureau d'adresses*, le premier journal des petites affiches qui ait probablement existé.

L'affiche multicolore rayonne de tous côtés, étalant impudemment ses mensonges et ses promesses fabuleuses. Bien plus, des affiches vivantes et roulantes portent des pancartes immenses, illustrées ou lumineuses, comme un drapeau qui vient rallier sous ses lettres gigantesques la foule toujours nombreuse des imbéciles qui se laissent allécher par les bagatelles de la porte.

Les liquidations de contrebande annoncées par les Robert Macaire du commerce, avec grands coups de tam-tam, éblouissant le public par une modicité de prix toujours de plus en plus inouïe ; toutes les tartuferies de l'annonce étalant sans honte ni pudeur les hypocrisies du chiffre habilement déguisé ou d'une phrase ambiguë ; le prospectus, se glissant sournoisement dans votre poche ; l'aboyeur qui vous guette aux coins des carrefours les plus populeux et vous écorche les oreilles avec sa voix enrouée, criarde ou hurlante; les annonces dans les journaux, le clic-clac du fouet des postillons agitant les grelots de la réclame, tous ces Protées enfin de l'industrie et du commerce sont les mille et une métamorphoses plus ou moins ingénieuses et habiles de la vieille enseigne de nos ancêtres.

En voyant cet immense tohu-bohu de la réclame et de l'affiche où le mensonge et la fourberie se déguisent plus ou moins adroitement, on croirait que la morale régnante en fait de commerce et d'industrie est renfermée dans cette théorie :

« Roulez-vous les uns les autres. »

car les plus fins s'y laissent souvent prendre, et, comme disent les Anglais : « A la fin tous les renards se trouvent chez le fourreur. » C'est probablement pourquoi, chez nous, en voulant tous trop faire les renards, nous finissons par nous attraper réciproquement, d'où il résulte de cocasses bouffonneries qui égayent la chronique scandaleuse ou correctionnelle. Le boulet de la mystification va, par ricochet, frapper en pleine poitrine le mystificateur lui-même, ce qui met les rieurs du bon côté et sauve la morale qui trouve toujours sa revanche.

Ah! nos pères étaient bien plus sages, et leur modeste proverbe, qui lui aussi servait d'enseigne, sera toujours vrai : « A bon vin point d'enseigne. »

LA
LÉGENDE DE MONTSOURIS

Les Parisiens ne connaissent pas Paris. — Un hameau du vieux temps. — Etymologie de Mont-Souris. — Ses galeries souterraines. — La légende du géant Isoré. — Sa tombe. — Le palais des morts. — Une résurrection historique. — L'obélisque de Mont-Souris. — Ce qui se passera dans le nouveau jardin.

C'est une vérité bien vraie que ce sont les Parisiens qui connaissent le moins Paris. Chaque jour il coudoient des monuments, des palais, des églises, des colonnes commémoratives, des obélisques, des fontaines, des statues célèbres dont ils ignorent le premier mot; à chaque pas ils marchent sur l'histoire, car dans notre glorieuse capitale il n'y a pas un pavé qui n'ait sa légende. Ce n'est que par hasard, quand la Providence leur envoie du fond de la province des caravanes de parents qu'ils sont obligés de piloter dans les carrefours, et qu'on rencontre ébahis, ouvrant des yeux comme des fenêtres et des bouches comme des portes cochères, qu'ils apprennent par ricochet, et comme malgré eux, l'histoire de leur ville.

En voici une nouvelle preuve :

Quand M. le préfet de la Seine annonça qu'on allait établir un nouveau jardin public au sud de Paris, sur le plateau de Mont-Souris, tous de se demander ce que c'est que Mont-Souris! Est-ce une montagne peuplée de souris? Est-ce un mont d'où la vue est souriante? Est-ce dans ou près Paris? Y a-t-il des omnibus, un chemin de fer pour y conduire? Ils consultent là-dessus les Guides dans Paris, qui ne disent rien.

C'est donc le devoir du chroniqueur de fouiller dans les archives et de dire ce que c'est que Mont-Souris.

Comme les bons bourgeois d'une grande ville ne pouvaient pas toujours rester calfeutrés entre les quatre murs de leurs maisons, lesquelles à leur tour, étaient autrefois enfermées entre les quatre fortes murailles de l'enceinte; ils éprouvaient de temps en temps le besoin d'aller voir au delà le soleil, la verdure, les campagnes et les bois. Alors il s'établit aux environs de leur grande cité des petits hameaux qui, peuplés de cabarets, tavernes et guinguettes, entourés de jardinets, leur ouvrirent leurs portes toutes peinturlurées, et devinrent des lieux de pèlerinages champêtres. Là Bacchus était largement fêté; là l'écolier, le noble, le vilain, le routier, le soudard, le malandrin, étaient confondus avec le bourgeois qui venait quelquefois, monté sur sa mule, prendre ses ébattements et regarder curieusement comment pousse le blé, de quelle façon sont faits les arbres et les cailloux. Et encore, ce n'étaient que les plus hardis; car dans ce temps-là les routes n'étaient pas sûres, les voleurs étaient entreprenants et les foules bien dangereuses. Beaucoup vivaient et mouraient sans sortir du quartier qui les avait vus naître.

Aujourd'hui les bourgeois de Paris n'ont plus besoin de se déranger, puisque les jardins viennent s'installer à leurs portes.

Parmi les nombreux hameaux qui florissaient dans les environs du vieux Paris, il en était un coquettement assis sur un plateau voisin de la barrière Saint-Jacques, et qui se faisait remarquer par la gentillesse de ses guinguettes, ses maisons de plaisance, et surtout le nombre incalculable de ses moulins à vent.

C'était Mont-Souris. Il était au sud de Paris ce que la butte Montmartre était au nord, seulement dans un endroit moins fréquenté et d'un sinistre renom. C'est là qu'on venait entendre raconter des histoires terribles de démons, loups-garous, revenants, les prouesses du diable Vauvert, et les épisodes de la légende du géant Isoré.

Son ancien nom était Menge-Souris, ou Mange-Souris, qu'on a changé en Mont-Souris.

Cette étymologie vient de la quantité innombrable de souris qui peuplaient ce plateau, attirées par le grand amas de blé qu'on y emmagasinait pour le service des moulins. C'était leur camp général, avec des ramifications stratégiques dans les galeries souterraines du mont, comme plus tard celui des rats était dans le ventre de l'Éléphant de la Bastille ; et jamais on ne put les faire déguerpir, malgré piéges, prières et exorcismes.

De nos jours, nous aurions envoyé une armée de chats, avec un Raminagrobis quelconque comme général, et la gent féline eût gagné la célèbre bataille de Mont-Souris, qui aurait été enregistrée dans les annales de son histoire. Mais dans ce temps-là, on n'estimait pas les chats comme aujourd'hui. L'aveugle superstition avait fait de ces intéressants animaux un objet de réprobation universelle, comme étant les serviteurs du Diable, et on les brûlait dans les feux de joie de la Saint-Jean. Aussi les souris jouissaient-elles en paix de leur montagne, éventrant les sacs de blé et s'en gorgeant aux dépens des meuniers désespérés ; d'où le nom de Mont-Souris donné à ce hameau.

Les souris ont disparu avec les moulins à vent, mais elles ont été remplacées par quelque chose de plus terrible.

Lorsque Paris voulut utiliser ses catacombes, on choisit les carrières souterraines de Mont-Souris pour y réunir les ossements des cimetières. Des maladies affreuses et de nombreuses épidémies sortaient de ces cloaques impurs ; le cimetière des Innocents recevait dans son gouffre les morts de vingt paroisses ; pendant sept siècles il a dévoré à lui seul un million et demi de cadavres. Au centre d'un quartier populeux, les vivants et les morts vivaient de compagnie, au grand détriment des premiers.

En 1786 on se décida enfin à les séparer. Quand les galeries souterraines de Mont-Souris furent terminées et consolidées, le clergé de Paris vint les bénir, et alors commença cette longue et lugubre procession de vingt générations de morts allant emménager dans leur nouveau palais.

On y entrait par la Tombe-Isoire, au-dessus de laquelle était l'inscription suivante :

« La Tumbe Isoire, 1664, rebâtie par Antoine Cabot 1777. »

La légende d'Isoire est célèbre, et a servi de thème à plusieurs romans chevaleresques. La voici en deux mots :

Le géant Isoré, auquel quelques chroniques donnent le nom de Mont-Souris, mais qui venait on ne sait d'où, ayant eu un de ses amis tué en guerre, voulut le venger et vint faire le siége de Paris, à la tête d'une armée redoutable. Paris était alors une ville *moult petite*.

Le roi Louis, on ne sait lequel, eut une telle peur, qu'il dépêcha un de ses chevaliers vers le célèbre Guillaume d'Orange, dit *Court-nez*. Ce héros entre dans Paris par une petite porte ignorée des soldats d'Isoré, puis, à la tête des Parisiens, fait une sortie, défie en combat singulier le nouveau Goliath, et après une lutte homérique, le pourfend de sa rude épée. On mesura le cadavre du géant : sans la tête, il avait quinze pieds de longueur.

A l'endroit où il fut occis, et comme trophée de la victoire de Guillaume *Court-nez*, on éleva une tombe qui garda le nom de Tumbe-Isoré, d'où Tombe-Isoire.

Paris, comme la plupart des villes de France, a donc eu son géant, et pourrait faire aussi des cavalcades historiques.

Après la Révolution, on continua d'assainir Paris ; sous le préfectorat de Frochot, on vida les autres cimetières publics et ceux des maisons religieuses, les catacombes engouffrèrent tout.

De ces masses d'ossements, on fit un palais d'une architecture fantastique, avec des colonnes de tibias, des moulures et des rondes bosses en crânes vides, des obélisques, des piédestaux, des urnes, des sarcophages, des lacrymatoires de forme antique. Il y eut un cabinet de *pathologie* où furent classés avec art tous les ossements déformés par les maladies ; le tombeau du *poëte Gilbert*, le piédestal de la *Lampe sépulcrale*, le *Pilier du Memento*, la *Source du Léthé ou de l'Oubli*, nommée depuis *de la Samaritaine*, à cause d'un verset de l'Évangile à son frontispice. Il y eut aussi les ossements classés selon les événements politiques, résultat funèbre de nos révolutions.

C'est une véritable villa de la mort, où de tous côtés de profonds enseignements viennent rappeler au visiteur qui marche à travers cette poussière humaine, que la mort frappe tout le monde, mettant dans cet immense pêle-mêle de l'égalité la tête de l'assassin sur la poitrine de sa victime, le fanatique à côté du penseur, l'idiot à côté de l'homme de génie, le huguenot à côté du catholique, le noble à côté du vilain. Supposez un moment qu'un tribunal soit installé sous ces sombres voûtes, au milieu de tous ces acteurs du temps jadis, et que tout à coup, au signal du clocheteur, tous ces morts, se redressant, vinssent, chacun à leur tour, raconter les faits et gestes de leur vie passée, les événements dont ils ont été les témoins ou les acteurs : quelles scènes émouvantes, et que de vérités apparaîtraient au grand jour pour démentir les ingénieuses suppositions de nos historiens!

Sur le plateau de Mont-Souris on établit en 1806 un obélisque qui servait de point de repère télégraphique à l'Observatoire, et se reliait avec ceux de la tour Saint-Sulpice et de la vieille tour de la butte Montmartre.

C'est sur ce lieu sinistre que l'on voit se dessiner un de ces splendides jardins comme l'édilité parisienne sait les faire, et qui métamorphosera complétement la physionomie triste et lugubre de cette partie déshéritée de la capitale.

Quelquefois peut-être, pendant les nuits sombres, le

gardien de ce nouveau jardin entendra des cris et des rires, et verra dans ses rêves passer la silhouette blanchâtre d'enfants inconnus, étrangement accoutrés. Qu'il ne s'en effraye pas : ce seront les enfants des catacombes qui, profitant de la retraite des vivants, quitteront leurs couches funèbres, et viendront à leur tour jouer, danser et folâtrer sur les pelouses riantes que leur temps ne connaissait pas, et qui leur feront regretter que l'Empereur et M. Haussmann ne soient pas nés quelques siècles plus tôt.

LA
LÉGENDE DE BICÊTRE

Une plaine maudite. — L'endroit le plus fantastique des environs de Paris. — La Grange aux Gueux. — Qui en était propriétaire. — Six moines et un évêque qui ne sont pas braves. — Un barbier gascon né malin. — C'est un brave. — Sa conversation avec le Diable. — Une âme de première qualité. — La puissance de l'eau bénite. — Le premier châssis posé en France. — Les Invalides sous Louis XIII. — Une histoire imbibée de larmes et de sang. — Guillotin et la première expérience de sa machine. — Un nouveau jardin public.

De tout temps Bicêtre a traîné après lui une longue suite d'histoires lugubres ; son nom réveille une idée de réprobation et de terreur. Jadis, le peuple crédule le considérait comme le séjour habituel des démons, des sorciers et des loups-garous. Personne n'osait s'aventurer dans ses parages le soir, après le couvre-feu surtout. Le voisinage des Catacombes, de la Tombe-Isoire avec la sinistre légende de son géant, le château de Vauvert où le diable faisait des apparitions si terribles que le populaire en fit un proverbe qui vit encore (1) ; la barrière d'Enfer, le plateau de Mont-Souris, le Fief des Tombes, la plaine à demi sauvage qui l'environne, où des carrières creusées çà et là ouvrent leurs gueules menaçantes qui semblent aspirer le voyageur ; des arbres rabougris et

(1) Voir plus haut aux dictons parisiens.

crochus dont la silhouette bizarre rappelle des potences ; tout enfin semblait réuni pour faire de ce lieu maudit un objet de réprobation telle, qu'elle existe encore de nos jours.

Je recommande la plaine de Bicêtre à nos romanciers les plus sombres, car aucun endroit des environs de Paris ne porte mieux à la rêverie fantastique, surtout le soir, quand la lune dessine en profils menaçants les clochetons lugubres du palais bruyant de la folie que le peuple dans son langage appelle la *bastille de la canaille*. Il semble qu'on entend le bruissement douloureux des fantômes, le hurlement sinistre des loups-garous battant la plaine, fouillant les tombeaux vides, roulant des colonnes brisées, et le cri rauque des gnomes et sorciers, battant les nuages avec leurs chevelures de feu, à califourchon sur le manche à balai légendaire, tout cela donne la fièvre à l'imagination qui frissonne d'horreur, en face des sinistres souvenirs empreints pour toujours sur ce sol.

Les voleurs surent habilement mettre à profit ce rayonnement d'épouvante ; ils avaient un grand intérêt à protéger leur asile par la crainte des démons et des loups-garous ; et souvent, des apparitions diaboliques de contrebande, grossies par la peur, éloignaient d'eux les investigations des curieux et même de la maréchaussée.

Au treizième siècle, au milieu de cette plaine maudite qui servait autrefois de cimetière aux Romains, s'élevait une vieille ruine connue sous le nom de Grange-aux-Gueux, et que convoitait Jean de Pontoise, évêque de Winchester en Angleterre, résidant en France à la cour de Philippe-Auguste.

Personne ne pouvait en nommer le propriétaire légal. On consulta toutes les archives, on interrogea tous les tabellions et greffiers, et, d'après les ouï-dire, jamais aucun être vivant n'avait déclaré que cette vieille maison était sienne. Ce n'était donc pas chose facile que d'acquérir un pareil domaine hanté par des fantômes et des esprits malins qui paraissaient s'y regarder comme chez eux.

Une députation de six moines partit de Paris, munie des reliques les plus renommées, pour mener à bonne fin cette terrible négociation. Ils lancèrent une foule d'exorcismes et des seaux d'eau bénite, mais tout cela fut sans effet ; les diables firent un vacarme plus infernal à l'approche des choses saintes, et bientôt l'on vit revenir les six moines pâles, à demi morts d'effroi, et racontant des merveilles épouvantables.

A peine étaient-ils entrés dans la Grange-aux-Gueux, que des flammes sinistres avaient jailli de toutes parts, allongeant leurs langues couleur de sang pour les dévorer, des feux follets les entouraient en dansant ; partout des gémissements lugubres accompagnés de bruits de chaînes et de cris ; des fantômes de taille surnaturelle, ayant des yeux grands comme des lunes, les avaient poursuivis avec des lances flamboyantes, en proférant des jurements épouvantables et des menaces sacriléges.

Jean de Winchester, peu satisfait de ce résultat, voulut tenter lui-même l'entreprise, espérant au moins en imposer par son auguste personnage à tous ces diables déchaînés. Mais, de même que les moines, il revint à Paris en courant, et faillit mourir d'effroi.

Dès lors il renonça à la Grange-aux-Gueux et laissa les diables en repos.

Toutes ces tentatives infructueuses avaient encore grandi la réputation de Bicêtre, et dans tous les quartiers de la bonne ville de Paris il n'était bruit que de ces apparitions commentées par la superstition du peuple.

Un pauvre barbier, tout frais débarqué de Gascogne, était venu chercher fortune à Paris. Il n'avait pas encore pu trouver à faire ni une barbe ni une saignée. Il entendit parler de l'aventure. Né malin comme tous ceux de sa province, il flaira dans l'affaire le moyen de gagner des écus.

Il dit hautement que monseigneur Jean de Winchester et les six moines ne s'y étaient pas pris de la bonne manière ; qu'il en connaissait une infaillible pour faire déguerpir au plus vite les démons, et que, moyennant un bon salaire, il répondait sur sa part de salut de mener la chose à bonne fin.

Ce hardi propos fut reporté à l'évêque Jean ; il fit rechercher le barbier de Gascogne et ordonna qu'on le lui amenât. Celui-ci comparut devant l'évêque et répéta son dire dans des termes si résolus, qu'il donna confiance en lui.

— Eh bien, lui dit l'évêque Jean, tente l'aventure. Si tu réussis, ces cent écus d'or iront loger dans ta poche. Mais, en revanche, si tu n'es qu'un vil imposteur, si tu mens et veux te moquer de moi, je te fais fouetter de verges en place de Grève, et chasser de Paris. Vois si mes conditions t'agréent.

— J'accepte, dit le barbier, et avant que le soleil

soit couché, vous serez seigneur et maître du domaine.

Il sortit du palais et alla immédiatement à la Grange-aux-Gueux, n'ayant pour tout bagage qu'une bouteille d'eau bénite habilement cachée sous les plis de sa robe, et un petit bout de cierge.

Ayant pénétré sans aucune difficulté au milieu de la ruine, il alluma son bout de cierge, s'assit sur une pierre et attendit bravement les diables.

Il riait en lui-même des récits ridicules accrédités par les moines. Au lieu des troupes de fantômes et des apparitions terribles dont on avait tant parlé, il ne vit rien qu'une ruine en bien mauvais état et bien peu faite pour tenter un prélat comme l'évêque Jean.

Il attendit donc tranquillement sans trembler, ayant même envie de chanter pour provoquer les habitants de l'endroit, s'il y en avait.

Décidément, ce Gascon avait l'âme bien trempée et aurait rendu des points aux chevaliers errants de son époque.

Tout à coup, au détour d'un corridor sombre qui s'allongeait loin, bien loin sous la plaine, il vit paraître un homme grand, pâle, sec, habillé de velours rouge, et s'avançant tranquillement vers lui.

— Que viens-tu faire ici? lui dit-il, d'une voix brève et métallique.

— Ma foi, répond le barbier sans s'émouvoir, l'évêque de Winchester a grande envie de posséder ce domaine, et je viens en prendre possession en son nom, lieu et place. Il m'a promis cent écus d'or pour ma peine, et comme on a oublié de mettre un gardien à l'entrée, j'attends ici jusqu'à ce que le propriétaire se présente.

A cette réponse audacieuse, le grand homme rouge poussa un rire strident, qui ébranla les échos de la voûte à demi disloquée.

— Et par quels moyens espères-tu mener à bonne fin ton entreprise ? est-ce avec de l'argent ? Le maître de ces ruines n'en a que trop. Comment comptes-tu solder ce château ?

— Avec mon âme, dit résolûment le barbier, et c'est une âme de premier choix. Ce matin avant de me mettre en route, j'ai confessé tous mes péchés mortels et jusqu'aux plus petites peccadilles; ensuite, j'ai reçu une absolution bien conditionnée. Tout cela ne donne-t-il pas un grand prix à mon âme ? Croyez-moi, c'est une bonne valeur que j'offre là, car c'est une monnaie frappée à l'image de Dieu.

Le Gascon faisait l'article avec autant de calme que s'il eût été en présence d'un client marchandant le prix de sa barbe.

— Soit, j'accepte le marché. Je cède ce domaine à l'évêque, et voici son titre de propriété dressé sur vélin en bonne et due forme, fait de *bonne foi*, et revêtu de mes armes et de mon sceau. Aucun pouvoir ni sur terre, ni dans l'enfer, ni même au ciel ne peut annuler cette concession à perpétuité. Mais toi, quand me livreras-tu ton âme en échange de ce parchemin ?

— Moi ! mais tout de suite, à la minute, quand ce petit bout de cierge sera entièrement brûlé.

— Décidément tu es un bon payeur, et c'est plaisir de faire des affaires avec toi ; seulement il est fâcheux que tu n'aies pas deux âmes : je te vendrais autre chose. Et il lui remit le titre.

Le barbier aussitôt retira sa bouteille de dessous sa robe, la déboucha et jeta dans l'eau sainte l'acte de cession du mauvais ange. Il y ajouta le petit bout de cierge, qui s'éteignit aussitôt, et alors il marcha à reculons, plaçant devant lui, comme un bouclier, ce talisman sacré, qui forçait le malin esprit à se tenir à distance respectueuse. Quand il approchait trop près, le barbier l'aspergeait avec quelques gouttes d'eau bénite, et alors le diable, qui voyait lui échapper sa proie, poussait des hurlements affreux, mais ne touchait pas. Le Gascon sortit vainqueur de ce duel singulier, gagna Paris, et remit le titre de propriété à l'évêque qui, en échange, lui bailla incontinent les cent écus d'or.

On déposa la sainte bouteille et le bout de cierge, armes du vainqueur du Diable, dans une châsse qui décora une chapelle latérale de Notre-Dame, et que Satan s'est bien gardé de réclamer.

Devenu, de par le diable, propriétaire définitif et paisible de la Grange-aux-Gueux, l'évêque de Winchester la fit démolir de fond en comble pour la purifier. Les vieux matériaux furent dispersés, et, avec des pierres neuves, il fit construire un château magnifique dont les fenêtres, pour la première fois en France, furent garnies de châssis de verre.

Le peuple le désigna sous le nom de château de *Wincêtre*, *Bincestre*, puis par corruption, *Bicêtre*.

Placé aux portes de Paris, il eut beaucoup à souffrir des guerres civiles et religieuses qui ensanglantèrent la capitale. Le duc de Berry le fit embellir, et s'y retira avec le duc d'Orléans pour se liguer contre le duc de Bourgogne. Les luttes du commencement du quinzième siècle le ruinèrent. En 1416 le même duc de Berry le troqua contre des messes et des indulgences au chapitre de Notre-Dame, qui le laissa tomber en ruines.

Louis XIII en 1624 acquit cette propriété et y fit construire une chapelle dédiée à saint Jean, avec des bâtiments pour y loger les officiers et soldats invalides. Cet établissement fut érigé en commanderie de Saint-Louis.

Louis XIV ayant fait construire les Invalides, Bicêtre fut converti en succursale de l'hôpital-général; on y plaça des pauvres, des veufs, des jeunes gens débauchés ou atteints de maladie honteuse. Les chirurgiens, avant le pansement de ces derniers, avaient l'habitude de les faire fustiger.

Un rimeur satirique du temps de Louis XIV dit :

> Auguste château de Bicêtre,
> Les lutins et les loups garous
> Reviennent-ils toujours chez vous
> Faire, la nuit, leurs diableries?
> Et les sorciers de suif graissés
> N'y traînent-ils plus les voieries
> Des pendus et des trépassés?
> Ils n'ont garde, les pauvres diables,
> D'y venir mettre leur nez
> Depuis que vous emprisonnez
> Les quaiemonts et misérables,
> Depuis qu'on vous nomme *hôpital*,
> Il n'en est point d'assez brutal
> Pour aller y choisir un gîte.

Bicêtre devint alors ce qu'il est aujourd'hui, un hôpital d'aliénés ; et quelle histoire sombre et triste, imbibée de larmes, tachée de sang, on aurait à écrire depuis cette lugubre métamorphose! Quelles légendes douloureuses, car, tout à la fois hôpital et prison, c'est là que presque toutes les nuits le chariot du tourmenteur amenait les malheureux rompus par ordre du Parlement et les prisonniers qu'on jetait dans des cachots profonds où jamais ne pénétrait un rayon du jour qu'avec le geôlier venant jeter la nourriture, après avoir ouvert les dix-sept portes de fer, qui défiaient toute évasion.

Latude, ce héros légendaire de la captivité patiente et douloureuse, eut son cachot dans cette bastille de la folie ; on en voit encore l'emplacement.

Bicêtre eut aussi sa pluie de sang sous le règne des massacreurs de septembre. Des hordes faubouriennes l'assiégèrent. L'instinct de la conservation rendit la raison à certains aliénés qui disputèrent chèrement leur vie contre ces autres fous de la Révolution.

Le samedi, 12 avril 1772, le docteur Guillotin y fit pour la première fois, sur le cadavre d'un aliéné, l'essai de la machine sinistre qui porta son nom, et parmi les curieux qui assistèrent à cet essai, plus d'un expérimenta avec sa tête la bonté du lugubre couperet qui décapita la noblesse de France, un roi et une reine, modèles d'héroïsme et de résignation.

M. le préfet de la Seine a décidé qu'un jardin public serait construit sur le plateau de Mont-Souris, comme pendant à celui des buttes Saint-Chaumont. Mais que de souvenirs historiques et de légendes vont disparaître sous la pioche des démolisseurs ! c'est ce qui m'a décidé à raconter la légende de Bicêtre après celle de Mont-Souris.

LA
LÉGENDE DU PONT-NEUF

Un pont chargé de souvenirs. — C'est lui qui amarre la carène parisienne. — La première pierre. — Le Château-Gaillard. — Le *Pont des pleurs*. — D'où vient son nom de Pont-Neuf. — Henri IV et une gasconnade royale. — Ce qu'il entendait par le droit canon. — La légende des îles *au bureau, des Treilles, et du passeur aux vaches*. — Le bûcher de Jacques de Molay. — Le doigt de Dieu. — Les charlatans. — Tabarin. — La légende d'Arlequin. — Le quai des Morfondus. — Turgot chansonné. — La Samaritaine. — La statue de Henri IV. — Le café concert du *Vert-Galant*. — Le pilote de la cité.

Que de souvenirs se rattachent au vieux Pont-Neuf qui émerveilla tant nos bons aïeux ! Bien des générations poussées par leurs passions, leurs idées, l'ont traversé au milieu des galeries pittoresques de boutiques qui le bordaient à droite et à gauche et cachaient le fleuve. Il allonge ses longs bras vigoureux pour amarrer à la rive parisienne la carène qui porte le cœur de la capitale, carène toute chargée d'une cargaison de reliques historiques, et que caresse amoureusement la Seine ; car la Cité est comme une immense châsse en pierre sculptée devant laquelle viennent s'incliner tous ceux qui ont conservé au fond du cœur le respect des grandes choses, la religion, la justice et l'histoire ; elle reste là, au centre du Paris moderne, mystérieusement enveloppée de brumes vaporeuses au-dessus desquelles brille, telle qu'une étoile tombée du ciel, la croix d'or de la flèche de Notre-Dame, comme pour montrer que l'œil de Dieu est toujours fixé sur la ville qui dicte des lois au monde entier.

Quand l'île qui forma plus tard la Cité ne contenait encore que des huttes grossières éparses sous les peupliers et les ramelles toujours frissonnantes des saules, n'ayant pour toute forteresse que le courage de ses hardis nautoniers, on n'y pénétrait qu'à l'aide de bacs, batelets et radeaux. Ce fut seulement plus tard que des ponts de bois, rustiquement bâtis sur des poutres qu'emportaient souvent les crues de la Seine, relièrent aux rives cette île que la Providence réservait à de si hautes destinées. Avec le progrès, vinrent les ponts de pierre.

La première pierre du Pont-Neuf fut posée le samedi 31 mai 1578, du côté du quai des Augustins, aujourd'hui Conti, là où se dressait le château Gaillard, maison *gaillardement* postée sur la rive, et dont un rimeur de ce temps a dit :

> A quoi sers-tu dans ce bourbier ?
> Est-ce d'abri, de colombier ?
> De quoi ? de port ou de soutien ?
> Je crois que tu ne sers à rien.

Ce jour là Henri III, en posant solennellement cette première pierre, était moult triste et dolent, car il revenait de l'enterrement de ses mignons de prédilection, Quélus et Maugiron. Il pleura si piteusement à chaudes larmes que le populaire, qui riait sous cape de la douleur ridicule du Valois dégénéré, le surnomma ironiquement le *pont des pleurs*. C'était une bien faible vengeance contre tous les maux qu'il endurait, résumés dans ce pasquil qui courait les rues :

> Le pauvre peuple endure tout,
> Les gens d'armes ravagent tout,
> La sainte Église paye tout,
> Les favoris demandent tout,
> Le bon roi leur accorde tout,
> Le parlement vérifie tout,
> Le chancelier scelle tout,
> La reine mère conduit tout,
> Le pape leur pardonne tout,
> Chicot tout seul se rit de tout,
> Le diable, à la fin, aura tout.

Si Venise a son pont des Soupirs, Paris a eu son *pont des pleurs*.

Son acte de naissance se trouve consigné en ces termes dans le journal de l'Estoile :

« En ce mois de mai, 1578, à la faveur des eaux qui lors commencèrent et jusqu'à la Saint-Martin continuèrent d'être fort basses, fut commencé le Pont-Neuf qui conduit de Nesle à l'École Saint-Germain, sous l'ordonnance du jeune Jacques Androuët Ducerceau, architecte du roi, et furent, en un an, les quatre piles du canal de la Seine fluant entre le quai des Augustins et l'isle du Palais, levées chacune environ une toise par-dessus le rez-de-chaussée ; les deniers furent pris sur le peuple, et disait-on, que la toise de l'ouvrage coûtait 85 livres. »

Les troubles de la Ligue suspendirent les travaux qui ne reprirent que sous Henri IV. Le 20 juin 1603, l'intrépide gascon voulut passer ; mais au moment de se hasarder sur les poutres branlantes, ses courtisans lui dirent : — « Sire ! les imprudents qui ont voulu tenter ce que veut tenter

Votre Majesté se sont rompu le cou. » — « Ils n'étaient pas rois, reprit Henri IV.

Henri III, pour venir en aide à l'entrepreneur avait établi l'impôt d'un sol par livre sur les tailles tant de Bourgogne et de Champagne que de Normandie et Picardie. Henri IV abolit l'impôt et, pour subvenir aux frais, mit dix sols d'entrée sur chaque muid de vin pour que les riches et les ivrognes fournissent cette dépense.

Les Parisiens avaient coutume de donner le nom de *Neuf* à tout ce qui était nouvellement bâti ; ils le nommèrent tout de suite le *Pont-Neuf*, et le nom lui est resté. C'est là l'origine de son nom, et c'est une erreur de croire que c'est à cause des *neuf* issues qui s'y réunissaient, comme l'ont fait croire quelques étymologistes fantaisistes, car ce pont était baptisé avant l'ouverture de la neuvième issue (la rue Dauphine), ouverte en 1607, sur le jardin des Augustins, et à laquelle se rattache une anecdote bien connue :

Le roi Henri IV avait dit au prévôt des marchands « qu'il entendoit que les deux partyes de la ville de Paris que sépare le fleuve de Seine, fussent traictées comme deux bonnes sœurs jumelles. »

Le prévôt Myron chargé de faire exécuter la volonté du roi, rencontra de la résistance de la part du supérieur des Augustins qui ne voulut pas céder son jardin. Myron dans cette occurrence en référa à Henri IV qui fit mander au Louvre l'abbé récalcitrant.

— Mon père, lui dit Henri IV, est-il vrai que vous vous opposez au percement d'une rue qui doit être ouverte pour le plus grand avantage de la ville de Paris, et en l'honneur du dauphin, notre cher fils ?

— Sire, répondit le religieux, notre communauté s'appauvrira de ce morcellement; notre bien d'ailleurs est celui des pauvres, et nous avons à cœur de le faire fructifier.

— Ventre-Saint-Gris, répliqua Henri IV, les maisons que vous ferez construire sur la nouvelle voie vaudront mieux que le produit de vos choux.

— Que M. le prévôt ajoute 5,000 livres, continua le supérieur des Augustins, et c'est marché conclu.

— Il n'ajoutera rien. Écoutez-moi, mon père; vous êtes Normand, je suis Gascon, ne jouons pas au renard. Je vous donne quarante-huit heures. Si votre mur n'est pas abattu, *j'irai moi-même ouvrir la rue Dauphine avec du canon s'il le faut.*

— Sire, comment vous résister, dit le supérieur en s'inclinant; vos arguments rentrent dans l'esprit de l'Église, puisque Votre Majesté s'appuie sur le *droit canon.*

Le roi se mit à rire, il était désarmé... On soupa bien ce soir-là au Louvre, et quand le religieux sortit, il était joyeux. Le lendemain, le prévôt des marchands reçut son adhésion.

A l'endroit où le pont touchait à l'île du Palais se trouvaient plusieurs îles dont la plus grande, qui forme aujourd'hui la place Dauphine, s'appelait *l'île au Bureau,* du nom de son propriétaire Hugues Bureau qui l'acheta en 1462, moyennant 12 deniers de cens et 10 sols de rente annuelle. Le seigneur abbé de Saint-Germain était propriétaire des deux autres, elles étaient pleines d'herbes bonnes aux vaches et de saules venus au hasard. La plus grande qui longeait les Augustins, s'appelait *l'île des Treilles;* selon le père Dubreuil, *l'île aux Vaches.*

En 1160, le roi fit don au chapelain de la chapelle Saint-Nicolas du Palais — depuis la Sainte-Chapelle — de six muids de vin des Treilles.

Dans une charte de 1250, l'abbé et les religieux de de Saint-Germain, affranchissant de plusieurs servitudes leurs sujets, la nommaient leur *île de Seine*, et s'y réservèrent 6 deniers sur chaque jument pleine, et 12 sur chaque bœuf et chaque vache qui viendrait paître.

En 1556, les intendants de l'Hôtel-Dieu déclarèrent à la ville que, si elle n'achetait promptement un cimetière pour les trépassés de l'Hôtel-Dieu, ils en feraient faire un dans *l'île aux Treilles* qui appartenait encore à l'abbaye de Saint-Germain ; on fit droit bien vite à leur requête.

Les rois bâtirent leurs étuves à la pointe de l'île ; ce logis était nommé la *maison aux étuves*. Ces bains servaient à toute la lignée royale et aux princes et seigneurs logés au palais. Ces étuves furent données par Henri II aux ouvriers de la monnaie au moulin, et disparurent lors de l'entreprise du Pont-Neuf.

L'autre petite île se trouvait du côté de l'école Saint-Germain formée par un atterrissement sur lequel des saules balançaient leurs légères ramelles : c'était l'île du *passeur aux vaches*. A son sommet se dressait un moulin à vent. Sous Henri III, d'après les plans et devis du grand voyer de France, elle fut réunie à l'île du palais et découpée en triangles pour la commodité du pont.

L'île qui forma la place Dauphine a sa légende sinistre ; c'est là que se dressa le bûcher de Jacques de Molay, grand maître des Templiers, et du maître de Normandie, frère du dauphin d'Auvergne, deux martyrs purs de toutes les monstrueuses accusations ténébreusement amassées contre l'ordre par la cupidité personnelle de Philippe le Bel et de ses ministres. C'est du haut du brasier flamboyant dont la fumée enveloppa la Cité, que Jacques de Molay prononça les solennelles paroles que tout le monde connaît.

N'ayant plus que la langue de libre, il cria à haute voix : « Clément, juge inique et cruel bourreau, je t'ajourne à comparaître dans quarante jours devant le tribunal du souverain juge ! » Il assigna le roi de France au même tribunal dans l'année ; et tous deux n'y manquèrent pas.

Comme le fait si judicieusement remarquer M. Denis de Thézan dans sa remarquable *Histoire des Croisades à propos du musée de Versailles*, « tous ceux qui contribuèrent à la destruction des Templiers périrent misérablement. Telle fut la fin de Nogaret, de Pierre Flotte, du gouverneur de Chypre, de Burchard, évêque de Magdebourg, d'Albert duc d'Autriche et roi des Romains assassiné par son neveu, Hugues Giraldi, chapelain et référendaire de Clément V, dégradé et livré à la justice séculière, traîné dans les rues et brûlé vif sur la place d'Avignon ; enfin le roi d'Angleterre. Enguerrand de Marigny, à qui Philippe le Bel avait confié la garde du trésor des spoliés, fut pendu dans la nuit du 30 avril 1315 au gibet de Monfaucon.

« Clément V mourut au jour assigné par son illustre victime. Inhumé quarante-cinq ans après sa mort dans un magnifique tombeau de jaspe, d'albâtre et de marbre dans le chœur de l'église collégiale d'Uzeste, ses cendres ne devaient pas longtemps reposer tranquilles ; le 6 janvier 1577, Montgommery, à la tête des religionnaires, envahit Uzeste ; le mausolée de Clément V fut bientôt défoncé, mis en pièces, et ses ossements livrés aux flammes. Les guerres de religion apaisées, on restaura à grands frais ce mausolée vide. Peine superflue : 1793 arriva, et cette fois le mausolée ne devait plus être réédifié.

« Quant à Philippe le Bel, un châtiment, en quelque sorte proportionné à sa majesté royale l'attendait. Son règne, tout rempli de procès, de péculat, de magie, d'adultère, justifie la fin. Le diable, disait-on, avait livré à un moine les trois filles du roi, et un père prêcheur, accusé d'avoir donné des philtres amoureux aux princesses, était remis à la justice ecclésiastique. Pris d'une maladie de langueur, abreuvé d'humiliations par la conduite désordonnée de ses brus, Philippe s'éteignit à l'âge de quarante-six ans. Ses trois fils le suivirent dans la tombe en l'espace de quatorze années, et avec eux finit la dynastie des Capétiens. Ces trois malheureux princes devinrent l'objet de la plus amère risée de la société, tous trois furent déshonorés par leurs femmes. D'abord jetées dans les cachots bas et humides des Andelys, elles furent ensuite enfermées au château Gaillard où l'on racontait qu'il avait plu du sang, puis on les tondit et rasa, punition de l'adultère. Marguerite de Bourgogne, femme de Louis le Hutin fut étranglée, les uns disent avec ses cheveux, d'autres avec le linceul de sa bière. Blanche, femme de Charles le Bel, répudiée en 1316, dénoncée comme continuant ses débordements au point d'avoir assouvi la brutale passion de ses geôliers, fut transférée au château de Gravrai, en Normandie, d'où elle prit le voile dans l'abbaye de Maubuisson et mourut en 1328. Jeanne, sœur aînée de Blanche et femme de Philippe le Long, emprisonnée au château de Dourdan, y fut mise à la torture. Pour comble d'ignominie, les séducteurs de Marguerite et de Blanche étaient deux frères, bossus et attachés à leur service. Ceux-ci furent écorchés vifs, traînés dans la prairie de Maubuisson fraîchement fauchée, mutilés d'une façon que la plume refuse de retracer, et pendus à un gibet par-dessous les bras. « Ils ne croyaient pas, ajoute Châteaubriand, avoir acheté trop cher leur supplice. »

Ajoutez à ces lamentables tragédies les fléaux de toutes sortes qui fondirent tout à coup sur l'Occident : incendie, famine, peste ; et dites-moi s'il ne faut pas reconnaître dans ces sinistres représailles la justice divine vengeant le drame monstrueux qui avait eu pour théâtre sanglant l'*île au Bureau*, devenue place Dauphine.

Mais évoquons de plus joyeux souvenirs.

Le Pont-Neuf était le rendez-vous des escamoteurs, paillasses, charlatans, joueurs de gobelets, joyeux compères qui formaient un pêle-mêle bigarré au-dessus duquel s'élevait la note criarde des marchands de chansons qui braillaient sur des airs connus que nous nommons *ponts-neufs*.

Berthaud, en ses poésies burlesques, en fait le tableau suivant :

> Rendez-vous des charlatans,
> Des filous, des passe-volans,
> Pont-Neuf, ordinaire théâtre
> Des vendeurs d'onguent et d'emplâtre,
> Séjour des arracheurs de dents
> Des fripiers, libraires, pédans,

Des chanteurs de chansons nouvelles,
D'entremetteurs de demoiselles,
De coupe-bourses, d'argotiers,
De maîtres de sales métiers,
D'opérateurs et de chimiques
Et de médecins purgiriques,
De fins joueurs de gobelets,
De ceux qui rendent des poulets.

Ou bien encore.

— J'ai Messieurs, de fort bon remède,
Vous dit l'un, mon baume est en aide
Au cours de ventre, au mal d'yeux.
— Mon élixir est merveilleux,
Il blanchirait la peau du diable.
— Cette chanson est agréable,
Dit l'autre, Monsieur, pour un sou !
— Là hé ! mon manteau ! ah ! filou !
Au voleur ! au tireur de laine !
— Eh mon Dieu ! la Samaritaine,
Voyez comme elle verse l'eau
Et cet horloge qu'il est beau !

Tabarin, Gauthier Garguille, Mondor étaient les Bilboquets de l'époque. Brioché y montrait ses marionnettes.

Sur l'emplacement qu'occupe la statue de Desaix, place Dauphine, s'élevait, au dix-septième siècle, le théâtre de Tabarin. Il ne se composait que d'une estrade que fermait par derrière un lambeau de tapisserie.

Voici l'écriteau qui flottait au-dessus de son théâtre :

Le monde n'est que tromperie
Ou du moins charlatanerie,
Nous agitons notre cerveau
Comme Tabarin son chapeau.
Chacun joue son personnage.
Tel se pense plus que lui sage,
Qui est plus que lui charlatan.
Messieurs, Dieu vous donne bon an.

Les personnages étaient au nombre de cinq : Tabarin et Mondor, le maître, un joueur de viole et un joueur de rebec, enfin un page chargé de tendre les fioles au charlatan. Mondor entendait à merveille le métier de débitant de drogues. Il était aussi beau diseur que Tabarin était mal embouché. Leur habillement offrait le même contraste : le premier portait un habit court, étincelant de clinquant ; le second, un hoqueton de toile verte et jaune.

C'était plaisir de voir Tabarin imprimer au morceau de feutre gris qui lui servait de chapeau, les formes les plus fantasques, selon les rôles qu'il avait à jouer.

Avec ce chapeau, son épée de bois et sa barbe en trident de Neptune, il valait à lui seul les plus fameux histrions d'alors. Ses représentations, qui avaient lieu tous les soirs, se recommandaient par un charme toujours nouveau : l'appât de l'inconnu. Il attirait non-seulement par l'entrain de son jeu, mais aussi par l'originalité de ses calembredaines improvisées séance tenante.

C'était chaque jour un feu roulant de questions saugrenues que Mondor essayait en vain de résoudre : il y perdait son latin, voire même son grec, car le charlatan de la place Dauphine avait été bercé sur les genoux des Anciens, et ne lâchait pas une parole qui ne vînt en droite ligne de ses pères nourriciers.

Tabarin inventa des coq-à-l'âne, fantaisies et gaillardises d'une joyeuseté proverbiale ; il narrait les aventures les plus cocasses et se moquait le plus gauloisement possible de « *MM. les cornards parisiens.* » S'adressant de préférence aux *artisans de la gueule,* et *suppôts de Bacchus,* il balança la célébrité des comédiens de l'hôtel de Bourgogne, Turlupin, Gros Guillaume et Gauthier Garguille. Il forma une dynastie comique et eut pour successeurs Le Savoyard, Fagottini, etc.

C'est tout à côté, sur le quai des *Morfondus*, ainsi nommé à cause de sa position au N. O., où le moindre vent fait une glacière qui morfond les pauvres piétons, que parut le célèbre Arlequin si populaire à Paris, et dont voici la légende.

Arlequin, le protée multicolore, tire son nom, selon l'opinion accréditée, d'un jeune acteur venu en France, en 1580, avec une troupe de comédiens italiens. Il était admis très-souvent dans la maison du président de Harlay dont l'hôtel avait façade sur le quai. Ses camarades le nommèrent *Harlecchino* (le petit Harlay) selon l'usage des Italiens de donner aux valets le nom de leurs maîtres.

Si nous en croyons un vieux refrain qui corrobore cette origine, il avait ses tréteaux tout à côté du palais du président de Harlay en la Cité :

> Arlequin tient sa boutique
> Sur le quai des Morfondus,
> Il enseigne sa musique
> A tous ses petits bossus,
> A M. Po à M. Li à M. Chi à M. Nel
> A Monsieur Polichinel
> Le plus bel homme de tout Paris.

La gaîté populaire marie les deux bouffons. Polichinelle, *il signor Pulcinello*, nous vient de Naples. Son humeur joviale et frondeuse lui donna grande vogue chez nous ; ses tours à l'autorité, représentée par le commissaire, au diable, au chat qui symbolise la ruse, eurent un succès fou ; c'est le père de notre Mayeux moderne :

De Paris à Rouen, de Toulouse à Marseille
Il gambada partout, partout a fait merveille.

On conaît peu de choses sur son origine, c'est le secret de Polichinelle, il ne l'a pas dit.

Arlequin vivra toujours ; c'est le type du carnaval humain, et son joyeux cortége défile devant nous en criant, gesticulant, sautant, chantant, hurlant, trompant, riant et pleurant. Lui toujours scintillant et sautillant est le plus joyeux des compères ; il est né à Bergame il y a si longtemps qu'il ne s'en souvient plus. Son caractère est un mélange d'ignorance, de naïveté, d'esprit, de bêtise et de grâce. Un jour s'apercevant que ses guenilles faisaient mauvais effet à la cour, il acheta du drap neuf de toutes les couleurs et s'en fit ce maillot traditionnel, multicolore et chatoyant comme sa nature. Il vit d'amour et de l'air du temps, sans cesse il revient à sa Colombine, et de sa longue batte caresse les épaules de Pierrot. Comme il rampe et comme il danse ! c'est un singe, un homme d'esprit, un écervelé, un diplomate ! Ministres, orateurs, poëtes, révolutions, épopées, que nous en avons vus, mon Dieu, d'arlequins et d'arlequinades dans le monde, théâtre toujours ouvert des folies éternelles !

Le quai sur lequel Arlequin débitait ses coups de batte, n'était qu'une berge, souvent isolée comme la *Vallée de Misère* qui lui faisait vis-à-vis, et bordée des hautes murailles des cachots et des oubliettes du Palais. C'est en 1580 qu'on commença à bâtir un quai, chaussée étroite, nommé de l'Horloge à cause de la grosse cloche que Charles V avait fait établir dans la tour faisant l'angle de la rue de la Barillerie.

En 1738 ce quai fut élargi par Turgot, en mémoire de quoi Piron fit ces quelques vers recueillis par Collé dans le Journal historique :

> Monsieur Turgot était en charge,
> Et trouvant le quai trop peu large,
> Il fit ajouter cette marge.
> Passans, qui passez tout de go
> Rendez grâce à Monsieur Turgot.

Le pauvre ministre fut chansonné de toutes les façons. Voltaire le salua ainsi quand il fut contrôleur des finances :

> Je crois en Turgot fermement :
> Je ne sais pas ce qu'il veut faire,
> Mais je sais que c'est le contraire
> De ce qu'on fit jusqu'à présent.

Cette vaste intelligence qui parcourut toutes les branches des connaissances humaines et changea les bases de la société, s'occupait aussi des petites choses ; il inventa les chaises de poste nommées d'après lui *Turgotines*, et les frondeurs parisiens le chansonnèrent encore dans un pasquil dont les refrains étaient des coups de fouet :

> Ministre plein d'orgueil, tranchant du souverain,
> Toi qui sans t'émouvoir fais tant de misérables,
> Puisse ta poste infâme aller un si grand train
> Qu'elle te mène à tous les diables !

Mais revenons sur le Pont-Neuf, car :

> De la vieille Samaritaine
> J'entends les gais carillons
> Et les naïades de la Seine
> Prêtent l'oreille à ses flonflons.

Les carillons qui étaient très-communs dans les villes

du Nord et surtout dans les Flandres furent une merveille pour les Parisiens, quand un Flamand (Lintlaër) vint en établir un dans le clocheton de la Samaritaine qu'il fit bâtir sur pilotis, en 1610, à la seconde arche du côté du quai de l'École. C'étaient les eaux du fleuve qui le faisaient sonner au moyen de cylindres mus par une roue hydraulique; de là cette inscription qui décorait sa façade : *Fons hortorum, puteus aquarum viventium;* mais l'ingénieur belge ne se contenta pas de l'utiliser pour le service du palais : il y ajouta une horloge astronomique, un anémographe. Les airs de ce fameux carillon firent pendant près de deux siècles la joie des Parisiens; pas d'événement, pas de fête qui ne fussent célébrés par le carillon du Pont-Neuf : c'était le canon des Invalides de ce temps-là.

Malheureusement cette machine était très-compliquée, et la sonnerie sujette à se déranger ; si bien qu'un demi-siècle après sa construction, elle ne marchait plus du tout, et que Louis XIV la fit remplacer par une sonnerie à clavier. Mais la pompe était alors déjà si délabrée elle-même, qu'on dut, pour ne pas trop l'ébranler, user le moins possible du carillon ; puis la vogue s'en passa et l'on ne s'en servit plus.

Cependant, en 1712, après la bataille de Denain, le roi eut la velléité de faire célébrer la victoire par le carillon populaire ; mais, impossible ; le bâtiment était en trop mauvais état. Ordre alors fut donné de l'abattre et de le reconstruire, ce qui fut fait, mais avec une telle lenteur, que l'œuvre ne fut terminée qu'à la fin d'août 1715, quelques jours avant la mort de Louis XIV.

Le nouveau château, (car la Samaritaine portait ce titre), fut bâti par Robert de Cotte, et avait quelque ressemblance avec le château d'eau que le même architecte construisit quatre ans plus tard sur la place même du Palais-Royal. La Samaritaine eut alors son gouverneur, son sous gouverneur, etc., en tout douze personnes, qu'il fallait payer cher, comme tous les sinécuristes. Bien entendu que la Révolution vint changer tout cela.

En 1792, quand la patrie fut déclarée en danger, la sonnerie de la Samaritaine fut sur le point d'aller chanter devant l'ennemi sur un mode plus grave : on voulut en faire des canons ; mais ses cloches étaient si légères qu'on les dédaigna. Elles continuèrent donc à sonner sur le Pont-Neuf jusqu'en 1813. A cette époque, le prétendu château était dans un tel état de vétusté qu'on fut obligé de le démolir pour ne pas le voir tomber dans l'eau.

Alors les vingt-cinq cloches de carillon furent portées à Saint-Eustache, où les six plus grosses furent utilisées, et les dix-neuf autres restèrent logées dans les combles. Enfin, il y a une douzaine d'années, l'église ayant changé sa sonnerie, donna en échange de deux grosses cloches les vingt-cinq de la Samaritaine, qui disparurent dans le creuset du fondeur.

Lintlaër fils avait ouvert une galerie souterraine dans le massif de la pile qui est près de la pompe. Les éperons de chaque pile étant vides et couverts d'une voûte, il les meubla et en fit deux chambres luxueuses ; des conduits d'eau alimentaient ces deux salles de bains tapissées de glaces, et d'où l'on jouissait en aval et en amont de la vue magnifique des rives de la Seine.

À l'origine ces retraites avaient été octroyées à Lintlaër afin d'y retirer tout ce qu'il avait de plus précieux en cas d'incendie, parce qu'il était loin de tout secours.

Son nom de Samaritaine vient du groupe qui décorait son fronton et représentait le Christ assis près du bassin d'une fontaine, demandant à boire à la Samaritaine.

Les Parisiens allaient régler leur montre sur l'horloge de la Samaritaine, comme aujourd'hui sur le canon du Palais-Royal ; bonne aubaine pour les filous et *tireurs de laine*, car plus d'un paisible bourgeois revenait au logis le gousset vide.

C'est le 23 octobre 1817, que Louis XVIII posa la première pierre du piédestal de la statue de Henri IV. On plaça un magnifique exemplaire de la *Henriade* dans l'intérieur. Elle a été fondue avec les débris de plusieurs statues impériales, et avec celle qui avait été élevée à Desaix. C'est le 25 août 1818 qu'elle fut érigée.

Rectifions ici une erreur trop accréditée. D'après l'opinion générale, la première statue aurait été faite en deux fois ; le cheval aurait été fondu en Italie par Jean de Bologne qui le destinait à la statue du duc Ferdinand, et le cavalier coulé en France par Guillaume Dupré, sculpteur du roi. On prétend même que le cheval avait été placé sur son piédestal longtemps avant le cavalier, et que de là dérivait ce nom de *Cheval de Bronze* qui fut si longtemps en vogue. Mais le procès-verbal d'inauguration qu'on a retrouvé dans l'un des pieds du cheval, quand le monument fut employé pour fondre des canons (1792), prouve que le cavalier fut fondu en Italie aussi bien que sa monture.

Lorsqu'en 1604 il avait été décidé qu'une statue équestre en bronze serait élevée à la gloire du Béarnais, Franqueville, son premier sculpteur, avait fait un modèle qu'on envoya à Florence, pour que Jean de Boulogne, son maître, la fît en grand et la coulât en métal. Ce sculpteur mourut avant de terminer son œuvre. Pierre Tacca, son meilleur élève, continua le travail qui ne fut complet qu'en 1613.

Le 30 avril de la même année, la statue équestre fut embarquée à Livourne sous la conduite d'un ingénieur et d'un agent du grand duc de Toscane. En vue de l'île de Sardaigne, le bâtiment fit naufrage; la statue fut engloutie et resta plusieurs mois dans la mer. Enfin on parvint à grand'peine à la repêcher, et elle fut mise sur un navire génois. Après d'autres vicissitudes encore, elle franchit le détroit de Gibraltar, arriva au Havre, remonta la Seine sur un bateau plat et arriva à Paris vers la fin de juin 1614; elle fut érigée le 23 août suivant. Les inscriptions des bas-reliefs, et les esclaves enchaînés aux quatre angles, ne furent terminés qu'en 1635.

La statue eut d'abord pour entourage une balustrade à peu près semblable à celle d'aujourd'hui; mais c'était un obstacle trop facile à franchir pour les voleurs poursuivis qui parvenaient souvent à dépister le guet en se cachant derrière le piédestal. Les filous étaient tellement audacieux que leurs prouesses donnèrent à certains grands seigneurs l'envie de les imiter et d'aller aussi butiner sur le Pont-Neuf, histoire de rire aux dépens des bourgeois. On donna le nom de *Tire-soye* à ces filous amateurs, pour les distinguer des pauvres diables qui volaient pour vivre et qu'on appelait *Tire-laine*. C'était le duc d'Orléans qui avait mis à la mode ces plaisanteries de haut goût.

Un soir, qu'une bande de ces messieurs était venue s'y embusquer pour détrousser les passants, les comtes de Rochefort, de Rieux et d'Harcourt s'ingénièrent de monter sur le cheval d'Henri IV ; mais ces *Tire-soye* ayant été mis en déroute par les archers pour cinq ou six manteaux enlevés, ils voulurent descendre pour fuir ; les rênes du cheval se brisèrent sous le chevalier de Rieux qui s'y cramponnait ; il sauta sur le pavé, fut happé par les archers avec ses acolytes, et conduit au Châtelet ; l'équipée se termina par quelques jours de détention. C'étaient des distractions aux ennuis de la grandeur qui les attachait au Louvre (1).

Pour éviter au cheval de bronze l'inconvénient de pareilles surcharges, on fut obligé de fermer tout le terre-plein par une grille élevée, dans le genre de celle de la Place-Royale.

Tous les ans, à la Saint-Henri, il y avait une illumination mobile autour de la statue. Les seigneurs venaient avec des lanternes de couleur au bout d'un bâton se promener et chanter les airs qu'aimait tant le vert galant. Les vieilles estampes du temps nous donnent une idée de ces fêtes populaires.

C'est en 1675 que furent construites les boutiques du Pont-Neuf. Avant la Révolution, on louait sur le trottoir du Pont-Neuf des petites boutiques volantes à des petits

---

(1) Un proverbe qui a pris naissance sur le Pont-Neuf disait qu'on vole plus de manteaux sur le Pont-Neuf qu'on n'en taille chez les drapiers des piliers des Halles.

marchands qui pliaient bagage tous les soirs. Le profit en était attribué aux grands valets de pied du roi.

Sur le terre-plein du Pont-Neuf qui forme l'extrémité occidentale de la Cité et semble, avec ses grands arbres toujours verts, un bouquet couleur d'espérance attaché à la proue de la carène parisienne, vient de s'ouvrir le café-concert du *Vert-Galant*, nom populaire donné par les chansons du temps

> Au seul roi dont le peuple ait gardé la mémoire,

et dont la statue équestre monte la garde sur la plate-forme qui sert de perron splendide à l'entrée de cette guinguette fraîchement peinturlurée.

Le public prendra probablement en faveur ce café-concert, et s'y rendra en frédonnant le refrain du *Pré-aux-Clercs* :

> Les rendez-vous de noble compagnie,
> Se donnent tous en ce charmant séjour,
> Et gaiement l'on y passe la vie
> A célébrer le champagne et l'amour.

Rien de charmant comme cette pointe gazonnée, (dernier vestige des bords fleuris si chers aux brebis enrubannées de Mme Deshoulières), pendant les belles soirées d'été, lorsque la brise joue avec les dentelles verdoyantes des délicates ramelles des saules toujours mélancoliques au milieu des bruits de la grande ville! Rien de poétique comme ce petit bosquet naturel d'où l'on entend l'eau qui pleure doucement de se voir étreindre par les arches colossales du Pont-Neuf, ou briser contre les doigts de pierre du géant qui l'arrête! Alors que, par-dessus ce murmure harmonieux, monte parfois la voix des chanteuses comme celle des sirènes au milieu des fleuves enchantés dont parle la mythologie.

Sur cette petite île dont nous avons parlé plus haut, l'histoire a laissé sa trace sanglante. Là se donnaient les rendez-vous d'honneur des gentilshommes qui dédaignaient *le Pré-aux-Clercs*, rendez-vous souvent exploités par les romanciers moyen âge. Sur ce sable toujours sanglant et toujours lavé par les crues périodiques de la Seine, la nuit fatale de la Saint-Barthélemy, des monceaux de cadavres de huguenots, rejetés par le fleuve qui ne roulait que du sang, s'élevèrent en pyramide funèbre, et restèrent pendant quelques jours là, au pied même du Louvre, comme une dernière protestation d'une grande infamie que l'histoire souligna avec une tache de sang.

Qui eût cru qu'un jour, sur cette petite île lugubre, la folie agiterait ses grelots ! Et que diraient les artistes si, lorsqu'ils chantent le grand air des *Huguenots*, ils voyaient se dresser, tout à coup, autour d'eux, les cadavres sanglants de ces mêmes huguenots, la poitrine encore ouverte par la dague catholique !

Mais n'évoquons pas ces terribles souvenirs. A Paris, on marche à chaque pas sur l'histoire, et ces contrastes se rencontrent souvent. Les étudiants, *à la Closerie des Lilas*, ne dansent-ils pas sur la place où tomba le maréchal Ney fusillé. Il est bien difficile de trouver un endroit vierge de toute chronique dans une ville où chaque pavé a sa légende héroïque.

Le soir, les parapets du pont et des quais environnants se couvrent de spectateurs qui, placés comme aux premières galeries, jouissent gratuitement de la musique

que les échos leur renvoient ; regardez un peu plus bas, voyez-vous cette autre rangée de têtes grimaçantes, tous ces mascarons du vieux Pont-Neuf ? Auditeurs forcés, que doivent-ils se dire entre eux ? Il me semble que leurs grimaces sont plus affreuses depuis qu'ils entendent les grands airs dramatiques et les flonflons de cette musique trop souvent estropiée, que la brise pousse sans pitié dans leurs grandes oreilles, hélas ! toujours ouvertes. Je suis sûr que plus d'un, s'il pouvait, y mettrait du coton.

Et Henri IV, le vert-galant, le voyez-vous frétiller sur son destrier qui tient le pied en l'air comme s'il jouait éternellement à pigeon-vole ? On dirait qu'il a des fourmis dans les jambes. Ah ! qu'il descendrait bien volontiers danser une bourrée avec la première paysanne affriolante qu'il verra passer. Ce diable à quatre qui aimait tant la gaudriole et les airs égrillards, il est à son affaire maintenant, peut-être même qu'il en aura plus qu'il n'en voudra, et qu'en entendant certaines chansons du jour, capables de faire rougir ses oreilles de bronze, il priera l'édilité parisienne de le déménager. Ce serait dommage, car vraiment on ne pouvait mieux le placer. Il est là, à la pointe de l'île, comme un pilote monté sur la proue de la naute parisienne. C'est lui qui l'a conduite sans sombrer au milieu des écueils de la monarchie (*fluctuat nec mergitur*), et aujourd'hui encore le grand navire est à flot, les ancres sont levées, les voiles tendues, le vent souffle dans les mâts gothiques de la vieille Cité. Devenu Leviathan sous la dynastie napoléonienne, il navigue encore, et naviguera toujours en route pour l'avenir.

LA

LÉGENDE DE LA SEINE

La légende religieuse des rives de la Seine. — Sa source. — La légende de saint Seine. — Son arrivée dans les forêts des Burgondes. — La clochette mystérieuse. — Comment lui fut révélé l'emplacement de son monastère. — Vicissitudes de cette abbaye. — La pierre légendaire de l'âne de saint Seine. — Vénération de saint Seine aux *Assises générales* de Bourgogne. — La Seine bénie à sa source comme le Rhin et le Rhône. — Une légende rustique. — La légende mythologique. — Le cours de la Seine. — La Seine à Paris. — Souvenirs historiques. — Les poëtes de la Seine. — Les Notre-Dame de son embouchure. — Leurs légendes.

Si nous descendons les rives pittoresques de la Seine qu'on dirait déroulées par le doigt magique d'une fée, nous trouvons à chaque pas, étagés sur les coteaux verdoyants, des ruines, des châteaux, des villes, des bourgades, qui ont occupé les touristes ; les uns se sont arrêtés aux débris sans en demander l'origine ; les autres n'ont vu que l'art et négligé l'histoire. Quelques chroniqueurs ont écrit séparément l'histoire politique de ses châteaux, comme on a fait en Touraine pour les demeures féodales des bords de la Loire. Mais on n'a pas encore songé à raconter la légende religieuse des rives du grand fleuve parisien, c'est-à-dire l'histoire des nombreux ermites qui bâtirent leurs cellules sur ses bords célèbres. Quelle histoire curieuse cependant que celle-là, depuis Saint-Seine en Bourgogne, jusqu'à Notre-Dame de Grâce, au Havre !

Rien qu'aux environs de Paris, qui nous occuperont tout particulièrement, nous rencontrons saint Denis et ses compagnons, saint Éloi dont j'ai déjà raconté la légende, saint Marcel, l'ermite saint Séverin, la pastoure de Nanterre, les ermites du Mont-Valérien et leur calvaire, saint Ouen, la légende miraculeuse de Notre-Dame de Boulogne-sur-Seine ; l'abbaye de Saint-Germain et ses moines ; Argenteuil et ses bénédictins, gardiens fidèles de la relique insigne de la robe sans couture de Notre-Seigneur Jésus-Christ donnée par Charlemagne ; Poissy, le berceau de saint Louis, qui signait quelquefois Louis de Poissy ; l'ermitage de saint Cloud, sous les chênes séculaires de la forêt de Rouvre, etc.

Nous promènerons un jour nos lecteurs au milieu de cette glorieuse galerie de saints et de saintes dont les ombres planent encore sur les coteaux parisiens. Leurs reliques, restées sur les bords de la Seine, semblent bénir encore ses flots rapides qui, avant de se précipiter dans la mer, fécondent les plaines verdoyantes de l'île de France et de la Normandie, portant partout, à l'aide des bateaux, l'abondance, la richesse et la vie.

Pour aujourd'hui, bornons-nous à raconter la légende de sa source et celle de son embouchure, les deux extrémités du fleuve qui naît et ne coule qu'en France, et sur lequel navigue, calme et majestueux, le vaisseau symbolique de la ville de Paris, représenté par la Cité.

On a presque autant divagué sur la source de la Seine que pour découvrir celle du Nil ; nous ne nous engagerons pas dans le défilé de toutes ces discussions toujours ennuyeuses pour les lecteurs, notre but étant de raconter seulement les légendes.

C'était au sixième siècle.

En ce temps-là, Dieu envoya un de ses élus dans les forêts des Burgondes. Seine était son nom, il sortait du moustier de Saint-Jean — en pays d'Auxois, et avait reçu l'habit religieux des mains de l'évêque de Langres.

Saint Seine appartient à la phalange héroïque de ces moines hardis qui seuls, ou à la tête de quelques fidèles, vont batailler contre les idoles au milieu des païens et des sauvages ; chevaliers errants de la religion, leur forteresse est la foi, *turris eburnea* ; leur bouclier, la robe de bure ; leur arme, la croix. A leur voix, les arbres consacrés par la superstition tombent, les idoles chancellent, des miracles naissent. Sous leurs pas, c'est la féerie chrétienne, marchant de prodiges en prodiges, frappant d'étonnement les peuplades barbares qui tombent à genoux et se prosternent devant une simple croix de bois ! Rien ne les arrête dans ces forêts aux profondeurs effrayantes ; ils s'avancent, calmes et tranquilles, chantant les gloires de Dieu au milieu des bêtes féroces ; ils ne craignent rien, et les loups viennent se ranger autour d'eux, respectant le serviteur de Dieu ; ils rampent à genoux sous des fourrés de ronces et d'épines, habitent dans les cavernes sombres à côté des animaux, qui oublient leur férocité et abandonnent leurs tanières à l'envoyé de Dieu.

C'est ainsi que s'avança le moine bourguignon à travers les forêts :

> C'est opinion commune
> Qu'il n'y avoit si grande beste
> A qui il ne fit baisser la teste.

C'est là qu'il bâtit la cellule qui devint la pierre angulaire de la célèbre abbaye de Saint-Seine.

Dans une prière ardente, il demande à Dieu de lui envoyer un ange pour lui faire connaître si c'est sa volonté qu'il demeure en ces lieux solitaires. Pendant son sommeil il entend, trois nuits de suite, retentir les sons de la cloche invisible d'un monastère lointain : à la troisième aurore il se lève et se met en route à travers les ronces et les épines, guidé par les tintements mystérieux.

Il arrive dans un vallon verdoyant, abrité par l'ombre séculaire de chênes touffus... Soudain, la clochette invisible devient muette, il s'arrête : c'est là le lieu choisi par la volonté divine et où doit s'élever son monastère. Il prend possession au nom de Dieu de cette terre vierge conquise à la foi, arrache deux branches de coudrier, les pique en terre, suspend à leurs rameaux mis en croix les reliques qu'il portait à son cou, s'agenouille humblement, et chante au Seigneur un cantique d'allégresse.

Les oiseaux des bois gazouillent à l'entour et redisent dans un concert harmonieux les chants du moine, avant d'aller répéter à tous les échos de la forêt la bonne nouvelle qu'il apporte. Une colombe descend des voûtes verdoyantes et vient se poser doucement sur le rameau planté par le moine, comme pour souhaiter la bonne venue à l'envoyé et lui présenter l'hommage des hôtes de ces lieux.

La forêt était infestée de bandes de brigands : il change leur férocité de bêtes fauves en douceur de colombes et en fait ses ouvriers ; ils abattent les chênes et les façonnent, bâtissent les murs de l'abbaye, lui apportent des pains cuits sous la cendre et des rayons de miel. Convertis, ils forment autour de son monastère une bourgade qui d'abord porta le nom champêtre de Segestre, et, plus tard, celui de Saint-Seine, à cause de son fondateur.

Le monastère devint célèbre en renom de discipline et de vertu; il fut pillé et ravagé en 721 et 937, et relevé par les libéralités des chevaliers croisés bourguignons. Les ducs de Bourgogne en avaient la garde. Le roi Jean, après avoir fait sortir de ses ruines la maison abbatiale, la fortifia pour la mettre à l'abri des excursions des Anglais. Les paysans étaient tenus d'entretenir ses bastions et, en échange, avaient droit d'asile en cas de danger. L'église du vieux monastère date du quinzième siècle; c'est un des monuments historiques les plus curieux de la Bourgogne.

C'est à l'ombre de cette abbaye que la tradition place la source de la Seine, sous une pierre légendaire très-vénérée dans la contrée.

Selon la croyance populaire, un jour, saint Seine, chargé d'années, revenait lentement à l'abbaye, monté sur l'animal qui eut l'honneur de porter le Christ à son entrée solennelle dans Jérusalem. L'âne, en serviteur prévenant, s'agenouilla sur cette pierre pour éviter au saint homme de descendre avec trop de fatigue. Son genou y fit un trou, et, quand il se releva, de l'eau en sortit miraculeusement et forma la Seine.

Depuis ce prodige, c'est croyance générale dans les campagnes environnantes que saint Seine a le don de faire la pluie et le beau temps. Sur ce bloc calcaire, qui sert de borne au territoire de l'abbaye, un bas-relief représente saint Seine monté sur son âne. On voit une rigole que l'on croit avoir été faite par la moulure du *genouil* de l'âne du saint. A deux pas plus loin se dresse une croix de bois au pied de laquelle tous les ans, le 19 septembre, on célèbre une messe en grande cérémonie, pour amener la pluie ou le beau temps. Les villageois viennent y plonger la tête de saint Seine dans la source.

Saint Seine jouissait d'une grande vénération au moyen âge, car, dès le neuvième siècle, aux *assises générales* dans les plaines de Thil-Châtel, et trois cents ans plus tard, quand on convoquait les *plaids de Dieu* pour juger les grands vassaux, les seigneurs et barons qui avaient commis injustices, violences, malveillances, roberies et pilleries, on mettait sur un autel dressé sous des voûtes de feuillage orné de bannières aux couleurs du duc, toutes les reliques des saints de Bourgogne, pour la vénération des fidèles accourus de toutes parts; saint Seine était au premier rang.

La foule s'y rendait processionnellement à la suite des évêques, archevêques, abbés de Clairvaux, de Citeaux et autres grandes abbayes. Le légat du Saint-Siége présidait ce tribunal et donnait la bénédiction avec force indulgences.

Ces grands plaids, rendus importants et solennels par la présence de tous ces saints comme témoins invisibles des serments, eurent une influence salutaire et civilisatrice, en mettant, du moins momentanément, un frein aux rapines des barons puissants qui pliaient le menu peuple sous des verges de fer, et leur apprenaient à traiter leurs vassaux en frères.

C'est un fait bien remarquable, qu'à l'origine de tous les grands fleuves se dresse une abbaye.

Un des disciples de Colomban, Sigisbert, franchit les glaciers, s'arrête au pied du mont Saint-Gothard et, comme pour la bénir, fonde à la source même du Rhin dont les eaux baignent tant de monastères, de cathédrales et de couvents, la fameuse abbaye de Dissentis.

Le Rhône n'a-t-il pas eu sur les rochers qui entourent son berceau la cellule d'un moine fameux, qui fonda une abbaye grandement renommée, immense foyer intellectuel?

La Seine, elle aussi, le fleuve catholique par excellence, prend sa source au pied d'une croix, non loin du berceau de saint Bernard et de Bossuet, et, comme nous le verrons plus loin, au moment où elle quitte la terre de France, deux Notre-Dame se dressent sur ses rives, jetant du haut de leurs falaises bénies un regard de protection sur les nombreux navires qui s'éloignent des côtes de France, et vont porter au loin ses missionnaires et ses soldats, la civilisation et la protection.

Une légende rustique, qui charme encore les veillées bourguignonnes, raconte autrement l'origine de la Seine. Disons la pour ne rien omettre, elle a son charme et son symbolisme, et commence comme la fable de Philémon et Baucis.

Un jour, un bon pèlerin vint au village de Saint-Seine; il était fatigué et de chétif aspect.

Après avoir frappé en vain avec son bâton poudreux à toutes les chaumières, il allait quitter tristement la bourgade inhospitalière, plaignant du fond du cœur l'endurcissement de ses habitants, quand une porte s'ouvrit pour lui. La ménagère lui donna escabeau à sa table et place à son foyer.

Le soir était venu, et, voyant qu'elle ne lui demandait rien, il lui souhaita la bonne nuit en lui disant :

« Bonne femme, merci de m'avoir donné un gîte quand tout le monde me repoussait! Et en récompense, laissez-moi vous octroyer un don. La première action que vous ferez demain matin, en vous levant, se continuera toute la journée ; et que Dieu, qui voit d'un œil favorable toute les bonnes actions, bénisse vous et toute votre postérité. »

Et il s'en alla, laissant la villageoise peu crédule au souhait d'un si piètre voyageur.

Mais il arriva que le matin, au premier chant du coq, sans songer au don de son hôte, elle se mit à ranger le linge du ménage, et les hardes se multiplièrent avec la même rapidité que les petits pains et les petits poissons avec lesquels le Christ nourrit miraculeusement autrefois tout le peuple qui l'avait accompagné sur la montagne. Les hardes montaient, montaient toujours, et il y en eut tant et tant que le soir la hutte fut comble jusqu'au faîte.

Et alors elle tomba à genoux et remercia Dieu de ce

qu'un de ses saints serviteurs avait visité son humble demeure.

Une voisine qui connut l'aventure eut repentance de sa dureté, et se promit de ne plus repousser le voyageur que la Providence enverrait à son seuil.

A quelques jours de là, le même pèlerin, retournant en Judée, traversa de nouveau le village et vint heurter à sa porte.

Elle lui ouvrit, lui offrit le pain, le vin, un gîte pour la nuit, et, le soir, le voyageur paya son hospitalité avec sa monnaie habituelle, c'est-à-dire, avec un don.

La première action du lendemain matin devait se répéter, non-seulement pendant une journée entière, mais pendant cent ans.

Or, il arriva que la ménagère dormit, et dormit si bien qu'elle ne se souvint plus, en se levant avec l'aurore, du souhait dont l'avait gratifiée le pèlerin; elle se mit à puiser de l'eau dans un trou vis-à-vis de sa cabane et à l'apporter dans une auge en pierre pour la lessive de la journée, et, malgré elle, poussée par une force mystérieuse, elle continua toujours ainsi, puisant éternellement de l'eau dans un trou inépuisable et venant la verser dans l'auge qui, débordant continuellement, forma un ruisseau, origine de la Seine.

D'après cette naïve tradition, cette bonne ménagère serait la naïade villageoise de notre grand fleuve parisien, et ceux qui la racontent ajoutent que si ses eaux limpides sont si recherchées des lavandières et blanchissent si bien le linge, c'est à cause de la corvée matinale de la rustique Bourguignonne.

En pays bourguignon, beaucoup préfèrent cette rustique légende à la tradition mythologique que Bernardin de Saint-Pierre rapporte dans son *Arcadie*, et que nous allons à notre tour essayer de raconter mythologiquement.

La Seine, fille de Bacchus, était la plus jolie des nymphes qui accompagnèrent la blonde déesse des moissons lorsqu'elle parcourut la Gaule à la recherche de sa fille Proserpine. Quand elle l'eut retrouvée, elle était en Normandie. Là, Cérès, pour récompenser la nymphe de sa fidélité et de ses nombreux services, lui donna les prairies fleuries qui longent le rivage, et le don de pouvoir faire pousser le blé partout où elle porterait ses pas.

Remplie de sollicitude pour sa compagne de prédilection, elle lui donna pour suivante la nymphe Héva, chargée de veiller sur elle afin qu'elle ne fût pas enlevée, comme sa fille, par quelque dieu marin fasciné par ses charmes.

Un matin que l'aurore, comme Danaé, versait à pleines mains toutes les perles de rosée que contenait sa corbeille sur le tapis verdoyant de son domaine, la belle insoucieuse folâtrait sur le sable qui bordait la rive, ramassant les plus beaux coquillages pour orner sa ceinture.

Soudain, la mer enfle, et la nymphe aux pieds légers fuit en jetant de grands cris, car déjà l'écume marine frangeait le bas de sa robe d'azur.

Héva, qui la suit, voit le danger; aussitôt elle se tourne vers la mer pour invoquer Thétis, et aperçoit alors, sous le voile transparent de la plaine liquide, les cheveux blancs, le visage empourpré et la robe bleue de Neptune précipitant sa course vers la rive.

Il arrivait des Orcades. Un tremblement de terre avait ébranlé son empire, et, en monarque prudent qui sait que rien ne doit échapper à l'œil du maître, il faisait sa ronde, sondant du bout de son trident pointu les rochers du rivage, pour voir s'ils n'avaient pas été disloqués.

A sa vue, Héva qui, pour avoir entendu chuchoter dans les roseaux les naïades de fontaines, connaissait les galanteries aquatiques du roi des mers, pousse un cri pour avertir sa maîtresse de fuir ou de se cacher; et la Seine, effrayée, abandonne le rivage et court à travers les prairies cherchant les vallons dont les recoins secrets peuvent favoriser sa fuite.

Mais Neptune avait vu la nymphe de Cérès, sa démarche altière, ses charmes, sa légèreté, sa blonde chevelure; tout en elle l'avait séduit, et il lance sur ses pas ses chevaux marins qu'il anime et du geste et de la voix.

La pauvrette fuit toujours, et la rusée imitant Hippomène dans sa lutte avec Atalante, jette à l'amoureux Neptune, pour ralentir sa course, des grappes de raisin qu'elle cueille à droite et à gauche sur les coteaux chers à son père; et pendant que le Dieu ramasse ces grappes de perles noires et s'enivre davantage en ajoutant les feux de Bacchus à ceux de Vénus qui le dévorent, elle glisse légère comme la brise qu'entraîne le Zéphire dans les vallées, effleure les saules des prairies et allonge les distances en le gagnant de vitesse.

Mais elle se fatigue; encore quelques pas et Neptune tient sa proie; déjà il va l'atteindre, déjà même le voile flottant de la nymphe effleure la narine fumante des tritons; le dieu allonge le bras pour enlacer voluptueusement la taille gracieuse que protége la ceinture de Vénus, quand la fugitive invoque Bacchus son père et Cérès sa mère ; alors l'aquatique amoureux ne saisit que le vide ; le corps de la jeune fille se fond en eau, son voile et ses vêtements deviennent des flots couleur d'émeraude et elle est métamorphosée en un fleuve de cette couleur, qui parcourt encore aujourd'hui les lieux qu'elle a aimés étant nymphe.

Malgré sa mésaventure, Neptune n'en est pas moins resté le modèle des amoureux fidèles ; deux fois par jour, les échos du rivage retentissent du son des conques marines et deux fois l'eau du fleuve rebrousse chemin. C'est Neptune qui passe traîné par des chevaux marins poussant des rugissements, et la nymphe qui chaque fois court se cacher dans les roseaux protecteurs de sa source.

De tout temps elle a gardé de l'aversion pour son puissant amoureux ; elle ne coule que lentement vers lui, essayant de s'accrocher aux anfractuosités de ses rives, et séparant toujours ses eaux vertes des ondes azurées de Neptune.

Les autres nymphes ses compagnes subirent le même sort, et devinrent l'Aube, l'Yonne, la Marne, l'Oise, l'Eure, l'Andely.

Héva, montée sur la falaise, attendit longtemps le retour de sa maîtresse ; elle mourut de désespoir en apprenant sa métamorphose ; son œil sec ne versa nulle larme : c'est pourquoi elle ne forma aucune source. Les Néréides, pour la récompenser de sa fidélité, lui élevèrent, sur le rocher où elle rendit le dernier soupir, un tombeau composé de pierres noires et blanches, sur lequel elles placèrent une sentinelle vigilante, un écho, afin qu'Héva, après sa mort, prévînt les marins des périls de la terre, comme, pendant sa vie, elle avait averti la Seine des dangers de la mer. L'écho redit tout haut ce qu'elle lui dit tout bas.

Son tombeau forma le cap de la Hève; il se dresse à l'embouchure du fleuve, comme pour narguer Neptune qui use sa rage à mordre de ses flots le rocher de granit. A ses pieds, Amphitrite fit creuser par l'escadron aquatique de ses Néréides une baie que les *routiers* de mer appellent la *baignoire aux mouëttes*, et qui sert de refuge aux mignonnes sources qui, comme la Seine, échappèrent aux poursuites amoureuses de son trop volage époux.

De même que le soleil a deux orients, celui d'hiver et celui d'été, la Seine a deux sources; l'une, abondante, celle d'hiver, est à Douix, ce qui fit nommer le ruisseau primitif *la Douée*, c'est-à-dire fontaine, et coule à l'extrémité du village de Poncey, à cent pas de Saint-Germain-la-Feuille. Celle d'été, plus faible, est à la Chapelle-Notre-Dame-des-Fontaines, de la commune de Billy-les-Chanceaux, sur le territoire de l'abbaye de Saint-Seine. Les sources et les petits ruisseaux y sont si nombreux qu'il semble que la terre pleure et saigne par toutes ses veines pour alimenter le grand fleuve parisien.

Rien de charmant comme le vallon qui lui sert de berceau. La nymphe

> Qui tantôt se promène au long de ses fontaines,
> De qui les petits flots font luire dans les plaines
> L'argent de leurs ruisseaux parmi l'or des moissons,
> Et tantôt se repose avecque les bergères
> Sur les lits naturels de mousse et de fougères
> Qui n'ont d'autres rideaux que l'ombre des buissons.

La petite nymphe devient grande fille, et, à Châtillon, son bras vigoureux fait manœuvrer les marteaux des forges et des usines. Arrivée à Pont-sur-Seine, où elle reçoit l'Aube, elle porte des trains de bois.

Si, écartant les roseaux, nous fouillons dans sa corne d'abondance, nous y trouvons plus de grappes de raisins que d'épis de blé, car Bacchus contourne amoureusement ses verts feuillages autour du berceau de sa fille bien-aimée. Elle voit sur ses rives dorées de Bourgogne

> Le vendangeur ployer sous le faix des paniers.
> Il semble qu'à l'envi ces fertiles montagnes,
> Ces humides vallons et ces grasses campagnes
> S'efforcent à remplir la cave et les greniers.

Si petite et si humble à sa source, comme elle devient fière et majestueuse pour arroser Paris et refléter dans ses eaux vertes et limpides les églises et les palais qui font l'admiration du monde, les usines et les ateliers qui produisent tant de chefs-d'œuvre. Comme elle ramasse avec soin dans sa course tous les ruisseaux et rivières : le Revisson, l'Aignay-le-Duc, l'Ourse, la Seigne, l'Arse, l'Aube, La Voulzie (1), l'Yonne, la Marne, la

---

(1) Nous ne pouvons résister au plaisir de rappeler ces vers charmants d'Hégésippe Moreau sur la Voulzie.

> S'il est un nom bien doux fait pour la poésie,
> Oh ! dites, n'est-ce pas le nom de la Voulzie !
> La Voulzie !... Est-ce un fleuve aux grandes îles ? non ;
> Mais, avec un murmure aussi doux que son nom,
> Un tout petit ruisseau coulant visible à peine ;
> Un géant altéré le boirait d'une haleine ;

Bièvre (1) pour se faire belle avant son entrée solennelle dans la capitale et se rendre digne de la plus belle ville de l'univers. Comme elle porte bien son orgueilleuse devise :

> Rivière ne puis, fleuve ne daigne,
> La Seine suis.

Loin d'être rapide, voyez comme elle coule doucement ; quittant à regret Paris, elle côtoie langoureusement ses collines, flâne le long des prairies, fait l'école buissonnière sous les saules de ses îles, se tortille de tous côtés comme une curieuse qui veut voir tous les lieux célèbres de l'Ile de France, admirer la magnificence de ses monuments. C'est pourquoi tous les poëtes la comparent au Méandre sinueux de l'Asie, et les bateliers qui allaient par eau de Paris à Saint-Germain et à Poissy, disaient qu'ils avaient beau ramer, ils étaient

> Le nain vert Obéron, jouant aux bords des flots,
> Sauterait par dessus sans mouiller ses grelots.....
> Mais j'aime la Voulzie, et ses bois noirs de mures,
> Et dans son lit de fleurs, ses bords et ses murmures !
> Enfant, j'ai bien souvent, à l'ombre des buissons,
> Dans le langage humain traduit ses vagues sons...

(1) La Bièvre, dite jadis *ruisseau des Gobelins*, a aussi sa légende. Rabelais, l'éternel railleur, la fait venir du pissat d'une bande de chiens qui, un jour, tinrent assemblée dans une prairie de Gentilly. Tous, d'un commun accord, se mirent à lever la cuisse avec un ensemble si parfait que l'eau qu'ils lâchèrent coula dans un canal sur lesquels les canards auraient pu barboter. Jean Gobelin établit sur ses bords ses teintureries, qui devinrent si célèbres qu'elles lui donnèrent son nom. Avant Louis XIII elle recevait les eaux pures et excellentes de Rungis. Une remarque particulière à cette rivière, c'est que, au contraire des autres, elle coule d'occident en orient, contre le cours du soleil.

trois ou quatre jours à ne faire autre chose que passer et repasser devant monseigneur saint Denis.

> Rome a son Tibre, le Tibre a ses Césars,
> Paris a sa Seine, la Seine a ses Bourbons.

Autrefois, tous les ans, aux Rogations, le clergé de Paris venait en grande cérémonie bénir la Seine par la fenêtre d'une des maisons du pont au Change qui appartenait à un chanoine.

Plus haut nous avons vu que certains auteurs attribuaient cette coutume au souvenir légendaire du dragon de saint Marcel; mais une autre raison se présente naturellement sous la plume des chroniqueurs.

A la même époque on bénissait la mer au Tréport, à Fécamp, à Saint-Valéry en Caux, à Étretat, et autres ports de mer; comme au quatrième siècle, saint Jean Chrysostome, patriarche de Constantinople, bénissait le Pont-Euxin avec les reliques du saint martyr Phocas.

C'était l'aumône de quelques gouttes d'eau sainte et de prières accordées aux morts et aux noyés restés sans sépulture dans les algues marines et les roseaux du fleuve; c'était une dernière oraison pour les nombreuses victimes qu'entraînait la Seine et qui portaient la dague enfoncée dans la poitrine, avec l'épitaphe du bourreau : *Laissez passer la justice du roy*; car la Seine que nous avons vue, murmurer dès le berceau d'une manière si poétique, si sainte et si gracieuse, comptait parmi les lieux patibulaires du vieux Paris. L'églogue se change en drame, et quel drame plus terrible!

Au milieu de la place de Grève une grande croix se dressait sur une pile de degrés du haut de laquelle Charles le Mauvais, roi de Navarre, harangua les Parisiens en 1358 les poussant à l'insurrection pendant la captivité du roi Jean. La place de Grève était le Forum parisien. Si le Forum des Romains avaient ses statues païennes, au milieu desquelles présidait Jupiter, celui des bons bourgeois de Paris n'avait qu'une simple croix de pierre, sur laquelle se fixèrent tant de fois le regard d'agonie d'un si grand nombre de victimes, que si tous ceux qui perdirent la vie sur cette place sinistre revenaient ensemble, ils formeraient une assemblée plus nombreuse qu'une de celles qui ont assisté à leur supplice.

C'était là, à deux pas des tours du Châtelet qui reflétait son ombre lugubre dans les eaux, que le bourreau jetait dans le fleuve, cousus dans des sacs rouges, les mains liées derrière le dos, enchaînés deux à deux, armagnacs, séditieux, protestants, etc., qui gênaient la politique des rois et des régentes.

Un de ses bras enlaçait les murs de la Bastille, et plus d'une larme silencieuse, tombée de ses fenêtres grillées, s'est perdue dans ses ondes. Plus loin, c'est la tour de Nesle et ses victimes d'amour. Que de crimes et de mystères étouffés sous ses ondes muettes qui, la nuit de la Saint-Barthelémy, ressemblèrent à une immense artère ouverte par le poignard d'un roi fanatique, et par laquelle coula le sang de la France !

Comme ils sont nombreux les souvenirs recueillis au fond de la Seine par un antiquaire infatigable, M. Arthur Forgeais, le grand pourvoyeur de nos musées parisiens ! Haches, armures, poteries, casques, épées, dagues, gantelets, cachets, portraits, bagues, etc., gages d'amour et d'amitié échangés souvent au moment suprême de l'agonie par deux victimes innocentes, reliques doublement sacrées par le malheur et l'histoire ! Quelle curieuse chronique de notre cité on recomposerait avec tous ces documents !

Le cardinal Alexandro Albani, célèbre par son musée et sa passion pour les antiquités, voulait à toute force obtenir du pape Clément XI le droit de détourner le Tibre afin de pouvoir fouiller le lit du fleuve mis à sec, et retrouver les objets d'art qui, à différentes époques, ont dû être engloutis par ses eaux.

Que ne trouverait-on pas en fouillant la Seine ! Que de batailles ont été livrées sur ses bords, au pied des forteresses qui défendaient l'ancienne cité ! Que de guerriers ont péri dans le fleuve qui s'est refermé sur leurs corps, leurs armures et leurs ornements ! Que de fois les galères de cette population hardie de mariniers qui habitaient l'île, berceau de la grande ville, ont dû sombrer ou être coulées abandonnant au courant les richesses et les matériaux qu'elles transportaient ! Sans compter les maisons qui, sapées par le temps, les révolutions de la nature ou de la société, ont jeté dans ses eaux une partie de ce qu'elles contenaient, objets plus ou moins précieux, mais toujours intéressants pour recomposer les temps passés.

Demandons aux poëtes des tableaux plus riants.

Le Rhin a ses poëtes :

> Au pied du mont Adule, entre mille roseaux
> Le Rhin, tranquille et fier du progrès de ses eaux,
> Appuyé d'une main sur son urne penchante,
> S'endort au bruit flatteur de son onde naissante.

Boileau n'a pas oublié non plus le fleuve parisien :

> La Seine, au pied des monts que son flot vient laver,
> Voit du sein de ses eaux vingt îles s'élever,
> Qui partageant son cours en diverses manières,
> D'une rivière seule y forment vingt rivières.

Malherbe est, de tous les auteurs, celui qui la poétise le mieux dans quelques strophes de l'ode qu'il composa au sujet de l'attentat commis sur Henri le Grand, passant sur le Pont-Neuf le 19 décembre 1605, et qui commence ainsi :

> Que direz-vous, races futures,
> Si quelquefois un vrai discours
> Vous récite les aventures
> De nos abominables jours ?
> Quand le traître écuma sa rage,
> Le dieu de Seine était dehors
> A regarder croître l'ouvrage
> Dont ce prince embellit ses bords (1).
>
> Il se resserra tout à l'heure
> Au plus beau lieu de sa demeure,
> Et ses nymphes dessus les eaux,
> Toutes, sans voix et sans haleine,
> Pour se cacher furent en peine
> De trouver assez de roseaux.
>
> Revenez, belles fugitives,
> De quoi versez-vous tant de pleurs !
> Assurez vos âmes craintives,
> Remettez vos chapeaux de fleurs.
> Le roi vit, etc....

---

(1) Grandes galeries du Louvre.

> Pucelles, qu'on se réjouisse,
> Mettez-vous l'esprit en repos ;
> Que cette peur s'évanouisse
> Vous la prenez mal à propos.
> Le roi vit, etc....

Racine, saluant dans une ode l'arrivée de Marie-Thérèse, met ces propos galants dans la bouche de la nymphe de la Seine :

> Je suis la nymphe de la Seine ;
> C'est moi dont les illustres bords
> Doivent posséder les trésors
> Qui rendaient l'Espagne si vaine.
> Ils sont des plus grands rois l'agréable séjour
> Ils le sont des plaisirs, ils le sont de l'amour ;
> Il n'est rien de si doux que l'air qu'on y respire.
> Je reçois les tributs de cent fleuves divers.

Tout le monde connaît les vers frisés et enrubannés de madame Deshoulières :

> Sur les bords fleuris
> Qu'arrose la Seine,
> Cherchez qui vous mène,
> Mes chères brebis...

Presque tous les poëtes ont trouvé quelques vers charmants pour célébrer la Seine, et ce serait un chapitre bien gracieux à faire que celui qui passerait en revue toutes les strophes inspirées par le charme de ses rives. Mais revenons à nos légendes et descendons le cours du fleuve pour raconter celles de l'autre extrémité. Là encore la religion qui bénit son dernier flot allant se perdre dans l'Océan. Nous voulons parler de Notre-Dame de Grâce.

Une immense colline caillouteuse ombragée à sa base

par des ormeaux séculaires s'élève par une pente gracieuse au-dessus d'Honfleur. Du sommet de cette butte imposante, un panorama grandiose déroule à perte de vue ses horizons bleus; d'un côté, la mer se fondant avec le ciel, spectacle sublime qui attriste souvent et ne console jamais, parce qu'il éveille l'idée de l'immensité, et l'immensité, l'idée de l'éternité; et quelles profondes réflexions en face de cette majesté solennelle de la mer, quand la brise vient à s'élever!

> L'océan convulsif tourmente en même temps
> Le navire à trois ponts qui tonne avec l'orage
> Et la feuille échappée aux arbres du rivage.

D'un autre côté, la rade du Havre, la ville et les coteaux d'Ingouville et de Graville, Harfleur, le manoir et les falaises d'Orcher, la pointe sauvage de la Roque, Quillebœuf, Tancarville et un immense lointain pavé de châteaux légendaires, de donjons démantelés, d'abbayes en ruines, etc., qui ont expérimenté douloureusement la véracité du vieux proverbe français :

> On dit communément que des ports d'Angleterre
> Ne nous vient ni bon vent ni jamais bonne guerre.

Fragilité partout! débris de l'orgueil et de la haine des hommes!

Sur le plateau de Grâce que Casimir Delavigne, dans son enthousiasme poétique, compare aux rives du Bosphore, s'élève une modeste chapelle dont la création est attribuée au terrible duc chanté par Meyerbeer :

> Jadis régnait en Normandie
> Un prince noble et valeureux.

18.

La tradition raconte que c'est une fondation de ce fantastique chevalier à l'armure sombre, avant son fameux pèlerinage à Rome.

Le pieux ermite auquel il avait confessé ses odieux forfaits avait soumis le pardon à trois conditions. Il fallait : 1° que Robert simulât la folie et subît toutes les avanies que cet état devait lui attirer ; 2° qu'il demeurât constamment muet ; 3° qu'il ne prît d'autre nourriture que celle qu'il pourrait dérober aux chiens. C'est, dit-on, avant d'accomplir cette étrange pénitence que Robert le Diable, gravissant un jour à pied la côte d'Honfleur, résolut d'y fonder, pour obtenir grâce, cette chapelle qui prit alors et conserva le nom de Notre-Dame de Grâce.

Reconstruite en 1606, elle devint le but du pèlerinage des marins de la côte qui, la plupart, accomplissaient leur vœu pieds nus ou à genoux. On y voit un grand nombre d'*ex-voto* suspendus aux murailles.

A mi-côte, le pèlerin rencontre un calvaire au pied duquel il ne manque jamais de s'agenouiller pour murmurer une prière ; c'est une simple croix de bois enchâssée dans un socle de granit jusqu'à fleur de terre, ombragée de quelques petits ormeaux, fusées végétales sorties du gazon d'un seul jet.

Voici la légende qui se rapporte à ce calvaire :

Au seizième siècle, le chapitre de Sainte-Catherine d'Honfleur allait, croix en tête, bannières déployées, et suivi d'une grande foule, prier à Notre-Dame-de-Grâce, en souvenir d'une victoire remportée sur les Anglais.

Or il arriva qu'un jour, la procession étant arrivée à mi-chemin, une effroyable tempête se déchaîna sur la mer, tandis qu'une bourrasque furibonde labourait la côte et emportait tout dans sa course meurtrière. La belle croix vermeille que portait un diacre fut coupée en deux comme par une main mystérieuse sortie de la tempête, et tomba si heureusement qu'on la retrouva debout, fixée en terre à quelques pas plus loin. Miracle ! cria la foule émerveillée.

Aussitôt chacun se mit à l'œuvre et malgré la pluie et les éclairs, un calvaire en pierre s'éleva rapidement en cet endroit devenu sacré et désigné si miraculeusement.

Le temps, qui ne respecte rien, fit disparaître peu à peu ce calvaire construit à la hâte. Aujourd'hui il ne reste plus pour perpétuer cette tradition qu'une modeste croix de bois ornée d'un Christ en plomb au pied duquel les veuves et les orphelins de la mer viennent comme autrefois faire une pieuse station.

Un autre souvenir moins légendaire se rattache à l'histoire de la côte de Grâce. C'est dans une humble chaumière, proche de la chapelle, que le royal proscrit de 1848, suivi de la dernière reine de France, attendit huit jours entiers, huit siècles, sous les habits de matelot, le navire qui le conduisit sur la terre d'exil, où la mort devait bientôt l'atteindre.

Le petit clocheton blanchâtre de la chapelle fut le dernier point de la France que ces illustres bannis contemplèrent à travers les brumes de la mer.

Que de douleurs et de souvenirs dans ce long regard !

En face, sur l'autre rive, à la pointe des falaises crayeuses où se dresse le cap de la Hève, dont nous avons raconté plus haut la mythologique origine, se trouve encore deux Notre-Dame : Notre-Dame des Neiges et Notre-Dame des Flots, dont voici la légende :

Pendant un de ces blocus fréquents que Honfleur, la cité sœur des infortunes d'Harfleur, eut à soutenir contre les Anglais, deux braves pêcheurs, profitant de l'ombre protectrice d'une nuit d'hiver, se dévouèrent pour aller porter à Rouen la nouvelle du débarquement des ennemis. Mais lorsque ces intrépides marins eurent gagné la pleine mer, la neige commença à tomber à flocons si pressés, qu'il n'était plus possible de se reconnaître ni de se diriger au milieu de ce tourbillon. Néanmoins, ils continuaient leur route, lorsque, à leur grande déception, ils s'aperçurent qu'ils touchaient au village d'Harfleur.

Menacés de tomber entre les mains des Anglais, ils ne se découragent point, sautent à terre et se dirigent vers une chapelle dédiée à Notre-Dame, proche du rivage.

Leur prière fervente et franche est écoutée de la Reine du ciel. La neige cesse à l'instant ; nos marins remontent sur leur barque, rament avec ardeur et accomplissent leur patriotique mission ; et, depuis, la Notre-Dame porta le nom *des Neiges* en mémoire de ce miracle.

C'est la Vierge, toujours la Vierge : c'est devant elle que le marin incline, au départ comme au retour, le bout de sa voile humide, et murmure l'*Ave maris stella*. Cette grande quantité de chapelles élevées à sa gloire sous le nom de Notre-Dame, étagées sur les falaises normandes, clôt dignement cette longue série de cathédrales, d'églises, de monastères, de calvaires, etc., qui se mirent dans les eaux de la Seine, et dont les légendes animent ses rives.

A sa source, une croix ; au milieu, Notre-Dame de Paris ; au bout, Notre-Dame de Grâce : trois jalons religieux, qui sont les points de repère de mille souvenirs historiques, légendaires, agréables ou terribles, tristes ou glorieux, qui peuplent les villes, les châteaux, les bourgades des bords pittoresques de notre grand fleuve parisien.

LA

LÉGENDE DE SAINT-CLOUD

Qui connaît la légende de Saint-Cloud? — Saint Clodoald. — Les ciseaux et le glaive. — Il se fit moine lui-même. — Saint Séverin. — Son retour à Paris. — Nogent-sur-Seine. — La légende du manteau de saint Cloud. — Sa mort. — Son épitaphe. — Ses reliques. — La félonie d'un capitaine Bourguignon. — Sa statue. — Légende. — Henri III et Jacques Clément. — La légende du pont de Saint-Cloud. — Le diable y met sa griffe. — Les filets. — Ce qu'il y avait dans les filets de Saint-Cloud en 1754. — Une anecdote sur le rusé Mazarin. — Souvenirs. — Un rapprochement historique. — La foire de Saint-Cloud. — Les saltimbanques. — La légende d'un phénomène historique. — Vieux refrains. — Une évocation légendaire. — Gais Parisiens, rassurez-vous.

Combien y a-t-il de Parisiens qui connaissent la légende de Saint-Cloud ? Probablement fort peu. Ils savent bien mieux la chanson du *Mirliton*, si cocassement nommée « *la Marseillaise du scepticisme* » par un confrère de la petite presse, ou la dernière rengaine de Thérésa, que l'histoire du solitaire royal qui donna son nom à Saint-Cloud.

Pour la raconter il faut remonter aux premiers temps de nos annales nationales. Clodomir était mort en 524, laissant trois fils qui furent recueillis et élevés par leur grand'mère Clotilde. Elle les confia à leurs oncles Childebert et Clotaire. Leur ambition calcula que s'ils n'avaient été que deux pour partager le trône paternel, leur part eût été plus grande ; et alors la mort des trois enfants de leur frère fut résolue.

Un messager alla de leur part porter à Clotilde une paire de ciseaux et un glaive nu, sinistres symboles qui voulaient dire : cheveux coupés (moines), ou enfants égorgés. Tout le monde connaît la fière réponse de Clotilde : « J'aime mieux les voir morts que tondus. » Mais bientôt le sentiment maternel l'emporta sur la fierté royale. Il était trop tard : déjà les deux oncles sanguinaires, qui s'acquirent par leurs meurtres horribles une célébrité digne des Atrides, avaient égorgé Thibault et Gauthier. Dieu, qui destinait Clodoald à de grandes choses, le sauva. Des serviteurs dévoués à Clotilde, le cachèrent. Traqué partout, il se fit moine, en se coupant lui-même les cheveux, et renonça, en faveur de ses oncles, à ses droits au trône de Clodomir. C'est de cette manière miraculeuse qu'il échappa à la mort.

Sur les rives marécageuses qui séparaient les thermes de l'empereur Julien des bords de la Seine, au midi de la Cité, s'élevait la hutte solitaire de saint Séverin. Clovis l'avait fait venir à Paris, en 504, pour obtenir, par son intercession, la guérison d'une fièvre dont il était tourmenté depuis deux ans. La sainteté du pieux ermite était tellement grande, que Clodoald vint le trouver, se mit sous sa règle et vécut avec lui dans la solitude et la mortification, s'instruisant des vérités chrétiennes.

L'église dédiée à saint Séverin s'élève à l'endroit où se trouvait leur ermitage, et, dans la chapelle du chevet, on voit encore la source où Clodoald et son compagnon alaient se désaltérer. A la mort de celui qui lui avait indiqué la route du ciel, le désir de convertir les infidèles conduisit Clodoald en Provence. Mais il n'y fut pas longtemps, car sa sainteté et ses miracles firent découvrir sa retraite aux Parisiens qui coururent aussitôt réclamer leur saint, leur enfant de Paris, et le ramenèrent en triomphe dans leur ville où Eusèbe, alors évêque, l'éleva au sacerdoce. Son goût pour la solitude lui fit bientôt chercher, sur les bords de la Seine, un endroit où il pût prier en paix.

Sur les flancs du coteau fleuri où Saint-Cloud étale ses gentilles maisons, existait une colonie de prisonniers, établie par les Romains pour défricher des terres incultes de la forêt du Rouvre (aujourd'hui bois de Boulogne). Cette colonie, composée seulement de chétives maisons éparses çà et là sous les grands chênes, comme toutes celles qu'ils fondèrent sur notre sol, s'appelait Nogent (*novi gentes*); et, de la position topographique, Nogent-sur-Seine. C'est aux environs de ce hameau que Clodoald se bâtit de ses propres mains une cellule.

Tous les matins, après avoir sonné la clochette de son ermitage, il montait le coteau et venait évangéliser les habitants. Il éleva une église en l'honneur de saint Martin, et fonda une communauté dite le *Moutier de Saint-Clodoald*; puis peu à peu, il donna son nom à la bourgade, et le Nogent romain devint le Saint-Cloud chrétien. Il vivait dans la prière et la méditation, instruisant les pauvres, répandant d'abondantes aumônes, rendant la vue aux aveugles, la parole aux muets, l'ouïe aux sourds; il y guérissait même les malades et infirmes qu'on lui amenait de toutes parts ; son éminente sainteté avait une renommée prodigieuse.

Voici une curieuse légende qui raconte un de ses nombreux miracles : Un jour qu'un pauvre s'était approché de saint Cloud pour lui demander l'aumône, le serviteur de Dieu n'avait plus rien à lui donner, mieux inspiré que saint Martin qui coupa son manteau en deux, il se dépouilla de son capuchon ainsi que du manteau tout entier et en revêtit le mendiant.

Le malheureux alla ensuite demander l'hospitalité dans la maison d'un homme charitable, elle lui fût accordée ; mais, pendant la nuit, la chambre où reposait le pauvre mendiant s'illumina tout à coup d'un éclat extraordinaire. Le maître du logis s'étant levé sur l'heure de minuit, aperçut cette lumière merveilleuse, et n'en pouvant croire ses yeux, réveilla sa femme pour la rendre, comme lui, témoin du prodige. Ils ne purent s'expliquer ce phénomène étrange qu'en supposant que le pèlerin, logé chez eux, possédait quelque sainte relique, et conçurent aussitôt la pensée coupable de la lui voler.

Ils entrèrent en tapinois et ouvrirent la porte ; mais quand ils approchèrent, le manteau de saint Cloud brilla d'un si vif éclat, qu'ils en furent presque aveuglés et se sauvèrent pleins de crainte et de honte d'avoir eu la pensée d'un tel larcin.

Il mourut vers la fin du sixième siècle et légua au chapitre de l'église de Paris le monastère et l'église qu'il avait fait construire. Sa dépouille mortelle fut ensevelie avec beaucoup de cérémonial dans une crypte de son église, à la gauche du chœur. Une table de marbre bleuâtre recouvrait son tombeau de pierre de deux mètres trente-trois centimètres de long. C'est là, ainsi que nous l'apprennent quatre vers gothiques, gravés en guise d'épitaphe, que reposent les restes du bienheureux *sanctus Clodoaldus*.

> Saint Cloud, du sang des rois ce rejeton si beau,
> De ses membres sacrés honore ce tombeau ;
> N'ayant pu conserver un sceptre périssable,
> Il bâtit au vrai Dieu ce temple vénérable.

Une longue suite de miracles attirèrent à son tombeau un nombre considérable de croyants, et, comme il était décédé le septième jour de septembre, il se forma peu à peu une véritable fête religieuse qui devint la fête patronale de Saint-Cloud.

Les invasions normandes, les troubles, les guerres de religion, la lutte entre les Armagnacs et les Bourguignons, vinrent tour à tour interrompre le pèlerinage de Saint-Cloud. A ces époques sombres, alors que la bourgade était menacée du pillage, le chapitre de l'église collégiale transportait les reliques du saint à Notre-Dame de Paris ; puis quand le calme était revenu, on allait les chercher processionnellement pour les remettre dans leur crypte. « En 809, disent les *Chroniques de Paris*, une procession nombreuse sortit de Saint-Cloud : les religieux du monastère, accompagnés des habitants du bourg, hommes, femmes et enfants, se dirigèrent vers Paris, chantant des cantiques pieux et célébrant les louanges de celui dont ils allaient reprendre les reliques. »

Au quatorzième siècle, le doyen et les chanoines de Saint-Cloud, avec l'autorisation de Mgr. Aymery de Magnac, évêque de Paris, retirèrent ces reliques du cercueil qui les recélait et les mirent en châsse bénite, laquelle fut placée dans l'église haute, près du grand autel. Cette translation solennelle se célébra le dimanche 20 avril 1375.

A l'époque des guerres civiles du quinzième siècle, leur dépôt à la chapelle des martyrs de la cathédrale de Paris les préserva d'une profanation rendue imminente par la félonie d'un capitaine bourguignon nommé Collin de Lisieux, gardien de la forteresse qui commandait le bout du pont. Pendant la nuit du 12 au 13 octobre 1411, il livra traîtreusement le bourg aux Armagnacs; et il s'ensuivit un pillage et une dévastation qui s'étendirent jusqu'aux églises, alors au nombre de quatre, y compris la vieille église collégiale de Saint-Cloud. Il y avait la petite église de *Saint-Laurent* au bout du pont, du côté de Boulogne, avec une maladrerie et un cimetière pour les pestiférés; l'église de *Saint-Eustache*, à l'autre extrémité du pont, et celle de *Saint-Médard*, située rue Houdé.

A la Révolution, la vieille église de Saint-Cloud fut dévastée; les vases sacrés, les châsses et reliquaires, brisés ou brûlés. De pieux habitants, au péril de leur vie, sauvèrent du pillage quelques-unes des reliques, un os de l'avant-bras, une vertèbre, et la statue de bois doré, respectée par les mites. Ce sont ces objets qu'on offre encore à la vénération des pèlerins. Une légende nous raconte que cette statue merveilleuse, arrachée de sa niche par une espèce d'iconoclaste renommé par son impiété, avait été reléguée dans son grenier avec l'intention de la brûler. La fille de ce forcené, plus acharnée encore que son père contre cette pieuse image, s'écria en l'apercevant :

« Le jour de Saint-Vincent, fête des vignerons, tu nous serviras de bûche pour faire cuire notre rôti. »

Au jour dit, cette jeune fille rendit le dernier soupir, et, au lieu de rôtir Saint-Cloud, alla elle-même rôtir chez le diable. Cette statue miraculeusement retrouvée, est promenée processionnellement dans les rues de Saint-Cloud, ainsi que les parcelles des reliques enfermées dans une nouvelle châsse et placées dans la moderne église bâtie, comme on sait, sur l'emplacement même de celle qui avait été construite par le petit-fils de Clovis. Ces reliques, reconnues authentiques, ont motivé le rétablissement du pèlerinage de Saint-Cloud, et plusieurs paroisses de Paris, entre autres celle de Saint-Roch, vont, tous les ans, bannière en tête, et suivies de plusieurs milliers de pèlerins, faire leurs dévotions au tombeau du royal ermite.

Telle a été l'humble origine de cette charmante petite ville. Un splendide château et de luxueuses villas ont remplacé la modeste cellule de saint Cloud et les huttes des colons romains. Elle réunit tout ce qui peut en faire un délicieux séjour : situation ravissante, célébrité légendaire, historique, chrétienne, guerrière, princière, royale, impériale.

Aux portes de Paris les factions s'y livrèrent plusieurs combats ; Bourguignons, Armagnacs, Anglais, huguenots, etc.; Henri III s'en empara en 1577.

On raconte qu'en montant sur les hauteurs d'où l'on aperçoit le magnifique panorama de Paris, il s'écria :

« Paris, tu es le chef du royaume, mais le chef trop capricieux et trop puissant ; tu as besoin d'une saignée pour te guérir et délivrer l'État de tes frénésies. J'espère que dans peu de jours on cherchera dans cette place tes murs et tes édifices, et qu'on n'en trouvera que la ruine. »

Trois jours après, le couteau du jacobin Jacques Clément coupait court à la guerre civile. Le pape Sixte-Quint prononça l'oraison funèbre du fanatique régicide. La Sorbonne fut au moment de demander sa canonisation. Les ligueurs en firent un martyr ; vinrent processionnellement à Saint-Cloud baiser la terre où il avait été massacré, et la recueillir comme une relique précieuse.

Les poëtes le chantèrent :

> Un jeune jacobin, nommé Jacques Clément,
> Dans le bourg de Saint-Cloud une lettre présente
> A Henri de Valois, et vertueusement,
> Un couteau fort pointu dans l'estomac lui plante.

C'est là que la dynastie des Valois rendit le dernier soupir, et que commença celle des Bourbons ; car, quelques jours après, Henri IV fut proclamé.

On arrivait à Saint-Cloud par un pont de bois jeté sur la Seine, souvent endommagé par les crues du fleuve et réparé à l'aide du produit du péage que l'on y percevait. C'est seulement sous Henri II, en 1556, que commencèrent les travaux d'un pont en pierre, destiné à le remplacer, et au milieu duquel se dressait la célèbre tour dite de Henri II.

Si nous en croyons la légende, ce pont appartient à la collection de ceux bâtis par le diable, le plus habile architecte du moyen âge.

Les travaux du pont allaient lentement, les difficultés surgissant à chaque pas, l'architecte était très-embarrassé. Il se désolait, quand le diable vint à son secours et lui promit qu'il serait promptement terminé s'il consentait, en récompense, à lui octroyer le premier être vivant qui traverserait le pont.

Satan s'économisait ainsi la peine de le faire succomber à la tentation.

Le marché conclu, l'architecte eut des scrupules et se demanda s'il ne se livrait pas lui-même au diable en vendant une âme qui ne lui appartenait pas. Mais, pendant qu'il faisait ces réflexions un peu trop tardives, le pont s'acheva comme par enchantement.

Si le marché eût été connu, personne n'aurait voulu inaugurer le pont qui, alors, serait devenu inutile. Mais l'entrepreneur fut discret, il était d'ailleurs trop intéressé dans la collaboration.

Dans son embarras, il eut recours à saint Cloud, passa la Seine sur un batelet et vint prier sur son tombeau.

Saint Cloud, habitué toute sa vie à se moquer du diable, l'inspira bien en lui indiquant le moyen de s'y prendre pour le tromper. Pardonnons-lui, chers lecteurs, cette innocente supercherie était bien permise à un saint, et pensez que l'enjeu était une âme de chrétien.

Le jour de l'inauguration, il lâcha des souris à l'entrée du pont et mit à leur poursuite un gros chat que Satan prit au passage, en faisant sans doute la grimace d'avoir trouvé plus fin que lui.

Ne louons pourtant pas trop vite Satan ; si, dans cette circonstance, il se montra le meilleur diable du monde ; il est probable qu'il avait prévu l'avenir, et je suis sûr qu'en faisant l'addition des âmes qui ont passé depuis sur le pont de Saint-Cloud et sont allées au diable, il est bien amplement dédommagé de cette ingénieuse supercherie de son rusé contractant. Ceux qui ont passé après le chat ont payé la dette de l'architecte.

Le pont d'Henri II se composait de quatorze arches ; il a été remplacé sous la Restauration par le pont actuel, remarquable par l'absence de dos d'âne que faisaient tous les anciens ponts.

Au bas on peut voir ces fameux filets de Saint-Cloud dont on a nié et dont on nie encore l'existence, et qui arrêtent au passage tous les objets et les cadavres que la Seine charrie vers la mer. Les filets de Saint-Cloud sont au moins contemporains de la Ligue et jouent un grand rôle dans les romans.

Un auteur anonyme, dans un curieux voyage à Saint-Cloud en 1754, raconte ce qu'il y avait cette année-là dans les filets de Saint-Cloud.

Il pria le meunier chargé de visiter tous les matins le filet lugubre de le lui montrer ; celui-ci, de plus, le mena chez lui, et ouvrit une grande armoire remplie d'une foule de choses qui avaient appartenu à des noyés ou qui étaient arrivées toutes seules dans le courant de l'année. L'inventaire en serait trop long. Ce qu'il remarqua surtout c'est un tas de perruques de médecins et de procureurs ; il compta 212 calottes, 129 bonnets d'actrices de l'Opéra, 16 petits manteaux d'abbé, 18 redingotes, 22 capotes, 150 frocs de moines de différents ordres, et un nombre infini de méchants livres nouveaux que l'acheteur, outré de les avoir payés si cher, avait jetés à l'eau.

Ah! si les filets de Saint-Cloud pouvaient repêcher l'honneur et la vertu qui font tant de naufrages à Paris, jamais ils ne seraient assez grands, il faudrait les vider plusieurs fois par jour.

Une anecdote célèbre raconte de quelle manière la maison de Gondi passa entre les mains de Louis XIV et devint ensuite le splendide château de Saint-Cloud.

C'est le rusé Mazarin qui en fit l'acquisition. Instruit qu'un financier avait fait construire en ce lieu une maison de plaisance des plus somptueuses, il lui fit une visite. Après avoir admiré le riche édifice qu'on assurait avoir coûté plus d'un million à son propriétaire, il lui dit :

— Cette maison doit vous coûter au moins deux cent mille francs ?

Celui-ci, craignant d'avouer une telle dépense, s'en défendit, en assurant qu'elle lui avait coûté beaucoup moins.

Le cardinal répliqua : — Vous a-t-elle coûté deux cent mille écus ?

Et le financier d'insister encore sur l'impossibilité où il était d'avoir pu y consacrer une telle somme.

— Eh bien! dit le rusé ministre, cent mille écus ?

Il crut devoir convenir que la dépense pouvait s'élever à ce taux.

Mazarin quitta Saint-Cloud, et le lendemain le financier reçut la visite d'un tabellion, qui lui remit cent mille écus, avec une lettre du cardinal, où ce dernier lui avouait que le roi désirait beaucoup cette maison pour Monsieur.

Le financier s'exécuta, dans la crainte d'éveiller l'attention du cardinal sur ses dilapidations.

Le soir, son éminence rouge se vantait chez la reine-mère de sa petite supercherie, et celle-ci lui dit :

— Ah! monsieur le cardinal, ce n'est pas bien.

— Que dites-vous, Madame ! J'aurais pu faire rendre gorge brutalement à ce contrôleur des finances ; je m'y suis pris poliment, voilà tout !

C'est alors que ce luxuriant coteau fut livré aux grands artistes de l'époque. Le Nôtre dessina le parc ; Lepautre, Giraud, Jules Hardouin, Mansard, créèrent le magnifique château que nous admirons encore aujourd'hui, et qui est l'un des plus beaux joyaux de la liste civile. Henriette d'Angleterre y mourut empoisonnée en 1670 ; Philippe de France, son époux, frère de Louis XIV, y mourut en 1701 ; Philippe d'Orléans, régent de France, y naquit.

En 1785, Marie-Antoinette l'acheta de la famille d'Orléans. Ce fut dans cette petite ville que se passa la scène si célèbre de l'Orangerie, qui fit Bonaparte le chef de l'État le 18 brumaire an VIII de la République (1799), et que Cambacérès, en 1804, le 18 mai, lui apporta le sénatus-consulte par lequel il était proclamé empereur des Français. Coïncidence remarquable, c'est aussi dans ce château que, le 12 décembre 1852, M. Billault, alors président du Corps législatif, apporta à Napoléon III le résultat du plébiscite qui rétablissait l'Empire et le faisait empereur.

C'est dans la grande allée du parc que se tient la fameuse foire de Saint-Cloud. Elle dure quinze jours ; c'est le rendez-vous annuel de tous les saltimbanques, paillasses, phénomènes, escamoteurs, magiciens, lutteurs, etc., venus de tous les points de la France. Ils forment une allée pittoresque de baraques.

Le pître débite ses calembours, ses grimaces, et endosse les coups de pied dans la caisse que la nature lui fait porter par derrière ; il y a toujours un bon mot à la clef. La peau d'âne ronfle, la grosse caisse tonne et détonne, la crécelle fait grincer ses dents de bois ; les magiciens, exploiteurs de la badauderie, chasseurs d'imbéciles, débitants d'horoscopes, de pommades infaillibles, d'élixirs merveilleux, tout cela fait manœuvrer les ficelles de la réclame.

Quels beaux types ! quels boniments curieux ! quelles études dans toute cette macédoine de talents, de bêtises, de douleurs, et de ruses ! que d'histoires, de drames, de misères et de farces il y aurait à raconter, depuis le petit savoyard qui se tient dans son petit coin avec sa mignonne souris blanche, jusqu'à cet hercule colosse et sa grande baraque qui occupe tant de place !

Surtout quand le soleil, cette providence des pauvres qu'il réchauffe, ce pourvoyeur des saltimbanques auxquels il envoie la foule des badauds, ne se voile pas la face, et que saint Médard ne donne pas sa petite représentation gratuite, oubliée sur le programme pour la ruine et la désolation de tous ces pauvres diables.

Un jour, j'avisai un vieux Barnum, exhibiteur de phénomènes vivants, et lui demandai des nouvelles du métier. Parmi toutes les histoires fabuleuses et abracadabrantes qu'il me narra d'une façon toute pittoresque, en voici une curieuse, peu connue, et qui fit dans son temps *flores* à la foire de Saint-Cloud.

Il eut jadis pour compagnon de bohème un pauvre diable qui montrait une petite fille, objet d'une grande curiosité. C'était un précieux *bibelot*. Dans la prunelle de son œil gauche on lisait, parfaitement imprimé, *vive l'Empereur* autour du portrait de Napoléon Ier lithographié sur le globe de l'œil, et dans l'autre on voyait un calque du revers d'un napoléon de vingt francs ; le millésime y était marqué au bas ; ainsi, à droite, pile ; à gauche, face.

Voici la légende de ce phénomène naturel.

Un pauvre soldat de l'Empire, de planton aux Tuileries, avait reçu un napoléon de 20 francs de la main même du Petit Caporal, un jour qu'il sortait incognito. Il garda comme une relique cette pièce donnée par une main si glorieuse. Sa jeune femme la portait toujours suspendue à son cou avec des médailles.

Un matin, le pain manqua au logis ; plus de crédit, et la faim ; la pauvre femme était à la veille d'être mère ; le moment était critique ; il fallait, pour ne pas mourir de faim, se séparer de la précieuse médaille ; mais avant de se résigner à ce sacrifice suprême, elle la mit sur ses yeux, la pressa sur ses paupières, la tourna et la retourna, l'arrosa de ses larmes, soupira toute la journée, et, le soir, à demi morte de faim, la porta chez le boulanger.

Deux mois après, elle mit au monde une charmante petite fille qui avait la pièce de 20 francs parfaitement stéréotypée des deux faces sur la prunelle de ses deux yeux.

Cette enfant devint pour la pauvre famille la source de la fortune ; car, plus tard, elle fut promenée dans toutes les foires de France et surtout dans les villes qui avaient gardé fidèlement le souvenir de Napoléon Ier. On voyait le phénomène pour deux sous.

La Restauration, ombrageuse pour tout ce qui touchait de loin comme de près au souvenir de Napoléon, craignant puérilement quelque manifestation en faveur de la pauvre enfant, la fit chasser de France. Elle parcourut l'Autriche et l'Allemagne, et mourut de faim dans un faubourg de Berlin.

Jadis, chaque fête des environs de Paris avait sa célébrité. Les filles et les garçons de Pantin, de Saint-Ouen et de Saint-Cloud excellaient à la danse, si nous en croyons cette vieille chanson :

> Ceux de Pantin, de Saint-Ouen, de Saint-Cloud
> Dansent bien mieux que ceux de la Villette.
> Ceux de Pantin, de Saint-Ouen, de Saint-Cloud
> Dansent bien mieux que tous ceux de chez nous.

Nanterre a ses gâteaux et ses rosières ; Saint-Cloud ses fameux mirlitons, déjà renommés au siècle dernier, comme nous l'apprend ce refrain populaire :

> A la foire de Saint-Cloud
> L'on y vend de tout ;
> Mais le plus fort du commerce,
> C'est pour les mirlitons.
> Car tous les garçons
> En achètent aux tendrons.

Les Parisiens d'aujourd'hui dansent encore « en jouant du mirliti... du mirliton.

Que dirait saint Cloud si, revenant tout à coup, il voyait ce splendide palais, ces cascades, ces statues et tous ces Parisiens gais et folichons, qui dansent, chantent et rient au milieu des bruits les plus assourdissants, au lieu de son austère cellule et du calme solennel des chênes séculaires de la forêt de Rouvre du sixième siècle? Et vous, gais Parisiens, que diriez-vous si vous rencontriez ce bon moine à barbe blanche et vêtu de la robe de bure, méditant sous les grands marronniers de Saint-Cloud et vous parlant le langage sévère des premiers siècles chrétiens ?

Mais rassurez-vous, aucun magicien de la foire n'évoquera saint Clodoald, et il n'y aura peut-être que votre chroniqueur qui l'aura ressuscité quelques instants pour vous faire lire une page de l'histoire légendaire des rives de la Seine.

LA
LÉGENDE DES BUTTES CHAUMONT

Les lamentations des antiquaires *super flumina Sequanæ*. — Leurs anathèmes. — Que celui qui n'a pas failli jette le premier moellon. — Ce que racontent les ruines d'une ville. — Le grand magicien municipal. — Voici l'ennemi. — Le carnet de voyage du choléra. — Remercions nos édiles. — Le sombre tableau du poëte. — La complainte des antiquaires, parodie. — Les squares de Paris. — Une ceinture hygiénique. — Paris florissant. — Les promenades au moyen âge. — Histoire des promenades de Paris. — Le Cours-la-Reine, anecdote. — Les Champs-Élysées. — Les boulevards. — Les jardins anglais. — Le bois de Boulogne. — Ce que Napoléon Ier appelait son jardin anglais. — Les arbres exotiques acclimatés.

Entendez-vous ces voix plaintives criant : *Super flumina Sequanæ, illuc sedimus et flevimus dum recordamur Parisis?* ce sont les antiquaires pleurant sur les ruines de leur Paris gothique. On a touché à l'arche sainte. Au sacrilége! gémissent-ils avec de profonds soupirs. Les uns s'écrient qu'il faut planter l'écriteau tumulaire sur la pointe occidentale de la cité : « *Ci gît Paris,* » ils ont une larme pour chaque morceau qui tombe, un cri de douleur pour chaque coup de marteau qui résonne.

D'autres fulminent des anathèmes patriotiques contre les ingénieurs et les architectes qu'ils traitent de sceptiques et de vandales, parce qu'ils escamotent leurs souvenirs. Des critiques, plutôt ingénieux que justes, publient *Paris raté* et relèvent avec aigreur quelques erreurs municipales. On n'est pas parfait, que celui qui n'a pas failli lance le premier moellon.

Rien de lugubre comme ces grandes ruines qui s'élèvent au milieu des flots de poussière soulevés par une armée d'ouvriers ; l'œil indiscret pénètre tous les mystères qu'elles abritaient.

O ruines ! tout en vous est poésie et philosophie, vie et mort ! le poëte vous chante, l'archéologue vous analyse, le sage vous interroge. Volney va rêver sur les ruines de Palmyre. L'histoire d'une ville se trouve dans ses ruines, comme l'esprit de l'homme se reflète dans ses œuvres. Ici, c'est l'escalier usé, étroit et tortueux qui conduisait au taudis d'un usurier ; les larmes qu'il a fait verser auraient pu descendre en cascades ; il y avait peu de fenêtres pour qu'on ne vît pas trop clair dans ses sinistres tripotages. Là, c'est la chambre élégante d'une courtisane à la mode. Voilà le boudoir rose où se trafiquaient les affaires d'amour mis à l'encan ; un ruban rouge oublié flotte encore à un clou doré et rappelle peut-être la date lugubre d'une orgie ou d'un crime. Voyez-vous un peu plus haut cette chambre modeste et gracieuse d'où s'échappe un parfum virginal ? c'est celle de l'honnête ouvrière ; le plafond est encore noirci par la fumée de sa lampe laborieuse; le bonheur logeait là, l'ange s'est envolé. Au bas, des trous béants laissent voir les entrailles de caves vides, et le long des murailles de grands rubans noirs serpentant en zigzag indiquent le chemin des cheminées. C'est par là que passait le bonhomme

Noël avec ses poches pleines de cadeaux, c'est, etc...

M. le préfet de la Seine, sourd à toutes les criailleries enfantines, à toutes les doléances, tantôt inoffensives, tantôt méchantes, auxquelles il riposte par l'innocent communiqué, n'en poursuit pas moins activement son œuvre admirable, la métamorphose complète du Paris de boue et de fumée en un palais féerique. Nous disons activement ; car il y a urgence, l'ennemi n'est-il pas à nos portes? Le choléra, amené par les caravanes d'Égypte au Caire, monté sur les pyramides aux glorieux souvenirs, a promené son œil lugubre sur toute l'Europe, et noté sur son carnet de voyage la liste funèbre des villes insalubres ; c'est vers l'occident qu'il a poursuivi sa marche meurtrière, en compagnie de la terrible faucheuse, la voyageuse noire.

La plupart des villes du littoral méditerranéen ont payé leur tribut au minotaure inflexible, et plus d'une déplore en ce moment l'incurie et la négligence de ses édiles qui, trop amoureux du vieux temps, n'ont pas osé mettre la dent de la pioche dans les cloaques gothiques, foyers pestilentiels, formés les rues malsaines qui serpentent au milieu de leurs villes, comme le ver au cœur d'un beau fruit qu'il ronge peu à peu.

Cette vérité est tellement palpable qu'en consultant les journaux de province, nous avons vu de tous côtés, à l'heure fatale, les maires rappeler à leurs administrés les arrêts et les règlements relatifs à l'hygiène et à la salubrité publiques. Les maladies contagieuses qui exercent de cruels ravages dans d'autres villes, leur font ouvrir les yeux, et ils redoublent de sévérité pour les plus légères infractions aux règlements qui prescrivent l'enlèvement des fumiers, ordures, et le séjour en ville de certains animaux domestiques.

Dans certaines villes, les eaux basses ont laissé à nu sur les berges des monceaux d'immondices qui répandent au loin une odeur fétide ; les urinoirs sont malpropres et infectes par suite de la disette d'eau, il n'en fallait pas plus pour alimenter l'épidémie ; un simple barrage dans le cours d'eau aurait quelquefois suffi.

Le fléau qui a frappé Marseille, Toulon, Amiens et d'autres malheureuses cités, fera donc ouvrir les yeux à beaucoup d'édiles qui s'empresseront de suivre le sage proverbe : *Pour prévenir le mal, applique d'avance le remède.*

C'est donc fort heureusement pour vous, Parisiens frondeurs, gouailleurs et railleurs, que M. Haussmann, n'écoutant pas vos plaintes injustes, à l'aide de canaux égoutiers, immenses viscères souterrains du colosse que vous habitez, ouvrages gigantesques dignes de tous ceux qui existaient dans l'ancienne Rome, a purgé votre ville de toutes les ordures qui pourrissaient sous vos pieds et minaient la santé et les sources de la vie. Partout des rues larges, de l'air, du soleil, des fontaines, des halles, des boulevards, des squares, etc. ; sans tout cela, au moment des grandes chaleurs qui transforment toutes les villes en fournaises ardentes et font germer les sources pestilentielles, plus d'une famille, au lieu d'aller s'ébattre joyeusement dans les jardins publics gais et papillonnés de fleurs de toutes les couleurs, iraient tristement, vêtues d'habits de deuil, des larmes plein les yeux, s'agenouiller sous le saule des morts, et attacher la couronne du souvenir aux bras noirs de la croix des tombeaux.

Rappelez-vous donc le sombre tableau du poëte qui n'aimait pas

> Le Paris où parfois l'œil heurtait au hasard,
> Dans la fange enfoui quelque trésor de l'art,
> Où l'on voyait encore, à plus d'un coin de rue,
> S'arrondir fièrement la tourelle ventrue.
> Où (sans doute nos fils en douteront demain)
> D'une fenêtre à l'autre, on se donnait la main,
> Où le soleil jamais, la rue étant fangeuse,
> N'osait laisser traîner sa robe lumineuse,
> Ce Paris, en un mot triste, délabré, laid, etc.

Et comparez avec celui de maintenant. Ah! qu'ils sont comiques tous ces pleurnicheurs gothiques, *laudatores temporis acti*, avocats chevrotants du caillou sculpté.

Écoutez leur complainte burlesque et riez avec moi :

« Adieu, vieilles maisons que bâtirent nos pères, vos toits pointus jonchent le sol, vos clochetons clochent et tombent ; c'est à la tête qu'on vous a frappées ; tout croule, tout craque autour de nous ; et que restera-t-il de vous, ô vieilles maisons ! rien, rien pas un vestige, une pincée de la poussière du souvenir.

» Un jour, nous dirons à nos enfants : sur ce sol où vous barbotez aujourd'hui s'élevaient jadis des cahutes, des masures, des grandes, des petites, laides, sales, immondes, branlantes, mais saluez, ô rejetons, c'étaient vos pères qui les avaient bâties !

» Et les enfants salueront, car il faut toujours vénérer ce que firent nos pères, même leurs sottises !

» Les rues étaient étroites, tortueuses, sans air, sans lampions, qu'importe, c'étaient les rues de nos pères !

» Elles avaient un pavé, sale, inégal, boueux ; leurs savates glissaient, le pied manquait, et l'on tombait sur le....., qu'importe, c'était le..... de nos pères.

» Leur atmosphère souvent était chargée d'odeurs infectes, repoussantes, qu'importe, c'étaient..... les odeurs de nos pères. »

Assez! assez! vénérables et respectables antiquaires, vous poussez trop loin le respect filial, allez *jérémier* dans les musées archéologiques du Louvre et de Cluny, ces nécropoles de l'histoire, et laissez-nous jouir en paix de Paris métamorphosé en palais enchanté digne de ceux des *Mille et une Nuits,* dans lequel la vie, la santé et le bien-être vont habiter désormais.

Une remarque que tous nous avons faite, c'est que les fléaux qui attaquent les villes frappent toujours les quartiers habités par les classes pauvres ; et, rendons encore justice à nos édiles parisiens, aussitôt l'annexion suburbaine faite, ils ont couru droit à l'ennemi en embellissant et aérant ces quartiers déshérités que le peuple désigne sous le nom pittoresque de *quartiers souffrants.*

Tous ces jardins intérieurs feraient dire à Boileau :

> Paris est pour le peuple un pays de cocagne
> Sans sortir de la ville il trouve la campagne.

Ou bien encore :

> Il peut dans ces jardins tout peuplés d'arbres verts,
> Recéler le printemps au milieu des hivers,
> Respirant le parfum de ces plantes fleuries
> Aller entretenir les douces rêveries.

C'est un lieu de refuge au temps des saisons tropicales,

> C'est l'endroit écarté
> Où de ne pas rôtir on a la liberté.

Sur le plateau de Mont-Souris, dont j'ai raconté plus haut la légende, s'élève peu à peu un square splendide. Voici, à l'opposé, les vieilles buttes Chaumont qui, à leur tour, se tapissent de verdure, mettent des fleurs à leur corsage et vont abriter des naïades craintives sous les sombres grottes de leurs pittoresques fontaines.

Ainsi, en faisant le tour de Paris, on rencontre, à l'est, le bois de Vincennes ; à l'ouest, le bois de Boulogne ; au midi, le jardin de Mont-Souris, et au nord, le square Chaumont. Ces quatre jardins qui semblent jouer aux quatre coins cardinaux, finiront par se réunir pour former une véritable ceinture hygiénique ; et le Parisien ne dira pas, comme à l'époque de la construction des fortifications,

> Le mur murant Paris fait Paris murmurant,

mais bien :

> Les fleurs fleurant Paris, font Paris florissant.

Tous ces grands squares, comme on l'a fort bien dit, sont les poumons de Paris.

Avant de raconter la légende historique et patriotique des buttes Chaumont, disons un mot sur l'origine de nos promenades publiques.

Il n'y a que deux siècles et demi que notre capitale fut dotée de promenades symétriques.

Au moyen âge, les bourgeois et manants allaient se promener sous les saules du quai des Augustins, ou bien sur les talus qui entouraient les remparts, dans les fossés desquels clercs et écoliers s'amusaient à attraper des canards et à organiser des jeux d'adresse, ou bien encore dans les prés de l'abbaye Saint-Germain, appelés le Pré-aux-Clercs. Les plus riches, montés sur leurs mules, allaient chercher un rayon de soleil qui ragaillardissait leurs membres engourdis, ou s'ébattre dans les hameaux qui s'étageaient sur les coteaux boisés des rives de la Seine, et étaient ornés de gentilles guinguettes peinturlurées, suffisamment pourvues de cervoise et de vin de Suresne ou d'Argenteuil.

« De toutes les fleurs, a dit ingénieusement un écrivain, la fleur humaine est celle qui a le plus besoin de soleil. » Et cela est vrai de l'air comme du soleil.

Tout le moyen âge, comme à plaisir, s'est privé de soleil dans les châteaux et dans les villes.

Le donjon, les épaisses murailles, les cours intérieures du manoir ne le voient pas plus que les petites rues étroites de la Cité, où les maisons font à chaque étage un pas en avant comme pour se joindre sur la tête des passants.

Le bourgeois du moyen âge fait fi du soleil, il l'ignore. Même sa lumière, il la tempère, il en affaiblit l'effet bienfaisant par les vitraux de couleur à ses fenêtres déjà trop petites. C'était l'ombre et l'humidité partout, et c'était le temps des pestes et des épidémies. On croyait le soleil bon tout au plus à réchauffer.

Les gueux seuls le prenaient sans vergogne, appuyés aux murs, par les trous de leurs capes et de leurs manteaux. On retrouve encore en Espagne ces truands superbes qui tiennent le soleil pour un poêle, et ne prisent ses rayons que comme combustible gratuit.

La première promenade régulière fut celle du Cours-la-Reine, plantée, en 1616, par ordre de Marie de Médicis, entre le chemin de Versailles et les marais qui, plus tard, devinrent les Champs-Élysées. Toutefois, ce cours, bordé un saut-de-loup, et fermé à ses extrémités par des grilles, n'était qu'une promenade privilégiée ; on n'y circulait guère qu'à cheval ou en équipage. Au milieu du parcours était un rond-point qui faisait saillie du côté des Marais et du côté de la rivière. Six équipages pouvaient marcher de front dans l'avenue du milieu, c'était la promenade favorite de la cour.

En 1723, le duc d'Antin, surintendant des bâtiments du roi, fit arracher les vieux arbres du cours la Reine et en fit planter d'autres. Il usa pour cette opération d'un procédé assez original : après avoir fait creuser tout le long de l'avenue les quatre rangées de trous de plantation, il fit placer auprès de chacun d'eux un soldat des gardes suisses tenant en main un jeune orme qu'il devait replanter au premier coup de tambour ; puis, sur un signe, les tambours exécutent un roulement, et en moins d'une minute la triple avenue est plantée d'un bout à l'autre.

La première promenade réellement populaire, c'est-à-dire accessible à tout le monde, fut celle des boulevards. Louis XIV, après avoir fait combler les fossés et détruire les bastions des remparts de la rive droite, probablement parce qu'ils interceptaient les rayons du soleil, (*nec pluribus impar*) ordonna qu'ils fussent plantés d'arbres. Ces plantations, commencées 1670, ne furent terminées qu'en 1705.

C'est là que venaient nos élégants et élégantes, en chaise ou à pied, faire sonner leurs jolis talons rouges, et les petits abbés de cour débiter leurs fades madrigaux. De vieilles gravures, où le comique laisse deviner sa pointe railleuse, reproduisent ces scènes du temps. N'en rions pas trop, s'il vous plaît, car un jour on en fera autant pour nos gandins et cocodès de boulevard, avec leurs modes ridicules et leurs mots vides d'esprit.

C'est aussi en 1670 qu'on dessécha les marais qui longeaient la route de Versailles, et qu'on commença à planter le grand cours appelé depuis du nom mythologique, Champs-Élysées. Ainsi, jadis c'étaient des grenouilles qui coassaient là où chantent aujourd'hui les syrènes des cafés-concerts. En entendant la voix criarde de certaines chanteuses, il m'est arrivé plus d'une fois de reconstruire le vieux marais où ces petites bestioles barbotaient si bruyamment.

Sous Louis XV, on traça les boulevards de la rive gauche, dont les plantations furent achevées en 1761. Les avenues qui s'étendent derrière les Invalides et l'École militaire datent aussi de cette époque.

Sous la Révolution, on n'avait pas le temps de s'occuper de jardins et de plantations. On plantait le drapeau tricolore sur toutes les capitales de l'Europe, c'était bien assez ; alors il ne poussait que des lauriers.

Mais il fut une date funeste pour nos promenades publiques, c'est celle de l'invasion. Paris captif vit ses arbres, honteux d'abriter les cavales ennemies dont la dent meurtrière arrachait leur écorce, coupés et mis au feu pour chauffer la soupe des Cosaques. A cette époque fatale, le patriotisme était éteint, et les belles coquettes du boulevard firent bon accueil à ces mangeurs de chandelles, ainsi que le constatent ces vers d'Auguste Barbier, qui gravent pour l'éternité le stigmate de l'infamie sur le front des Parisiennes de ces jours néfastes :

« J'ai vu, jeunes Français, d'ignobles libertines,
  « Vos mères, belles d'impudeur,
« Aux baisers du Cosaque étaler leurs poitrines
  « Et s'enivrer de son odeur !... »

1848 acheva l'émancipation de la bourgeoisie ; le peuple voyant, au travers des grandes grilles dorées qui protégeaient les parcs des châteaux et des résidences princières, des jardins élégants, en eut envie et en voulut aussi pour lui.

Les jardins anglais avec leurs sentiers capricieux, leurs bosquets à surprises, leurs allées fantaisistes, leurs corbeilles de fleurs qu'on dirait arrangées tous les matins sur un tapis de gazon par la main coquette de Flore pendant les mystères de la nuit, répondaient mieux à ses goûts artistiques que les allées droites, régulières et monotones des jardins français créés par Le Nôtre et son école.

D'un autre côté, en même temps que la royauté, les grands arbres courtisanesquement alignés de Versailles et de Saint-Cloud avaient perdu de leur prestige. C'est alors que la faveur publique s'amouracha des jardins publics qui, calqués sur ceux des Anglais, en prirent jusqu'au nom, qu'on francisa tant bien que mal.

C'est du règne municipal de M. Haussmann que date réellement la propagation des jardins publics dont on comprit bien vite l'utilité et l'agrément.

Le bois de Boulogne servit de grand type à tous ces petits jardinets habilement semés dans les arrondissements. C'est en 1852 que commença la transformation du bois de Boulogne, qui devint le plus beau parc du monde et la promenade la plus fréquentée qu'ait jamais possédée une grande capitale. Disons, cependant, pour être juste, qu'il y a encore des Parisiens qui regrettent la physionomie sauvage de l'ancienne forêt de Rouvre.

On a dit que les plans exécutés par la brillante métamorphose du bois de Boulogne actuel étaient ceux de Napoléon Ier. On peut en douter si l'on se rapporte à la citation suivante des *Mémoires de M. de Beausset*, ancien préfet du Palais-Impérial :

« Napoléon fit connaître ses préventions contre les jardins à l'anglaise, et s'éleva contre les propriétaires qui laissaient leurs architectes construire à grands frais de petits lacs, la plupart du temps sans eau, de petits rochers en miniature, et de petites rivières immobiles. — Ces niaiseries, disait-il, sont le caprice des banquiers ; mon jardin anglais, à moi, c'est *la forêt de Fontainebleau.* »

Napoléon III n'a point partagé les préventions de Napoléon Ier contre tout ce qui venait de la Grande-Bretagne, car c'est à son inspiration que nous devons notre grand parc parisien (1).

Pour orner et embellir nos promenades, on a mis à contribution toutes les plantes du monde. L'orme, un de nos plus beaux arbres indigènes, était généralement employé pour ombrager les promenades publiques du temps de Louis XIV et de Louis XV, car les espèces exotiques que nous voyons partout aujourd'hui, commençaient à

---

(1) Nous raconterons dans notre second volume la légende du bois de Boulogne.

peine à se montrer dans quelques jardins privilégiés.

Le marronnier d'Inde apparut à peu près à la même époque : les premiers furent plantés en 1615 dans l'hôtel de Guise (aujourd'hui palais des Archives). Ces arbres, qui avaient été plantés du côté de la rue du Chaume, existaient encore au commencement de notre siècle, et ils avaient tellement prospéré qu'on fut obligé de les abattre, parce que leurs branches, surplombant les murailles, formaient dans la rue une ombre trop épaisse.

Le platane semble être celui qui apparut le premier. Apporté d'Asie-Mineure en Italie, il fut introduit en France par ordre de Marie de Médicis, qui en fit planter, au jardin du Luxembourg, la grande avenue transversale conduisant à la fontaine de Jacques Debrosse, dite aujourd'hui fontaine de Médicis.

Le jardin des Plantes n'eut son premier marronnier qu'en 1656.

L'acacia, dont les grappes fleuries parfument si bien nos jardins et nos promenades, est le premier arbre du Nouveau-Monde qui ait paru en Europe. Il vient de l'Amérique du Nord. Notre premier acacia fut apporté en 1635 par Vespasien Robin. Transporté au jardin des Plantes aussitôt la création de cet établissement (1636), il y est encore aujourd'hui. Une fois l'impulsion donnée, les espèces nouvelles affluèrent des divers points du globe ; mais il en est peu qui parviennent à se populariser autant que les marronniers, l'acacia et le platane, au détriment de nos chênes gaulois qu'on oublie au fond de nos forêts.

L'ailante glanduleux, ou faux vernis du Japon, depuis

longtemps acclimaté, était au nombre des arbres exotiques à peu près dédaignés, lorsque, il y a quelques années, on découvrit qu'il était propre à nourrir une espèce de ver à soie sur laquelle on fonde les plus grandes espérances; depuis lors on s'est occupé de sa propagation d'une manière toute spéciale.

Le plus bel arbre que nous ayons à Paris est un orme, celui des Sourds-et-Muets, lequel a cinquante mètres de hauteur. Il est vrai que c'est aussi le plus vieux, car il fut planté en 1605 dans la cour du couvent de Saint-Magloire, devenu depuis 1803 l'institution des Sourds-et-Muets.

Pardon, chers lecteurs, de cette promenade historique à travers les plantations de la capitale; maintenant nous allons entrer de compagnie dans le square des buttes Chaumont et vous raconter sa légende ainsi que sa brillante métamorphose.

II

Heureuses les buttes qui ont une histoire. — Les buttes Chaumont. — Leur étymologie. — Le plâtre et les maisons de carton des Parisiens. — Les moulins. — Celui de la Chopinette donne son nom à la barrière. — Le mont des Martyrs et le mont des Héros. — Ce qui se passait la nuit du 20 mars 1814 dans un cabaret de la Villette. — Une page de honte dans l'histoire. — Un épisode inodore. — Vingt braves Cosaques qui ne sont pas morts en odeur de sainteté. — Le nouveau square et ses merveilles. — Un oubli. — Ce qui fait les grandes générations.

« Heureux les peuples qui n'ont pas d'histoire, » a-t-on dit ; les peuples, oui ; mais les buttes, non ; sans cela, je n'aurais rien à dire des buttes Chaumont.

Leur histoire ne date pas de loin, car leur illustration ne remonte pas au delà de l'invasion ; mais il n'a fallu qu'une journée pour les rendre immortelles. Ce n'est pas comme les gibbosités voisines, leurs sœurs ; la butte Montmartre et ses glorieux martyrs du premier temps de notre histoire ; la butte Beauregard et son admirable panorama ; la butte Montfaucon et ses fourches patibulaires ; Belleville, avec ses souvenirs historiques, ses guinguettes et ses coteaux fleuris ; Romainville et ses bosquets odoriférants ; Ménilmontant et son gentil village, *Mesnil-le-Maudan*, qui lui a donné son nom ; non, les buttes Chaumont restèrent toujours incultes, désertes, et comme frappées de malédiction au milieu des plaines verdoyantes de Notre-Dame des Vertus, d'Aubervilliers, des Prés Saint-Gervais, des bosquets de Belleville et de Romainville. Leurs têtes blanchies, leurs épaules drapées dans un linceul de chaux grisâtre les font ressembler à une troupe de fantômes échoués dans leurs courses échevelées au fond de ces vallons toujours verts et riants. C'est même de là qu'elles tirent leur nom. Selon les uns, *Chauvemont (mons Calvus,)* d'où Chaumont ; selon d'autres, *Chauxmont,* montagne de chaux.

On émet aussi l'opinion que ces monticules ont été élevés par quelque feu souterrain ou quelques volcans ; un grand nombre de pierres et d'ossements brûlés et le nom de Chaumont semble indiquer dans ce lieu un ancien incendie. Le père Lelong, de son côté, estime que cette étymologie « est tirée de trop loin. » On disait et on écrivait jadis, ajoute-t-il, Chauxmont, ce qui paraît indiquer une montagne où l'on calcinait, et il n'y a pas longtemps qu'on sait quelle différence il y a entre la chaux et le plâtre. » D'autres auteurs attribuent le nom de ces buttes à une famille Saint-Chaumont, qui aurait eu une propriété dans le voisinage. Enfin il est encore permis d'admettre qu'il exista autrefois en ce lieu une chapelle dédiée à saint Chaumont, qui fut parrain de Clotaire III, et devint évêque de Lyon, après la mort de Vivence, vers le milieu du septième siècle. Les biographes n'ont pas manqué à ce saint, à qui l'on dut, entre autres établissements, l'institution d'une communauté de filles consacrées particulièrement aux actions de charité.

Sur le plan de Verniquet, la rue de la butte Chaumont figure sous le nom de rue de la Voirie, mais aucune dénomination n'y est attribuée aux buttes. Les buttes Chaumont, qui continuaient la chaîne sinistre des buttes de Montfaucon, eurent aussi, à l'époque des potences, leur population nombreuse de gibets. La corde de pendu ne leur porta pas bonheur, car ce furent les seuls arbres qui poussèrent sur leurs crêtes stériles. Les excavations profondes servaient de retraite aux nombreux oiseaux de proie qui faisaient souvent leur ronde autour de ces pics sinistres en poussant des cris rauques qui semblaient demander au bourreau la curée humaine qu'il leur tenait en réserve dans les prisons du Châtelet.

C'est des flancs de ces grandes buttes qu'on tira longtemps la chaux qui servit aux Parisiens à faire leur Paris de boue et de plâtre dont nous avons parlé plus haut. Avec le plâtre, peu lourd et facile à décorer, ils bâtirent des maisons de carton qu'il fallait renouveler tous les dix ans.

Aux carrières de Montrouge, ils demandaient les moellons; aux buttes Chaumont leurs bancs de gypse. Si la plaine de Montrouge n'a plus beaucoup de moellons dans le ventre, des buttes Chaumont il ne reste que la carcasse; des milliers d'ouvriers fouillant dans trois immenses crevasses ont rongé leurs entrailles, qui produisaient annuellement environ 150,000 mètres cubes de plâtre. Aujourd'hui elles ont fait faillite, et vont servir d'échafaudage à un square dont les cascades vont bondir et bouillonner sur des rochers artistement étagés.

Les Parisiens de jadis, ne pouvant tirer aucun profit de ces buttes stériles, les avaient utilisées en les peuplant de moulins à vent. Il y en avait plus que sur la butte Montmartre, et le chevaleresque don Quichotte aurait eu fort à faire pour combattre ce régiment. Nos anciens nous ont transmis les noms des plus célèbres : *le Moulin endiablé, le Vieux et le Petit Moulin, le Moulin du Coq, le Moulin des Bruyères, le Moulin de la Folie, le Moulin de la Tour, le Moulin de la Motte, le Moulin du Coffre, le Moulin de la Crosse;* le plus bas était *le Moulin des Chopinettes;* c'est lui qui a donné son nom à la barrière de la Chopinette, où les bandes populaires vont fêter la Saint-Lundi, en chopinant théologalement toute la semaine.

Les buttes Chaumont n'ont que quelques lignes dans les grandes pages de notre histoire, mais ces quelques lignes sont si glorieuses qu'elles suffisent pour ne les faire jamais oublier. Si Montmartre s'appelle *le Mont des Martyrs*, à cause de ses héros chrétiens, la butte Chaumont peut se nommer *le Mont des Héros*, à cause de ses martyrs patriotiques, car c'est là qu'une poignée de braves a tenu tête pendant une journée entière à une grande partie de l'armée prussienne.

Pendant que ces glorieux enfants de la patrie se faisaient tuer et arrosaient de leur sang ces buttes devenues saintes par cet héroïque baptême, voici ce qui se passait, à deux pas, le soir du 30 mars 1814, dans un cabaret borgne de la Villette (*le Petit Jardinet*), tenu par Lebrun,

Là étaient réunis quelques généraux et diplomates, dont l'histoire a gardé les noms : le comte de Nesselrode, le comte Orloff, le comte de Paër, le capitaine Peterson, le duc de Raguse, le duc de Trévise, le colonel Fabvier, et d'autres délégués des armées étrangères et françaises. Sur une table, à la lueur de deux chandelles fumeuses, échappées à la voracité gloutonne des Cosaques, s'étalait le plan de Paris et de ses environs. Ils étaient tous penchés dessus, et plusieurs sentaient la rougeur leur monter au front, car l'acte qu'ils accomplissaient devait comparaître devant l'impartial tribunal de la postérité...

Ils discutaient la capitulation de Paris ; et dans l'article 8 les vainqueurs marchandaient l'aumône de la pitié envers les Parisiens.

On biffait l'Empire, on chassait Napoléon Ier, on poignardait la France ; et c'est pendant cette nuit sinistre, au bruit du canon, et au dernier cri d'agonie du patriotisme français expirant à la barrière Clichy, malgré le général Moncey, et aux buttes Chaumont, avec la jeunesse héroïque des écoles, qu'ils paraphaient l'un après l'autre, une page de honte, croyant effacer d'un trait de plume toutes les glorieuses victoires de la Révolution et de l'Empire.

Le lendemain de cet assassinat de l'honneur français, Alexandre et Frédéric-Guillaume, quittant le château de Bondy, montèrent jusqu'au sommet des buttes Chaumont pour jouir de leur triomphe. Ils contemplèrent longtemps, avec une farouche volupté, Paris à leurs pieds, le Paris tant désiré, le palais de l'Aigle qui, volant de capitale en capitale, était venu jusque chez eux, les avait humiliés, meurtris et enchaînés comme des esclaves à son triomphe. L'entrée triomphale se fit le lendemain. C'était l'Europe entrant dans Paris ; S. M. Louis XVIII, exhibée des fourgons des Cosaques, était placée sur le trône, et un nouveau règne commençait avec un petit-fils du grand

Henri, qui avait donné bien autrement l'exemple d'une entrée dans la capitale.

Au pied des buttes Chaumont, du côté de la Villette, était la grande voirie de Paris. C'est là qu'on abattait les chevaux et qu'on *déposait* toutes les voitures de vidange.

Un épisode du combat du 30 mars 1814 s'y rattache, il est d'une trivialité lugubre. Voici de quelle manière un récit contemporain nous l'a transmis :

Les Cosaques du comte de Varonzow étaient acculés au pied des buttes Chaumont par une barricade, servie seulement par quatre Parisiens ; trois chargeaient les armes, et le quatrième tirait. A chaque coup, un Cosaque disparaissait. Apprenant ce qui se passe là, un officier vient reconnaître les lieux avec une force imposante. S'apercevant que le parapet, où s'appuyait un côté de la barricade, est crevassé en plusieurs endroits, il charge une vingtaine de cavaliers de la tourner pour débusquer le tireur, et le peloton s'élance au galop par une des brèches du petit mur. Mais ce que l'officier avait pris pour un terrain solide, n'était que la surface trompeuse des matières déposées là. De sorte, qu'à peine engagés là-dessus, les vingt cavaliers s'enfoncent et disparaissent. Dès lors, l'officier change de tactique, et il est obligé, pour lever cet obstacle, de le faire attaquer par la gauche, en passant par des cours et des jardins; alors seulement, les hommes embusqués sont obligés de battre en retraite par les sentiers ardus qui sinuaient aux flancs des buttes.

Ces vingt braves Cosaques, comme Héliogabale, ne

moururent pas en odeur de sainteté, et pourtant ils étaient dans le pays de Vespasien (1).

Même dans ces temps rapprochés, les buttes ont toujours représenté un tableau hideux. Elles servent de hangars aux rebuts et aux immondices de la grande cité faisant sa toilette quotidienne. Ses carrières d'un blanc toujours sale, l'enclos d'équarrissage, les dépotoirs, les chantiers de manipulation de la poudrette, les industries les plus viles et les plus rebutantes s'étaient réfugiées à l'ombre de ces mamelons stériles, les enveloppant d'un nuage de fumée et d'émanations pestilentielles qui faisaient de ce quartier l'antichambre de l'enfer.

Aujourd'hui, on aurait beaucoup de peine à les reconnaître, car la fée parisienne a donnée son coup de baguette magique et les sources ont jailli ; les arbres ont poussé comme par enchantement, et des fleurs de tous les rivages sont venues mêler leurs odeurs pénétrantes aux senteurs qui s'exhalent des parfumeries les plus célèbres de Paris, établies depuis sur le versant qui descend vers la Villette; et l'on ne chantera plus, en parodiant la chanson de *Gastibelza* :

> Le vent qui vient à travers la Villette,
> Ne sent pas bon.

L'édilité parisienne a prodigué toutes ses surprises. Au centre de ce splendide jardin, s'élève une grande cascade

---

(1) La plupart de ces faits m'ont été fournis par le très-intéressant ouvrage de mon érudit confrère M. Alfred Delvau, *Histoire anecdotique des barrières de Paris*.

exactement modelée sur la célèbre cascade de Tivoli, près de Rome.

Cette cascade, surmontée d'un temple de Vesta, la déesse des fêtes et du foyer domestique des anciens, est à la grande cascade du bois de Boulogne ce que le dôme du Panthéon est à côté d'une maisonnette. Un torrent d'eau tombe de rocher en rocher d'une hauteur d'environ soixante-six mètres.

Au milieu du lac qui est en bas, pour recevoir les eaux du torrent, un rocher naturel et isolé, haut comme la colonne de la place Vendôme, allonge sa tête grise ; on y arrive par deux sentes accidentées, et à son sommet, par une route tournante.

Et quel panorama splendide du haut de ce belvédère olympien !

La grotte de la Sibylle, construite en pierre meulière et en ciment romain, a fait courir tout Paris.

Gazons verdoyants, arbustes nés sous tous les soleils, ponts suspendus sur les abîmes, stalactites qui se tordent en distillant goutte à goutte les larmes des naïades captives grottes mystérieuses peuplées de fées, rien ne manque à cette improvisation pittoresque.

Malheur aux fillettes téméraires qui s'égareraient seulettes, le soir, sous ces délicates ramelles où des satyres malins, hôtes invisibles de ces bosquets, viennent lutiner les nymphes fugitives aux pâles rayons de la lune !

Mais quittons toute cette mythologie badine. Ce qui manque à ces décors d'opéra comique, pastiche des environs de Plombières ou de Spa, à toute cette exhibition olympienne, grecque, romaine, et païenne, c'est la consécration du souvenir, c'est un oubli regrettable de l'acte héroïque de ces jeunes patriotes qui préférèrent mourir sur les buttes Chaumont que d'assister à l'agonie de la France.

De nombreux pèlerins vont encore au tombeau des quatre sergents de la Rochelle, à l'autre bout de Paris, pourquoi n'irait-on pas aussi au trophée commémoratif du beau fait d'armes de 1814! La promenade comme la place publique est une école, et l'enfant, en interrogeant le vieillard qui vient réchauffer ses membres amaigris aux bienfaisants rayons du soleil, apprendrait de sa bouche comment l'on doit mourir pour la patrie. C'est le respect des grands souvenirs qui fait les générations robustes et empêche l'avenir de faire faillite.

Mais on a voulu faire avant tout de ce jardin enchanté, le bois de Boulogne des habitants de la Villette et de Belleville, et l'on a admirablement réussi.

LE
CHAMP-DE-MARS

Actualité et légende. — La plus grande des expositions. — Le concile œcuménique de la civilisation. — Le champ de Mai. — Souvenirs. — Le Champ-de-Mars devenu le champ de la civilisation. — Fraternité universelle. — Ce que m'a dit une voix sortie du Champ de Mars. — Une page douloureuse. — La légende de Bailly. — Un calvaire. — La tour de Babel. — Ce qu'on y verra. — Les curiosités. — L'éléphant du Trocadéro. — Son symbolisme. — Le rendez-vous général du monde entier.

Crayonner en quelques lignes l'histoire du Champ-de-Mars, c'est de l'actualité et de la légende : de l'actualité, tous les regards sont tournés vers lui : de la légende, il va quitter son vieux nom, et la grande Exposition sera pour lui le point de départ d'une ère nouvelle, ère pacifique, qui changera même son nom. C'est pourquoi je lui consacre ce court aperçu.

Le monde entier se préoccupe de la grande Exposition française de 1867. Pour le plus petit ouvrier de France, comme pour l'ouvrier chinois qui, accroupi sur la natte de jonc de sa pagode, à l'extrême Orient, sculpte ces chefs-d'œuvre de patience que nous connaissons, le moindre détail est précieux, le plus petit fait est un sujet de longs commentaires.

C'est avec raison ; car elle dépassera en grandeur, en magnificence, en renom, tout ce qu'on a fait jusqu'à ce jour. C'est le propre de notre caractère primesautier, à nous autres Français, de ne vouloir jamais être distancés par personne. Habitués à être les premiers sur le champ d'honneur, nous voulons l'être aussi sur la route du progrès et de la civilisation ; et l'Exposition de 1867 sera la grande fête du progrès, le concile œcuménique de la civilisation, où le génie français brillera, nous n'en doutons pas, dans tout son éclat; l'orgueil national y est engagé, et nos fabricants n'y failliront pas.

Où donc se tiendront ces grandes assises?

Au Champ-de-Mars, dont l'histoire belliqueuse et révolutionnaire sera tout d'un coup effacée, dans nos annales nationales, par cette page mémorable que viendront parafer toutes les nations de l'univers.

Le Champ-de-Mars a remplacé le vieux champ de *Mai* où les bandes francques s'assemblaient pour délibérer; c'était là que nos ancêtres apportaient aux pieds de leurs rois les dons annuels qui composaient la principale richesse de leurs chefs. Ces réunions solennelles étaient leurs fêtes nationales. Chaque comte, sous Charlemagne, s'y rendait suivi de douze *scabini* nommés par les *missi dominici* et les prud'hommes de leur comté.

L'emplacement actuel était jadis un clos réservé aux exercices des élèves de l'école et aux manœuvres des régiments des gardes françaises et des gardes suisses.

C'est là que fut signé l'acte de naissance de la liberté, et que se célébra la fameuse fête de la *Fédération*, fête qui fut à la hauteur de l'idée qui l'avait inspirée.

Le 17 juillet, 1790, anniversaire de la prise de la Bastille, les Parisiens se préparèrent à recevoir toutes les députations patriotiques de la France; ils choisirent cette plaine immense dans laquelle ils résolurent d'édifier un amphithéâtre capable de contenir quatre mille personnes; au milieu se dressa l'autel de la patrie sous un dais de chênes pavoisés de drapeaux. Un enthousiasme inouï répondit à l'appel des districts parisiens, et l'on vit alors un spectacle unique dans l'histoire; des princes, des ducs et pairs, des évêques et abbés, gentilshommes, bourgeois, dames de haut lignage, manièrent la pelle et la pioche pour former les talus; les manchettes de dentelle des petits marquis se confondirent avec les haillons sordides des mendiants. Accouplement bizarre! le hasard attela à la même brouette un Beauharnais avec l'abbé Sieyès, le brasseur Santerre avec le duc de Lauzun. L'appel fit écho même sous les voûtes silencieuses des abbayes, et les Chartreux sortirent, blancs et solennels, de leurs cellules austères pour travailler aux fondations du nouvel édifice social, et tremper de leurs sueurs la terre promise où le peuple allait planter bientôt l'arbre de la liberté, au chant du *Ça ira*, et l'arroser du sang même de ces nobles et de ces religieux.

Ce jour-là le Champ-de-Mars, on peut le dire, a vu la véritable fête de la fraternité.

En août 1792, les fêtes de la République y promenèrent la déesse de la liberté, sur un char emblématique traîné par vingt chevaux blancs; chaque soldat avait pour toute arme un épi de blé, et le bonnet phrygien sur la tête.

Le vieux champ de guerre, après avoir hérité de toutes les traditions du champ de Mai de nos ancêtres, changera son nom et ne s'appellera plus à l'avenir que le

Champ de la Civilisation, car c'est là que 1867 sèmera l'épi civilisateur qui donnera un jour le pain de la fraternité universelle.

Je suis allé visiter une dernière fois cette immense plaine qui a vu s'agiter tant de passions, tant d'idées ; qui vit flotter tant de drapeaux, retentir tant de cris de victoire et de douleur, prêter tant de serments, violés le lendemain, et, je ne sais pourquoi, un souvenir douloureux vint tout à coup murmurer à mon oreille un épisode lugubre de la grande renaissance de 89.

C'était comme une voix qui sortait de ces trous immenses que creusent les ouvriers, et me redisait la légende sanglante du pauvre Bailly.

Écoutez-la, cette page douloureuse, et dites-moi si le Christ portant sa croix a plus souffert que ce grand patriote portant l'instrument de son supplice sur le chemin de la guillotine, ce calvaire politique des grandes âmes qui immortalisèrent notre glorieuse Révolution, et lui donnèrent la consécration héroïque que nous retrouvons à toutes les dates glorieuses de notre histoire.

Bailly venait de paraître au tribunal pour la première fois ; son jugement avait été remis à une autre séance ; ceux qui s'intéressaient à son sort lui demandèrent s'il avait été jugé. Bailly répondit en se frottant les mains : *Petit bonhomme vit encore.* Il ne devait pas vivre longtemps.

Ce patriote, qui avait été comblé d'honneurs, est celui dont l'agonie fut des plus douloureuses. Il épuisa la férocité de la populace dont il avait été l'idole, et fut lâchement abandonné par le peuple, qui n'avait jamais cessé de l'estimer.

Ce revirement est fréquent dans la foule ameutée, qui piétine souvent le lendemain son dieu de la veille. Un émeutier suffit pour renverser un trône, comme une étincelle peut réduire en cendre une immense forêt.

Bailly est mort comme le juste de Platon, au milieu de l'ignominie. On le conduisit lentement au Champ-de-Mars, où la guillotine se dressait sombre et sinistre.

Il serait difficile de dépeindre tous les tourments qu'on lui fit endurer pendant cette longue traversée : la passion du Christ seule peut en donner une idée.

La fureur populaire distilla goutte à goutte sur sa tête tout le fiel de la cruauté la plus sauvage.

On crache sur lui, on brûle un drapeau rouge sous sa figure (1); des forcenés furieux, hurlant, se ruent sur lui pour le frapper, malgré les bourreaux indignés eux-mêmes de tant d'acharnement. On le couvre de boue, on le force à manger du crottin de cheval, mais ce n'est pas tout, les tigres veulent jouer avec leur proie.

La populace, trouvant que son supplice n'est pas assez long, l'oblige de descendre de la charrette et de faire à pied le tour de l'enceinte du Champ-de-Mars.

Le Champ-de-Mars fut son jardin des Oliviers ; cette promenade achevée, les cannibales, non contents de cette longue série de souffrances, en imaginent de nouvelles; ils exigent que les bourreaux détachent toutes les pièces de la guillotine, et les obligent de transporter l'échafaud sur un tas d'ordures, aux bords de la Seine. C'est alors que ces buveurs de sang poussèrent la cruauté jusqu'à le

(1) Ce drapeau rouge était celui qui avait servi, lors de sa proclamation de la loi martiale, pour dissiper les attroupements.

forcer de porter sur son dos, pièce à pièce, l'instrument de son supplice.

L'infortuné Bailly tomba plusieurs fois dans ces stations sanguinaires qui épuisèrent le peu de force qui lui restait.

A la troisième, il succomba sous le faix, et resta inanimé sur le sol.

Ayant repris l'usage de ses sens sous une pluie froide et glacée qui tombait à verse et ajoutait encore à l'horreur de son supplice, comme si le ciel se fût fait le complice de toutes ces cruautés, il demandait qu'on hâtât sa mort.

Mais ses paroles étaient calmes et dignes d'une grande âme qui méprise le martyre du corps pour ne penser qu'aux idées dont il est l'apôtre.

A un citoyen qui lui disait : « Tu trembles, Bailly, » il répondit : « *Mon ami, c'est de froid !* »

Une parole généreuse désarme les grandes âmes, elle irrite la médiocrité.

Son martyre dura trois heures entières, trois siècles, et son courage ne faillit pas.

Une inscription, gravée par une main amie au bas de son portrait qui ornait la première édition de ses *mémoires* sur cette fameuse époque, résume sa vie en quatre vers :

> De ses vertus, de sa raison,
> Il servit sa patrie ingrate ;
> Il écrivit comme Platon,
> Il sut mourir comme Socrate.

Tel est l'épisode douloureux qui me revenait à la mémoire en voyant une légion d'ouvriers remuer le sable du Champ-de-Mars, sable qui fut imbibé du sang de cet héroïque citoyen.

Mais chassons ces pénibles souvenirs, et voyons le contraste.

Ah! qu'elle sera belle cette lutte pacifique et grandiose de la grande Exposition où les peuples se défieront, non à coups de canon, mais à force de chefs-d'œuvre, par une longue et glorieuse série d'inventions et de découvertes utiles à tous! Comme on comprend bien la fraternité universelle dans cette immense communion d'idées! C'est le commerce et l'industrie groupant tous les peuples en faisceau, et la France couronnant le faîte avec les trois glorieuses couleurs de son drapeau qui flottera comme l'arc-en-ciel de la civilisation.

Dans le Champ-de-Mars, remué de fond en comble, pour l'érection de cette immense Babel, où tous les peuples et tous les idiomes seront confondus, une fourmilière industrieuse d'ouvriers, aidés par de puissantes machines, creuse ou élève, réunit ou sépare, charrie ou amoncelle. Les Pyramides géantes, aux souvenirs napoléoniens, ont demandé moins de travaux.

Ici, c'est un palais; là-bas, un kiosque, une pagode; ailleurs, une vision orientale; dans ce coin, une féerie mauresque; tout autour, des jardins dignes d'Armide, rochers, grottes, cascades, forêts, etc... Toutes les plantes exotiques, civilisant pour cette grande solennité leur végétation sauvage, viendront faire admirer leurs corolles originales distillant des parfums inconnus qui laissent bien loin derrière eux les odeurs les plus raffinées de notre parfumerie moderne, cette enfant gâtée du luxe et de l'élégance.

Sous d'autres pavillons princiers, pavoisés aux couleurs nationales, de puissantes machines broieront l'air ; la vapeur captive bouillonnera de rage ; des marteaux cyclopéens, mus par un moteur invisible, piétineront les plus durs métaux qui se tordront sous leur vigoureuse étreinte et montreront jusqu'où peut aller la puissance du génie aux prises avec les forces de la nature.

Une foule de curiosités meubleront ce célèbre Capharnaüm, et attireront les foules.

L'Orient tout entier répondant à l'appel, étalera tous ses trésors instructifs et splendides à la fois. Il sera facile d'étudier chaque contrée par ses produits, car ils caractériseront d'une manière aussi vraie que magnifique le génie de chaque peuple dans ce qu'il a de plus beau.

Çà et là un cri d'enthousiasme s'élève dans quelque coin du globe et retentit dans tous les échos ; c'est le signal qu'une merveille nouvelle vient de naître au monde.

Que de surprises dans les épanouissements de cette vision féerique, surtout dans les vitrines des Américains, ces géants que l'on voulait emprisonner dans une boîte de Mirmidons, et dont l'activité dévorante effraye ! D'un seul bond, en moins d'un siècle, ils sont arrivés au premier rang à côté des vieilles nations de l'Europe.

L'Exposition sera le résumé le plus brillant de tout ce qui a été fait. C'est le passé et l'avenir se donnant la main, et de cette étreinte solennelle jaillira un éblouissement splendide qui éclairera la route de l'avenir.

Là l'humanité sera vivante sous toutes ses formes : l'art, la science, l'industrie, le commerce, la politique, la philosophie, tout sera au rendez-vous. Nous connaîtrons la hauteur du génie du dix-neuvième siècle et pourrons mesurer la distance qui nous sépare encore de Dieu.

Un projet que je regrette beaucoup de voir abandonné, c'est l'éléphant monumental, moulé sur celui qui encombrait jadis la place de la Bastille, qui devait présider, du haut du Trocadéro, toute cette civilisation moderne venant déposer à ses pieds ses produits, lui, le représentant de la vieille Asie, jadis la reine de la civilisation. Toujours calme et immobile, comme le sphinx de l'antiquité, il devait laisser tomber de sa trompe de bronze l'eau pure et bruyante d'une cascade immense.

Symbolisme frappant qui aurait fait rêver le philosophe et le moraliste, en leur rappelant que tout découle du passé, et qu'il faut trouver dans ces flots qui descendent le cours des siècles, les paillettes d'or et les diamants que les génies du vieux monde nous ont légués, et que notre époque chercheuse retrouve un à un, après bien des luttes et des tentatives infructueuses.

A chaque pas, ce sera donc un enseignement ; car le monde entier s'est donné rendez-vous dans ce splendide caravansérail de la civilisation : le moraliste, le philosophe, l'économiste, le statisticien y trouveront matière à de profondes réflexions ; le commerçant et l'industriel, de nouveaux éléments de progrès ; et les poëtes ne manqueront pas d'accorder leur lyre pour chanter les couplets de ce banquet immortel de la pâque civilisatrice à laquelle seront conviés tous les êtres, depuis l'insecte modeste qui tisse lentement sa toile fragile entre deux brins d'herbe, jusqu'à l'aigle orgueilleux qui prête sa plume au génie; depuis l'esclave qui fabrique paisiblement sous sa hutte de bambou, au pied de l'Himalaya, le splendide cachemire qui pare une impératrice, jusqu'au souverain le plus puissant qui décrète les lois du peuple le plus civilisé.

(1) Selon l'accueil fait à ce premier volume, un second et un troisième viendront compléter cette nouvelle série de légendes parisiennes.

TABLE

INTRODUCTION

Pages.

Encore un livre sur Paris. — Quelle ville a plus de légendes? — Ruines et rêverie. — Le *De profundis* du souvenir. — Les petites vignettes de la grande histoire. — Ne les dédaignons pas. — La petite étoile des pastoureaux. — Plaidoyer pour mon musée. — La morale dans les légendes. — L'histoire dans la rue.. 1

LA CITÉ ET SES LÉGENDES

I. — La chasse aux légendes. — La formation d'une ville. — Le baptême historique et légendaire de ses rues. — La malice de nos aïeux. — Un vieux rébus municipal. — Les vieilles rues de la Cité. — Ce qu'on voit par la fenêtre gothique de la tourelle du coin. — C'est l'histoire de France qui passe. — La rue de la Licorne. — Son ancien nom. — La demeure de Jean Pitard. — La confrérie des chirurgiens. — Le puits de sa maison. — Les oublieurs et leurs statuts. — Origine du jeu de macarons. — Origine du pain bénit. — La Licorne et sa légende. — La rue Saint-Landry. — L'échelle patibulaire des évêques de Paris. — La chapelle de Saint-Landry. — Le premier asile des enfants trouvés. — Grandeur et décadence d'Isabeau de Bavière........ 4

II. — La rue Glatigny. — Le Val d'Amour. — Les rendez-vous galants sur le pont aux Meuniers. — Pourquoi il était choisi. — Origine du dicton : *Jeter son bonnet par-dessus les moulins*. — Les ribaudes. — Les maisons de refuge. — Rue Cocatrix. — L'échanson de Philippe-le-Bel. — La légende de Saint-Pierre aux Bœufs. — La rue Saint-Christophe. — La légende de sainte Marine. — L'anneau de paille. — Le tombeau de François Myron. — Souvenirs

Pages.

historiques sur le grand édile et son neveu Robert Myron. — Le premier pavé de Paris. — La rue des Marmousets. — Sa légende sinistre. — La rue du Haut-Moulin. — Saint-Denis la Châtre. — La rue Perpignan et son jeu de paume. — Une légende lugubre. — Les rues Haute, Basse et du Milieu des Ursins. — Une page d'histoire.................. 17

III. — La rue aux Fèves. — Ses étymologies. — Ses forgerons et orfèvres. — Un miracle de saint Marcel. — La chancellerie du roi Pépin. — La maison de la *Gerbe d'or*. — La légende du *Lapin Blanc*. — Son cabaret. — La Bourse du crime. — Ses illustrations. — La rue de la Calandre. — Son étymologie. — La ménagerie du roi. — Origine du mot *concierge*. — Ses droits. — Sa juridiction sur la rue de la Calandre. — Les fêtes de 1420. — La maison du crime. — La maison de saint Marcel, *bourgeois de Paradis*. — Ses légendes. — Le dragon. — Ses statues. — Comment il devient un des patrons de Notre-Dame.................. 39

IV. — La rue de la Barillerie. — La plus ancienne. — Son étymologie. — Le Noé parisien. — Le nectar des coteaux parisiens. — Les Barilliers. — Les caves royales. — Les moines buveurs. — Origine du dicton : *se donner une culotte*. — Ordonnances concernant le barillage. — La légende du tavernier du coin. — Au *Rat-viné*. — La Babillerie. — Les *crieries*. — L'hôpital des Enfants pauvres. — La famine au onzième siècle dans les rues de Paris. — L'incendie nocturne de 1618. — L'église de Saint-Barthélemy. — Ses chapelles et confréries. — Le pain bénit de François 1er en 1531. — La légende du roi Robert excommunié. — Le théâtre de la cité. — Prado. — Un monument qui demande à s'en aller. — Un anathème qui se trompe de route. 59

V. — La rue Saint-Eloi. — Ce qu'on appelle le bon vieux temps. — L'avez-vous trouvé ? — La légende de saint Éloi. — Son enfance. — Quand il était forgeron. — Comment il fut guéri du péché d'orgueil. — Son premier miracle. — La légende du fauteuil du roi Dagobert. — Le château de Rueil. — Piété et charité de saint Éloi. — Le monastère de Sainte-Aure. — L'orfévrerie, art national des Francs. — Ses châsses. — Son tombeau. — Il devient patron des orfèvres.

Pages.

— Les hymnes composées à sa gloire. — Origine, au seizième siècle, de la chanson populaire de roi Dagobert. — Napoléon III et la tradition artistique des rois mérovingiens.   62
VI. — Les divers noms de la rue Saint-Eloi. — La chevalerie. — Les orfèvres. — Leurs ouvroirs sur le pont au Change. — Leurs discussions avec les changeurs. — Les savetiers. — La légende du soulier de saint Eloi. — Le cri des savetiers. — Leur corporation. — Mauvaise réputation de l'église Saint-Eloi en la Saveterie.—Le monastère et ses désordres. — Le four de madame Saint-Aure. — L'église de Saint-Martial. — Les Barnabites. — Un miracle. — Une loterie sous Louis XIV. — La maison de Pratouillet. — Les ateliers de la Révolution. — La rue de la Ganterie. — Origine du dicton, *se donner des gants*. — Merci pour les vieux noms. — Le grand naufrage de la Cité..................   76

L'HOTEL-DIEU

Le grand caravansérail de la mort. — La charité au moyen âge. — Ce que les anciens faisaient de leurs malades. — Esculape et messire Legris. — Saint Landry fonde l'hôpital Saint-Christophe. — Donations royales et particulières. — Maison-Dieu. — Le legs des chanoines de Notre-Dame. — Les jonchées de Philippe Auguste. — Les dons de saint Louis. — Les bienfaiteurs. — Oudard de Mocreux, bourgeois de Paris. — Les beignets des sœurs Augustines. — La crèche de l'Hôtel-Dieu. — Curieuse coutume des bourgeoises de Paris. — Privilèges. — Chaque infirmité a son asile. — Organisation régulière au seizième siècle. — Dons d'Henri IV. — Le grand hôtel de l'Humanité. — Une date que le temps n'effacera jamais   87

NOTRE-DAME ET SES LÉGENDES

Pourquoi dit-on Notre-Dame? — Origine de la cathédrale. — Les douze sols d'Herminethrude. — Son fondateur. — Ses dimensions. — Une légende du diable. — Le plus long cierge qui oncques fut vu. — Une légende du diable. — Le plus long cierge qui oncques fut vu. — Une légende du diable surnommé Pierre du Cognet. — La légende de Saint-Christophe. — L'autel des paresseux. — Le missel et la cage de fer. —

— Ce qu'on lisait dedans.—Le calendrier de la vie humaine. — Un cathéchisme de pierre. — Le bénitier de Notre-Dame et l'origine de l'école de médecine. — La vierge à l'anel. — La fête de l'âne à Notre-Dame. — Légendes asines. — Le Parvis. — Enfer et Paradis. — La liberté au pied des tours de Notre-Dame. — L'épitaphe du chanoine Yver. — La statue équestre. — La galerie dite des rois de France. — Les Mays de Notre-Dame. — Les artistes ignorés. — Bas-reliefs. — Les vitraux historiés. — L'ouragan de 93. — La restauration. 101

LA FOIRE AUX JAMBONS A PARIS

Ne faisons pas étalage de science à propos des étalages de la foire. — Ancienneté de la foire aux jambons. — La légende de Monseigneur du Bourbier. — Une vieille chanson latine. — La légende du fils de Louis le Gros. — Ordonnance du treizième siècle. — Privilége des pourceaux de saint Antoine. — Quels étaient les boueurs du vieux Paris. — La corporation des charcutiers fondée en 1475. — Statuts. — Les fonctions de *Langayeur*. — Priviléges des charcutiers. — La fine andouillette et la tranche de jambon chez les moines de Saint-Bernardin. — Une pyramide de charcuterie. — Ce qu'en penserait Gargantua et ce qu'en dirait un membre de la société des légumistes. — Une vieille enseigne devenue proverbe. 133

ORIGINE DE LA RUE DE LA HARPE

La rue de la Harpe. — Ses anciens noms. — Le collège de Raoul d'Harcourt. — Saint-Côme et Saint-Damien. — La légende de François Trouillac. — Son épitaphe. — L'enseigne du roi David. — Ce à quoi songeait la belle Agnès. — Un orage affreux et ce qu'il en advint. — Le cauchemar du luthier. — Un page de messire Satanas. — La nouvelle qu'il apporta. — Le diable plus malin que le grand prévôt. — La légende de la belle Nanette. — Fatalité!!!....... 143

LA RUE DU PUITS QUI PARLE

Les puits miraculeux. — Celui de Saint-Marcel. — Un antique usage. — Le puits de Lori et le pilori. — La vérité qui ne sort pas du puits qui parle. — Quatre légendes pour une. — La véritable. — Le castel du comte d'Argile sur la montagne Sainte-Geneviève. — Un père qui propose et l'amour qui dispose. — Une victime des lois de la vénérable hiérarchie seigneuriale. — Un chevalier félon. — Anathème et mystère. — C'est le diable. — Panique. — Ce que l'on trouva dans une oubliette d'un couvent des Bénédictines. — Pauvre Odette ! — Le nouveau nom de la rue du Puits-qui-Parle. — Amyot. — Un nom bien choisi. — Souvenirs historiques qui le justifient. — Les noms incrustés sur la butte latine. — Les semeurs d'idées. — Ce que font nos écoliers du dix-neuvième siècle de la belle langue d'Amyot.. 150

LA FOIRE DU LANDIT

La plus ancienne foire de France. — Son étymologie. — Son origine. — Les logettes du champ de foire du Landit. — Priviléges des marchands. — Les attributions du capitaine du Landit. — Ce que des marchands arméniens amenèrent à la foire en 1400. — Entrée des chats angoras à Paris. — Leur légende. — Origine du village de Popincourt. — D'où vient le mot égout. — Les rats de Montfaucon mordent la poussière. — Ce que l'on vit à la foire du Landit au mois d'août 1427. — Les plus pauvres gens qui oncques furent vus dans le beau royaume de France. — Ce qu'il en advint. — Origine de l'argot. — Les argotiers de la cour des Miracles. — Leurs mystères découverts par un page de la chambre d'Henri IV. — Aspect de Paris les jours du Landit. — Les bons tours des écoliers. — Une vieille jovialité du temps de Louis XI. — Quel était le plus beau jour de la foire. — Curieuses coutumes. — Les frippe-Landits. — Ce qu'il reste du Landit............................. 163

LA LÉGENDE DE SAINT NICOLAS

Un ancien usage. — Chaque confrérie a son patron. — L'église Saint-Nicolas du port Saint-Landry. — La fête des bateliers parisiens au treizième siècle. — La complainte que les enfants récitaient dans les carrefours de la Cité. — Pourquoi Saint-Nicolas est le patron de la navigation. — Légende.

— Une curieuse superstition. — Le coulon blanc de saint Nicolas. — La tradition légendaire de cette coutume naïve. — La ballade de Saint-Nicolas sur les bords du Rhin. — Saint Nicolas gardien des trésors. — La légende des Monténégrins. — Voyage de saint-Nicolas. — Ce qu'il racontera en rentrant au paradis.................................. 181

LES PETITS AUTELS DE LA FÊTE-DIEU

Les petits autels. — Ramassons les miettes de l'histoire. — Les madones parisiennes. — Bravades des Huguenots. — Du sang, toujours du sang ! — La vierge de la rue des rosiers. — Ce que dit un rimailleur du temps. — Les pousse-crapauds. — Les couplets catholiques. — L'heure de l'indifférence. — Les processions du vieux Paris à la Fête-Dieu. — Une autre opinion. — L'aumône faite aux Quinze-Vingts. — Erreurs. — La fête de la *Maïa* et ses autels. — Différence des deux coutumes. — Respect aux vieux usages... 791

DICTONS PARISIENS

Dictons et proverbes. — La menue monnaie des gens bien avisés. — Les dictons parisiens. — Leur origine. — Donner une danse. — Payer en monnaie de singe. — La confrérie des ménétriers. — Se mettre en grève. — En revenant de Pontoise. — La semaine des quatre jeudis. — Attendez-moi sous l'orme. — Aller au diable Vauvert. — Après lui il faut lever l'échelle. — Faire l'école buissonnière. — Origine de l'Hôtel des haricots. — Mettre au violon. — Faire des pas de clerc. — Ceux qui en font. — Les pas de clerc du progrès. — Au temps du bon saint Louis. — L'œillade est le plus court chemin d'un cœur à un autre. — Une passerelle diabolique. — Un signe de croix bien mal placé. — Fatal dénoûment..................................... 205

LES ENSEIGNES DU VIEUX PARIS

I. — Pas si vite, S. V. P. — Les enseignes. — On n'a pas encore fait leur histoire. — Les corporations. — Leur uti-

Pages.

lité. — Les six grandes corporations marchandes. — Leurs armoiries et enseignes. — Origine du prévôt des marchands. Utilité et importance des enseignes. — Ordonnances y relatives. — Origine du bouchon. — De l'esprit et de la malice des enseignes. — Les rebus. — La Samaritaine. — Le cabaret de la *Pomme-de-Pin*. — Le vieux quai de la Ferraille.. 225

II. — Les vieilles maisons et les enseignes sculptées. — La rue des Prêcheurs. — La rue des Vieilles-Étuves. — Un monde fantastique. — Les plus célèbres. — La fameuse *truie qui file*. — Sa généralité. — Son origine. — Son symbolisme. — Légende. — Curieuse cérémonie de la mi-Carême. — Les saints et les patrons des métiers. — Leurs légendes. — Le diable dans les enseignes. — Les enseignes bibliques, mythologiques, légendaires. — Celle de la rue Cherche-Midi. — Le proverbe. — Le lion d'or. — Un calambour non reconnu par la loi. — L'enseigne dans le blazon. Le reflet des idées du temps. — Le numérotage des maisons. — Quand il a commencé. — L'orientation des rues. — Le règne de l'affiche. — Son histoire. — Roulez-vous les uns les autres. — Un vieux proverbe toujours vrai............ 238

LA LÉGENDE DE MONT-SOURIS

Les Parisiens ne connaissent pas Paris. — Un hameau du vieux temps. — Etymologie de Mont-Souris. — Ses galeries souterraines. — La légende du géant Isoré. — Sa tombe. — Le palais des morts. — Une résurrection historique. — L'obélisque de Mont-Souris. — Ce qui se passera dans le nouveau jardin..., 257

LA LÉGENDE DE BICÊTRE

Une plaine maudite. — L'endroit le plus fantastique des environs de Paris. — La Grange aux Gueux. — Qui en était le propriétaire. — Six moines et un évêque qui ne sont pas braves. — Un barbier gascon né malin. — C'est un brave. — Sa conversation avec le Diable. — Une âme de première qualité. — La puissance de l'eau bénite. — Le premier

Pages.

châssis posé en France. — Les Invalides sous Louis XIII. — Une histoire imbibée de larmes et de sang. — Guillotin et la première expérience de sa machine. — Un nouveau jardin public.. 265

LA LÉGENDE DU PONT-NEUF

Un pont chargé de souvenirs. — C'est lui qui amarre la carène parisienne. — La première pierre. — Le Château-Gaillard. — Le *Pont des Pleurs*. — D'où vient son nom de Pont-Neuf. — Henri IV et une gasconnade royale. — Ce qu'il entendait par le droit canon. — La légende des îles *au bureau des Treilles* et *du passeur aux vaches*. — Le bûcher de Jacques de Molay. — Le doigt de Dieu. — Les charlatans. — Tabarin. — La légende d'Arlequin. — Le quai des Morfondus. — Turgot chansonné. — La Samaritaine. — La statue de Henri IV. — Le café-concert du *Vert-Galant*. — Le pilote de la cité............. 275

LA LÉGENDE DE LA SEINE

La légende religieuse des rives de la Seine. — Sa source. — La légende de saint Seine. — Son arrivée dans les forêts des Burgondes. — La clochette mystérieuse. — Comment lui fut révélé l'emplacement de son monastère. — Vicissitudes de cette abbaye. — La pierre légendaire de l'âne de saint Seine. — Vénération de saint Seine aux *Assises générales* de Bourgogne. — La Seine bénie à sa source comme le Rhin et le Rhône. — Une légende rustique. — La légende mythologique. — Le cours de la Seine. — La Seine à Paris. — Souvenirs historiques. — Les poëtes de la Seine. — Les Notre-Dame de son embouchure. — Leurs légendes....... 297

LA LÉGENDE DE SAINT-CLOUD

Qui connaît la légende de Saint-Cloud ? — Saint-Clodoald. — Les ciseaux et le glaive. — Il se fit moine lui-même. — Saint Séverin. — Son retour à Paris. — Nogent-sur-Seine. — La légende du manteau de saint Cloud. — Sa mort. — Son épitaphe. — Ses reliques. — La félonie d'un capitaine bourguignon. — Sa statue. — Légende. — Henri III et Jacques Clément. — La légende du pont de Saint-Cloud. — Le diable y met sa griffe. — Les filets. — Ce qu'il y avait dans les filets de Saint-Cloud en 1754. — Une anecdote sur le rusé Mazarin. — Souvenirs. — Un rapprochement historique. — La foire de Saint-Cloud. — Les saltimbanques. — La légende d'un phénomène historique. — Vieux refrains. — Une évocation légendaire. — Gais Parisiens, rassurez-vous 323

LA LÉGENDE DES BUTTES CHAUMONT

Les lamentations des antiquaires *super flumina Sequanæ*. — Leurs anathèmes. — Que celui qui n'a pas failli jette le premier moellon. — Ce que racontent les ruines d'une ville. — Le grand magicien municipal. — Voici l'ennemi. — Le carnet de voyage du choléra. — Remercions nos édiles. — Le sombre tableau du poète. — La complainte des antiquaires, parodie. — Les squares de Paris. — Une ceinture hygiénique. — Paris florissant. — Les promenades au moyen âge. — Histoire des promenades de Paris. — Le Cours-la-Reine, anecdote. — Les Champs-Élysées. — Les boulevards. — Les jardins anglais. — Le bois de Boulogne. — Ce que Napoléon Ier appelait son jardin anglais. — Les arbres exotiques acclimatés............................ 339

II. — Heureuses les buttes qui ont une histoire. — Les buttes Chaumont. — Leur étymologie. — Le plâtre et les maisons de carton des Parisiens. — Les moulins. — Celui de la Chopinette donne son nom à la barrière. — Le mont des Martyrs et le mont des Héros. — Ce qui se passait la nuit du 20 mars 1814 dans un cabaret de la Villette. — Une page de honte dans l'histoire. — Un épisode inodore. — Vingt braves Cosaques qui ne sont pas morts en odeur de sainteté. — Le nouveau square et ses merveilles. — Un oubli. — Ce qui fait les gra   générations............. 353

LE CHAMP-DE-MARS

Actualité et légende. — La plus grande des expositions. — Le concile œcuménique de la civilisation. — Le champ de

Mai. — Souvenirs. — Le Champ-de-Mars devenu le champ de la civilisation. — Fraternité universelle. — Ce que m'a dit une voix sortie du Champ-de-Mars. — Une page douloureuse. — La légende de Bailly. — Un calvaire. — La tour de Babel. — Ce qu'on y verra. — Les curiosités. — L'éléphant du Trocadéro. — Son symbolisme. — Le rendez-vous général du monde entier...................... 363

Table.. 373

FIN DE LA TABLE

POUR PARAITRE PROCHAINEMENT

DU MÊME AUTEUR

UNE POIGNÉE
DE
LÉGENDES

LÉGENDES DE CHASSE

LES
LÉGENDES DES MOIS

LES
SOCIÉTÉS BADINES

BACHIQUES, LITTÉRAIRES ET CHANTANTES

LEUR HISTOIRE ET LEURS TRAVAUX

OUVRAGE POSTHUME DE

M. ARTHUR DINAUX

REVU ET CLASSÉ PAR

M. GUSTAVE BRUNET

AVEC UN PORTRAIT A L'EAU-FORTE, PAR G. STAAL

2 beaux volumes de 450 pages

PRIX   14 francs.

CHEZ BOCHELIN-DEFLORENNE
3, QUAI MALAQUAIS, 3
Au premier (près de l'Institut).

OPINION DES JOURNAUX

SUR

LES FÊTES LÉGENDAIRES

De tout temps la légende a enflammé les imaginations, et malgré les mille formes nouvelles enfantées par la littérature moderne, les traductions chevaleresques ou fabuleuses des antiques légendes ont, de nos jours, conservé tout leur intérêt.

Rien, en effet, n'apporte à l'esprit un sentiment plus vif, que ces récits merveilleux, échos fidèles du passé et qui nous donnent les premiers mots du génie des peuples où ils sont nés. Ces symboles éternels ne nous révèlent-ils pas la nature, les mœurs, les usages des diverses races humaines, bien mieux que ne le fait l'histoire elle-même, puisqu'ils sont exempts de partialité et expriment naïvement nos craintes et nos espérances?

M. Amédée de Ponthieu a eu une précieuse idée, en recueillant en un volume les légendes de nos fêtes. Son livre simplement écrit, clairement distribué, offre un intérêt pour tout le monde; et, le pied dans l'âtre, pendant les longues soirées d'hiver, il n'est pas une aïeule qui ne sera heureuse de lire à ses petits-enfants la *Légende des rameaux* ou la *Légende du drapeau français*.

Une grande variété règne dans ces mille histoires remplies toutes, chacune dans leur genre, d'un intérêt soutenu.

Il y est parlé de tout : de Jésus et du Juif Errant, de Ronsard comme de Virgile. Héliogabale n'y est pas loin du duc de Lancastre et de Napoléon Ier; Vénus y coudoie Cléopâtre et Clémence Isaure. On y apprend l'origine de la promenade du bœuf gras, aussi bien que celle du drapeau anglais.

Savez-vous ce que contient un œuf de vingt mille francs? Connaissez-vous le prêche de Massillon sur les mouches? Pouvez-vous dire pourquoi le buis est toujours vert, et quelle est l'origine des roses blanches? Le livre de M. de Ponthieu vous l'apprendra.

Lisez la *Procession du hareng saur au quatorzième siècle*, puis après, la ravissante *Légende de la rose*, vous aurez vite une idée de la diversité des sujets.

Le grand mérite de l'ouvrage de M. Amédée de Ponthieu est surtout dans la naïveté que l'auteur met lui-même à rapporter ces légendes. Jamais d'emphase dans le style et point d'embarras dans la narration. Aussi, afin de nous montrer qu'il sait écrire un morceau vigoureux, a-t-il fait précéder ses *Fêtes légendaires* d'une introduction pleine de couleur et qui contient des aperçus historiques et philosophiques d'une certaine élévation.

On ne saurait trop recommander la lecture de ce livre aussi amusant qu'instructif et s'adressant aux grandes personnes comme aux enfants.

M. Amédée de Ponthieu nous prépare une série d'ouvrages dans ce genre; nous lui souhaitons la même réussite d'exécution que pour celui-ci, persuadé que le succès en sera la conséquence inévitable.

(*Gringoire*, 25 mars 1866).

FÉLIX JAHYER.

Les Fêtes légendaires, par Amédée de Ponthieu, in-18. — Livre de famille, excellent à mettre entre les mains des jeunes personnes. Sans donner la moindre surexcitation à l'imagination, il intéresse par un mélange habile de l'histoire et de la fable. On est toujours content de voir par quelle filière poétique a passé une tradition avant de devenir légende.

(*La Presse du 24 avril*).

G. BELL.

L'auteur de ce recueil est bien connu des lecteurs de *L'International* qui ont eu plus d'une fois l'occasion d'apprécier la grâce de ses pensées et le charme de son style.

M. Amédée de Ponthieu s'est pénétré du véritable esprit de la légende, et nul ne la raconte mieux que lui. Il fait sortir de cette tige mystique toutes les fleurs qu'elle est susceptible de porter. Il égrène ce rosaire avec un soin scrupuleux. Le volume qu'il présente au public est consacré à toutes les grandes fêtes religieuses de l'année, depuis Noël jusqu'au jour des Morts. C'est un recueil qui s'adresse au cœur non moins qu'à l'imagination, et qui a toutes les chances de réussir.

(*L'International du 4 avril* 1866).

HIPPOLYTE LUCAS.

Bien autrement agréable et saine est l'impression que m'ont laissée les *Fêtes légendaires*, de M. Amédée de Ponthieu.

Le réalisme sceptique et brutal n'a rien à voir en ces aimables récits, qui bercent doucement l'esprit et le cœur comme une naïve chanson de nourrice. De cette ingrate époque où nous vivons, ils nous reportent aux siècles crédules et poétiques, au moyen âge, à l'enfance du monde chrétien. *Noël*, l'*Épiphanie* les *Rameaux*, *Pâques*, la *Fête-Dieu*, la *Pentecôte*, la *Saint-Jean*, autour de chaque fête de l'église, l'auteur forme un chapelet, une guirlande de pieuses traditions, de souvenirs chevaleresques, et du sacré, par une transition facile, passant au profane, il mêle aux légendes religieuses quelques légendes mondaines, patriotiques ou champêtres, sur le drapeau français (oriflamme, fleurs de lys, le coq gaulois, l'aigle, etc.), sur la première rose et la dernière hirondelle, le roitelet, la mésange, et l'*ange gardien de l'épi de blé*.

Tel est ce volume : il est écrit pour les honnêtes gens.

(*Le Pays du 3 mai* 1866).

HENRI D'AUDIGIER.

C'est une heureuse idée qu'a eue M. A. de Ponthieu de rassembler, pour ainsi dire, en une seule gerbe ces beaux épis qui ont charmé nos pères, sous le titre de légendes. Ces naïfs et touchants récits du bon vieux temps ont été choisis avec autant de goût que de discernement. Ce recueil évitera bien des recherches aux érudits et comblera d'aise les compilateurs, qui y trouveront une ample moisson à récolter.

Les curieux et les chercheurs n'auront que l'embarras du choix :

Histoires lugubres, Pénitence, Noël bourguignon, Roses de Jéricho; ce que les bêtes' disent, la Gésine, les Fureurs d'Hérode, la Fête des fous, le Roi de la fève, les Légendes de l'Épiphanie, du Carême, des Rameaux, des Pâques et des Œufs.

Le culte de la rose chez les anciens, les traditions de la Bretagne, les vieilles coutumes de la Provence, les mystères, etc., etc., tout s'y trouve : l'horrible, le gracieux, le plaisant et le sévère. Nous ne savons pas de recueil plus curieux, plus varié, plus touchant; beaucoup de ces légendes et des chants naïfs qu'elles contiennent deviendront populaires, certainement. Si plus d'espace nous était accordé, nous ne pourrions résister au plaisir de placer ici deux ou trois de ces noëls remplis de foi, de tendresse et de simplicité.

(*La France*, 23 *juillet* 1866).

Stéphane de Rouville.

J'ai à vous parler encore d'un livre fort curieux que M. Amédée de Ponthieu, l'un de nos chroniqueurs émérites, vient de m'adresser. *Les Fêtes légendaires*, tel est le titre de cet ouvrage remarquable, qui offre à la lecture tout le charme du roman et tout l'intérêt de l'histoire. Ce livre demanderait tout un numéro du *Bibliophile* pour être analysé. Qu'il nous suffise de signaler aux curieux les chapitres suivants : Coup d'œil sur le moyen âge, Origine des légendes, les vieux Noëls, le carême et ses légendes, les Prédicateurs burlesques, la Légende des Rameaux, Pâques et les œufs de Pâques, la Légende de la Rose, les Feux de la Saint-Jean, la Légende du Drapeau français, la dernière Hirondelle, la Légende des trépassés.

(*Le Bibliophile Français*, 31 *mars*).

Le *bibliophile* Julien.

— Les amateurs de légendes trouveront dans le volume charmant des *Fêtes légendaires*, de M. Amédée de Ponthieu, des détails historiques très-curieux sur toutes les fêtes de l'année. C'est un livre de bibliothèque qui sera consulté avec fruit par le journaliste et le père de famille.

Par le journaliste : il trouvera dans ses pages savantes de précieux documents historiques qui remplaceront le cliché traditionnel et banal que l'on sert périodiquement à l'abonné au retour des grandes fêtes; ce sera son manuel historique.

Par le père de famille : c'est dans ce livre écrit pour les honnêtes gens qu'il pourra lire à ses enfants réunis le matin ou le soir d'une fête, tous les faits légendaires qui s'y rattachent, et dont la lecture agréable, instructive et charmante tout à la fois, donnera à leur esprit jeune et impressionnable une idée artistement colorée de la grande solennité du jour, impression qui les accompagnera plus tard lorsqu'ils seront des hommes.

L'ouvrage de M. Amédée de Ponthieu est le corollaire historique indispensable des *Fêtes chrétiennes,* publié en 1843, par le vicomte de Walsh.

(*L'Union du 7 décembre*).

X.

Les *Fêtes légendaires!* c'est là un ouvrage bien écrit, gros de faits et d'observations, — intéressant d'un bout à l'autre. Je ne connais pas M. de Ponthieu, mais il me semble qu'il doit appartenir à la génération nouvelle ; — je gagerais même que ces *Fêtes légendaires* sont le premier important ouvrage lancé au public par une main jeune et vigoureuse qui se propose d'en adresser bien d'autres aux lecteurs.

Le style est ferme, suffisamment coloré, généralement soigné ; je ne lui ferai qu'un seul reproche, c'est de viser parfois un peu à l'effet ; somme toute, il y a l'étoffe d'un bon écrivain dans l'auteur de ces trois cents pages qui disent nettement ce qu'elles ont l'intention de dire. Ce n'est pas là, soyez-en sûrs, un faible éloge ; rien n'est plus difficile, en effet, que d'exprimer sa pensée en termes précis et justes. C'est dans le choix des expressions, plus peut-être que dans la tournure de la phrase, que l'on reconnaît les écrivains distingués.

Peu de titres renferment plus de séductions que celui qu'a choisi M. de Ponthieu. La légende c'est l'histoire poétisée, — c'est l'histoire vue à travers l'imagination exaltée du peuple, — c'est l'histoire dégagée de ses lignes aux arêtes vives et droites, — c'est l'histoire enveloppée d'une gaze qui en adoucit les contours.

Les fêtes légendaires se présentent à nous dans l'ordre invariable des fêtes de l'année. Noël ouvre la marche, et ce n'est que justice. Il n'est pas de jour qui éveille dans l'esprit de tous, plus de récits merveilleux, plus d'histoires mystérieuses. Noël symbolise, en effet, la plus grande de toutes les révolutions du christianisme.

Aussi, ne doit-on pas être surpris que le peuple, frappé des conséquences prodigieuses de la naissance du Christ, ait entouré la fête de Noël de fictions où se peignent en même temps une crainte religieuse et une foi naïve.

M. Amédée de Ponthieu nous parle tour à tour des légendes de l'Épiphanie et du Carême, — des légendes des Rameaux, de Pâques et de la Pentecôte, — de la Fête-Dieu et des processions, — des feux de la Saint-Jean, de la légende du Drapeau Français, etc.

Tous ces chapitres sont nourris, substantiels. Les lire, c'est à la fois s'instruire et passer un agréable moment.

(*La Science pour tous*, 13 décembre 1866).

RICHARD CORTAMBERT.

Ne riez pas trop, lecteurs de 1866, de ces légendes pieuses, elles sont les fleurs mêmes du sol français, elles furent durant la longue misère des époques féodales, la consolation et la poésie du peuple. Qui croit souffre moins.

Ce que M. Amédée de Ponthieu a compris, c'est la pensée qui anime ses recherches sur les *Fêtes légendaires*. Rien de plus instructif et quelquefois de plus inattendu. Voulez-vous savoir *ce que les bêtes disent au coup de minuit ?* La légende de Noël vous l'apprendra. Ignorez-vous *pourquoi le buis est toujours vert ?* M. Amédée de Ponthieu va vous le dire ; s'il vous arrive de vous demander *où va la dernière hirondelle ?* Notre jeune et érudit écrivain vous répondra. Ignorez-vous *quel est l'ange gardien de l'épi de blé ?* M. Amédée de Ponthieu affirme que c'est le petit oiseau. Ce qui est une idée poétique sans être un paradoxe.

(*Le Nord du 29 août* 1866).

HENRI DE BORNIER.

Un livre exempt de passion, c'est celui de M. Amédée de Ponthieu, intitulé les *Fêtes légendaires*. Ici, l'auteur écrit non pour prouver mais pour raconter. Il ne cherche ni à blâmer ni à approuver, mais il charme toujours. Personne plus que M. de Ponthieu ne sait allier la douceur du sentiment avec la fraîcheur de l'imagination. Les légendes qu'il nous raconte possèdent une grâce exquise et touchante ; elles renferment un tel parfum de poésie naïve et d'aimable érudition, que l'auteur paraît avoir vécu aux époques mystérieuses où se placent ses récits. Il faut l'entendre évoquer les vieilles fêtes de Noël, de l'Épiphanie, du Carême, des Rameaux, de Pâques, de la Pentecôte, de la Fête-Dieu, de la Saint-Jean et des Trépassés. Il nous arrache doucement aux tristes préoccupations de l'heure présente pour nous plonger dans la poésie du moyen âge, dont il nous fait oublier les longues misères, en nous en faisant partager les douces folies et les courtes joies. On comprend, en le lisant, l'histoire des temps passés, et on se rend compte des difficulté qu'à dû vaincre la raison pour triompher des entraînements et des aberrations, des sentiments exaltés et des imaginations surexcitées. M. Amédée de Ponthieu est véritablement l'homme des légendes; comme Gérard de Nerval, il paraît avoir la nostalgie du passé.

Il est doux et consolant de jeter un regard sur le chemin parcouru, avec un guide comme l'auteur des *Fêtes légendaires*, qui sait vous faire aimer le temps jadis, sans jeter l'anathème aux idées et aux sentiments plus virils des temps modernes.

(*Progrès de Lyon*, 16 avril).

ANDRÉ ROUSSELLE.

La fête dont le 1866e anniversaire tombe demain est la plus symbolique de toutes les fêtes de l'année, c'est aussi l'une de celles que le catholicisme du moyen âge a entourées de ses légendes les plus merveilleuses. Un écrivain de talent, M. Amédée de Ponthieu, vient de faire paraître sous ce titre : *les Fêtes légendaires*, un livre auquel nous empruntons des renseignements pleins d'intérêt sur les légendes de la Pentecôte.

Son nom, comme chacun sait, veut dire cinquantième. C'est en effet le jour où, sept semaines après Pâques, le Saint-Esprit descendit sur les apôtres, remplissant ainsi la promesse que le Christ leur avait faite, au moment de son ascension, de revenir au milieu d'eux pour leur donner les moyens de continuer son œuvre.

C'est sous la forme d'une colombe que, suivant la tradition chrétienne, le Saint-Esprit descendit sur les disciples de Jésus. Il devait en être ainsi, car cet oiseau a été considéré de toute antiquité, chez les Hébreux aussi bien que chez les païens, comme le symbole d'innocence le plus cher à la divinité, qui aimait à emprunter son image pour se manifester aux hommes. Comment la colombe a-t-elle mérité ce glorieux privilège ? Voici l'explication qu'en a donnée un bon moine du dixième siècle, à qui elle fut révélée dans une vision relatée par le registre du monastère.

Ici nous cédons la parole à l'auteur des *Fêtes légendaires*, car son récit est empreint d'un charme que nous craindrions d'affaiblir en le résumant :

« Pendant le déluge, Satan n'ayant plus rien à besogner sur la terre, se retira dans le coin d'un nuage très-noir, le plus bas qu'il put trouver, afin d'être proche de la terre et de s'élancer sur le premier être qui paraîtrait ; il avait avec lui comme compagnon un serpent, son ami intime. Fatigué d'attendre, il sollicita une entrevue de Dieu et l'obtint. Le bon moine ayant prêté l'oreille entendit le malin esprit dire à Dieu ces paroles : « Pourquoi m'as-tu damné pour toujours, moi qui ne t'ai offensé qu'une fois, tandis que tu sauves des milliers d'êtres qui t'ont offensé si souvent ? Aujourd'hui tu les châties ; mais en même temps, tu sauves un couple de chaque espèce. Les hommes vont repeupler et recommencer à t'offenser, et toi, tu leur pardonneras encore. Tu pardonnes à tous, à moi jamais ! »

Dieu lui répondit : « M'as-tu demandé pardon une seule fois ? Incline-toi devant moi, repens-toi ! Ma bonté, qui est immense, te rendra le rang que tu avais parmi mes anges. »

Satan refusa. C'était un moment solennel. Si cette grande réconciliation s'était accomplie, le monde, en renaissant avec Noé, le second père du genre humain, retrouvait le Paradis terrestre.

L'esprit du mal retourna dans son nuage, et, dès qu'il vit poindre la première aiguille d'un rocher, c'était le mont Ararat, il sauta dessus. C'est lui qui, le premier, posa le pied sur le monde ressuscité et lavé de toutes ses souillures par la colère divine. Assis sur ce rocher, nu, la tête baissée, ses grandes ailes velues lui font comme une guérite sous laquelle il s'abrite ; à ses pieds rôde le serpent avec lequel il médite quelque machination infernale ; la nuit étend son voile noir autour d'eux ; dans les cavités des rochers résonne le clapotement lugubre des eaux vengeresses. Les yeux du roi des maudits et ceux du serpent brillent comme quatre étoiles sinistres échouées sur ce rocher, au milieu du cataclysme universel. »

N'est-il pas vrai qu'on retrouve dans cette description comme un souffle miltonien, et que nous avons bien fait de ne pas l'écourter ?

Suit un résumé.

(*La Patrie*, 20 mai 1866.)

H. VIERNE.

On a reproché aux historiens de ne raconter que la vie des rois, et il est peut-être vrai que l'histoire des peuples reste encore à faire. On pourrait relever quelque chose de semblable dans l'ordre des idées comme dans celui des faits. Les grands écrivains ne nous peignent, le plus souvent, qu'une partie de la société, qui en est l'élite, mais aussi la minorité. Celui qui veut connaître et étudier le peuple doit alors interroger cette littérature naïve qu'il s'est faite lui-même dans les chansons et les légendes. M. de Ponthieu a eu l'heureuse idée de recueillir les légendes qui touchent aux grandes fêtes et aux époques signalées de l'année religieuse, pour en faire un tout composé d'éléments variés, où se reflètent curieusement les mœurs et les tendances des peuples si différents, aujourd'hui fondus en cette nation qui est la nôtre. Du Breton au Provençal, du Basque à l'Alsacien, par combien de teintes et de variétés le récit populaire ne passera-t-il pas, ici plus mystique, là plus humain, tendre et rêveur de ce côté, ardent et passionné de l'autre ! Il y a un charme dans l'ordre adopté par l'auteur des *Fêtes légendaires*, qui nous fait parcourir le cercle de l'année : on passe avec plaisir à travers les diverses phases des saisons, depuis la fête tout intime de Noël, qui groupe la famille autour du foyer, tandis que la neige tombe au dehors et que le vent bat les vitres, jusqu'à cet épanouissement printanier au milieu duquel se produisent les solennités de Pâques et de la Pentecôte.

(*Revue contemporaine*, 15 septembre.)

J. GUILLEMOT.

Aujourd'hui, les légendes sont à la mode.

Quelques bons esprits, effrayés de voir le goût public se blaser avec les grandes rengaines romantiques à la Ponson du Terrail, ont ramené le public à la lecture de ces charmantes traditions qui faisaient la joie du vieux paysan de France.

Un de nos écrivains qui ont le plus contribué en ces derniers temps à ce revirement moral est, sans contredit, M. Amédée de Ponthieu, avec ses nombreux feuilletons légendaires dans l'*International*; aussi vient-il de réunir en un charmant volume une série de légendes sous le nom populaire de *Fêtes légendaires*.

Choix varié de récits savamment soudés ensemble, aperçus fins et spirituels, rapprochements ingénieux, origines historiques d'une foule de coutumes, style pittoresque, tantôt naïf, tantôt grandiose, teinte moyen âge bien conservée, tout est réuni dans l'ouvrage de M. Amédée de Ponthieu pour en faire une une lecture agréable, instructive et intéressante.

C'est le défilé historique et légendaire de toutes les fêtes de l'année, depuis Noël jusqu'au jour des Morts.

Une préface grandiose donne un brillant échantillon du savoir-faire de l'auteur et pose carrément le but qu'il se propose ; but tout patriotique, faire aimer la France, qu'il étudie à un point de vue tout aussi original que nouveau, au point de vue des récits populaires dont il semble posséder le secret.

Un pareil livre ne s'improvise pas, c'est le résultat d'un long et consciencieux travail fait par un esprit chercheur et intelligent qui a fureté un peu partout et a su si bien s'identifier avec son sujet (chose rare dans un écrivain), qu'on croirait qu'il a écouté à la porte de la hutte du serf des treizième et quatorzième siècles pour raconter si bien ce qu'il dit.

Nous recommandons à nos nombreux lecteurs *les Fêtes légendaires* de M. Amédée de Ponthieu ; c'est un livre qui a sa place dans toutes les bibliothèques, à côté des *Fêtes chrétiennes* du vicomte de Walsh, dont il est le complément, car il a un but louable et élevé, instruire et moraliser, et ces livres-là sont rares au milieu de cette avalanche de romans malsains qui envahissent aujourd'hui les officines de nos libraires.

(*La Gazette universelle*, 17 mai 1866.)

Vicomte MAURICE DE CAIX.

Des nombreuses branches dont se compose cet arbre si ample, si majestueux, qu'on nomme la littérature du moyen âge, la plus riche, la plus féconde, est incontestablement celle des légendes. Elle n'est pas simplement l'œuvre de quelques poëtes ou de quelques écrivains; elle est le produit d'un peuple tout entier, disons plutôt de tous les peuples chrétiens. Dans les légendes, on retrouve sans peine le reflet de leurs mœurs, de leurs passions, de leur génie, de leur tempérament.

Nous avons la preuve de cette vérité dans le curieux et charmant livre que M. Amédée de Ponthieu, rédacteur à l'*International*, vient de publier sous ce titre : *Les Fêtes légendaires*. Il s'agit des principales solennités du Christianisme, à commencer par celle de Noël et à finir par celle des Morts. Combien de traditions populaires, non moins pittoresques que poétiques, à la fois naïves et sublimes, sombres et enjouées, gracieuses et terribles, se rattachent à ces fêtes de notre vieux calendrier ! Et ce qu'il y a de plus singulier, c'est que, dans ces milliers de récits, il n'est aucune de nos anciennes provinces qui n'ait fourni son contingent.

Non pas que nous prétendions qu'il n'y ait qu'à se baisser pour avoir à l'instant un de ces floriléges qui font le charme des connaisseurs ; non pas que nous nous efforcions de ravir à M. Amédée de Ponthieu la moindre partie de la louange qui lui est due pour avoir mené son œuvre à bonne fin ! Sans doute, la moisson était abondante ; mais à côté de ces épis si dorés s'étalaient bien des herbes inutiles :

Infelix lolium et steriles dominantur avenæ.

Pareil au laboureur habile et diligent, M. Amédée de Ponthieu a recueilli de ce champ du moyen âge, si couvert de broussailles, le grain qui nourrit, et rejeté au loin l'ivraie qui empoisonne.

C'est une gerbe gracieuse, liée avec le cordon monacal d'un véritable bénédictin, et fleurie de toutes les fleurs de la vieille poésie populaire si chère aux raffinés littéraires.

C'est un livre de bibliothèque que tout le monde consultera toujours avec fruit, et qui complète les *Fêtes chrétiennes* du vicomte de Walsh.

Nous osons donc prédire aux *Fêtes légendaires* de M. Amédée de Ponthieu un long et légitime succès.

(*Revue et Gazette des théâtres*, 10 mai.)

A. CHARGUERAUD.

À lire : un charmant volume de M. Amédée de Ponthieu — *Les*

Fêtes légendaires — très-intéressant, très-instructif, très-soigneusement fait.

J'y cueille au hasard cette anecdote :
Suit un extrait.
(*Le Charivari du 3 mai* 1866.)

GABRIEL GUILLEMOT.

Les légendes ne sont pas seulement d'ingénieuses broderies, des paillettes brillantes capricieusement jetées sur le sévère manteau de l'histoire ; elles ont leur mérite propre et leur spéciale utilité. Si elles amusent les enfants par des récits colorés où le merveilleux domine, elles captivent l'attention du moraliste, qui sous la lettre pittoresque et bizarre trouve le sens caché, la leçon féconde et les précieux enseignements. Tant pis pour ceux qui ne voient dans la légende, autre chose qu'un puéril passe-temps, un vain hochet de l'imagination ; tant pis pour ceux qui, méconnaissant le conseil de Rabelais ne rompent pas l'os pour y trouver la moelle. Que ceux-là n'ouvrent pas le livre de M. Amédée de Ponthieu, ils n'y trouveraient peut-être point tout ce qu'ils aiment et recherchent. Cependant ce livre, de bonne volonté, s'il en fut jamais, a été fait pour tous ; les gens du monde le dégusteront avec plaisir, les érudits en seront satisfaits. On y verra un auteur plein de son sujet et convaincu de l'excellence de sa mission ; il nous retrace lui-même dans sa préface écrite d'un style ample et fier, le but qu'il a poursuivi, la cime qu'il a voulu atteindre :

« C'est en vain, dit-il, que les historiens nous étourdissent avec le fatras d'une érudition savante, c'est en vain qu'ils suivent pas à pas les faits et gestes des hommes célèbres, les louant ou les blâmant avec une impartialité souvent hypothétique dans les siècles obscurs où le fil de l'histoire est interrompu ; toujours ils regardent en haut sur le trône et jamais en bas où végète le peuple ; ils ne font pas une histoire nationale, mais une histoire royale. »

« Le peuple est oublié dans la grande ombre que projette toujours le profil gigantesque d'un héros ou d'un roi. Ou bien s'enfermant dans une chronique trop locale où l'île de France a toujours les plus belles pages, ils oublient que la nation s'étend du pied des Pyrénées aux rives du Rhin, des Alpes aux confins de la vieille Armorique, et que c'est dans ce grand espace que palpite le cœur de la France. »

« Dans quelques siècles, tous ces gros volumes d'histoire feuilletés par les savants, seront réduits en poussière, parce qu'ils n'ont pas été inspirés par le souffle national, tandis que la légende vivra toujours. L'histoire périra parce qu'elle est partielle ; la légende sera éternelle, parce qu'elle est juste et vraie. »

« C'est par les sentiers fleuris des récits légendaires qu'on pénètre jusqu'à l'âme du peuple ; avec les traditions nous nous asseyons à la veillée, au foyer du paysan de France, nous causons avec lui à cœur ouvert. C'est dans ces annales populaires que nous savons ce qu'il pense, ce qu'il souffre, ce qu'il aime, ce qu'il espère ; c'est dans ces récits intimes, éclos au seuil de la chaumière, dans ces modestes, mais pittoresques chuchottements du peuple, tantôt symboliques avec les légendes du bonhomme *Misère* et du *Juif-Errant*, tantôt patriotiques avec la légende de *Rolland*, qu'il a pour ainsi dire infusé ses idées, ses croyances, ses misères, ses défaillances aux époques sombres, ses colères, ses ambitions ; et nous avons le modeste espoir, en les groupant autour des grandes fêtes qui nous servent de jalons dans ce monde infini et charmant de petites traditions, de faire aimer davantage notre belle France, la plus héroïque, la plus chevaleresque, la plus poétique de toutes les nations. »

Sans partager avec le même enthousiasme lyrique cette manière de déprimer l'histoire pour exalter la légende, nous devons reconnaître que M. Amédée de Ponthieu est dans le vrai lorsqu'il flagelle l'*histoire-bataille* si oublieuse des traditions populaires, si dédaigneuse des faits intimes du bon peuple de France !

Aussi bien, le lecteur ne nous démentira pas lorsque nous lui affirmerons que le livre des fêtes légendaires est un ouvrage qu'on peut lire et relire sans éprouver d'ennui. Commençant par la grande fête de Noël, M. de Ponthieu suit avec une pieuse érudition l'église catholique dans la voie de ses antiques solennités ; il nous raconte les mystères de la crèche, les joies de l'Épiphanie, les mortifications du Carême, les douleurs de la Passion, les allégresses et les triomphes des grands jours de Pâques, puis la Pentecôte, la Fête-Dieu, etc. Prenant soin de répandre à profusion sur ce chemin sacré les mille fleurs des légendes, chaque particularité, chaque détail, chaque incident a la sienne ; on est étonné de trouver une cause aux plus petits faits ; à chaque dévotion correspond une légende ; c'est ainsi que l'auteur nous donne la clef d'une foule de pratiques et l'origine de bien des superstitions. Tout cela est intéressant, tout cela est utile. Parmi tant de récits charmants, nous avons remarqué les légendes de la Rose, du drapeau Français et des Trépassés. Toujours gracieux et fleuri, le style de l'auteur se prête à tous les genres d'émotion, aux scènes les plus touchantes, aux aventures burlesques ; nerveux et flexible il excelle dans l'art des transitions ; il jette au vent ses fusées joyeuses, il lance sa pointe ironique et termine souvent sa narration par un trait malicieux. Tour à tour naïf, plaisant, triste et légèrement railleur, M. de Ponthieu tient son lecteur en haleine et jamais ne le fatigue.

Cependant, je lui reprocherai quelques imperfections de style, assez rares, il est vrai ; le laisser-aller convient à ce genre de travail, il en est même un des charmes, pourvu qu'il ne tombe pas dans l'incorrection.

En somme, sachons gré à l'auteur d'avoir voulu rappeler à notre époque trop positive et trop prosaïque, les poétiques solennités de la religion, les pieuses traditions de la famille, les réjouissances naïves et touchantes dont nos aïeux ravivaient le foyer domestique.

En terminant cette courte notice, nous ne pouvons résister au plaisir de citer au hasard un des récits de M. Amédée de Ponthieu ; du reste, ce sera le meilleur moyen de faire connaître sa manière et apprécier son ouvrage.

Suit l'extrait.

(*Le Messager de l'Allier*, 18 mars.)

J. B.

C'est dans les légendes que nous retrouvons l'âme naïve et fière des siècles écoulés. Fouiller cette respectable poussière pour en exhumer les traditions anciennes, les mœurs oubliées, les œuvres perdues, est un soin que notre époque ne dédaigne pas. Aussi envieux des dépouilles du passé, que jaloux des conquêtes de l'avenir, le temps présent abjure les gothiques préjugés, les haines systématiques ; de tout il cherche à faire son profit. Dans les arts, il recherche les formes anciennes qui sont vraiment dignes de lui servir de modèles ; il collectionne les vieux débris qui pour lui deviennent sujets d'étude. Dans les lettres, il ne craint pas d'aller puiser aux sources pures de l'antiquité. Enfin, chose remarquable, jamais siècle n'eut plus que le nôtre, je ne dirai pas le culte, mais la curiosité des choses du passé.

Les légendes sont aussi de vieux débris, débris touchants des croyances et des superstitions populaires; débris poétiques d'une civilisation qui eut ses grandeurs et ses vicissitudes. Miroirs naïfs de ces âges de foi qui assistèrent au développement triomphal du christianisme, au spectacle gigantesque des croisades, aux splendeurs guerrières de la chevalerie, les légendes ne sont pas seulement des contes faits pour complaire aux imaginations amoureuses du merveilleux, elles sont le complément et la moelle de l'histoire.

Il y avait une fois un célèbre magicien, artiste consommé dans la sculpture et la mécanique. Après avoir pendant un demi-siècle étudié les diverses parties du corps humain, il entreprit de créer un homme véritable qui fonctionnerait comme les habitants de notre planète. Il y parvint, et quand il eut achevé la plus parfaite des statues, il plaça dans sa poitrine un ressort merveilleux qui lui donna la vie. Puis il la lança dans le monde; mais les fils d'Adam ne voulurent point reconnaître ce nouveau frère, ils le repoussèrent et s'éloignèrent de lui. Ce qu'ayant vu, le magicien en fut grandement étonné. Pourquoi, dit-il tout haut, les hommes méprisent-ils mon œuvre, n'est-elle pas en tout semblable à eux ? — Semblable en tout, non pas, lui répondit un enfant de la plèbe en haillons; ton fils est beau, il est fier, il est bien vêtu, mais il a un ressort à la place du cœur.

Eh bien, l'histoire sans les légendes ressemblerait déjà à la statue du magicien dont les hommes fuyaient la compagnie.

Telle est la portée des légendes.

Pénétré de cette vérité élémentaire, M. Amédée de Ponthieu, dans un livre charmant que tout le monde sera heureux de feuilleter, a groupé une myriade de légendes autour des grandes fêtes du christianisme. Il l'a fait avec un goût exquis, un ordre plein d'à-propos et une convenance irréprochable. Son livre est intitulé : *Fêtes légendaires*; il a pris un soin scrupuleux de le justifier. Avec quelle érudition de bon aloi, avec quelle grâce de style l'auteur nous raconte l'origine de toutes ces pratiques pieuses, de toutes ces étranges superstitions dont nos pères émaillaient si bizarrement leurs robustes croyances ! Au moyen âge, chaque dévotion particulière a sa légende ; chaque cérémonie trouve sa raison d'être dans une légende ; la légende est partout, elle se mêle à tout.

Ce n'est donc pas là un de ces livres frivoles destinés à vivre ce que vivent les roses dont il nous a raconté si gracieusement la ravissante histoire, c'est un livre qu'il faut lire ; ouvrez-le seulement et j'affirme que vous y reviendrez jusqu'à ce que vous en aurez achevé la lecture.

La meilleure et la plus sûre manière de recommander au public ce travail consciencieux et utile, ce serait d'en donner quelques extraits ; mais l'espace nous manque et nous nous bornerons à citer ici, comme exemple pris au hasard, la sombre et funèbre légende des angoisseux de la nuit de Noël. (Suit l'extrait.)

En terminant ce compte rendu, disons à M. de Ponthieu que son livre des *Fêtes légendaires* sera à son tour fêté et bien accueilli par le public. Il lui sera tenu compte, surtout, de ce qu'il a voulu rappeler à notre siècle, si difficile à amuser, si raffiné dans ses somptueux plaisirs, les joies simples et modestes de la famille, les joyeuses traditions d'autrefois et la manière dont nos pères plus poétiques et plus pieux que leurs fils charmaient leurs loisirs et sanctifiaient leurs foyers.

(*Mémorial de l'Allier*, 10 mars.)

HIPPOLYTE BONNETON.
Membre de plusieurs sociétés savantes.

Nous venons de lire avec intérêt le nouvel ouvrage d'un écrivain à l'imagination vive et poétique. M. Amédée de Ponthieu semble s'être voué à la résurrection de ces vieilles et touchantes légendes, qui, si longtemps chantés par les Troubadours et les Trouvères, ont charmé nos ancêtres, et qui tendent tous les jours à s'évaporer au souffle de ce rude et sévère positivisme qui s'appelle le dix-neuvième siècle... Ce courage a bien son mérite.

Le volume M. de Ponthieu a pour titre *les Fêtes légendaires*.

Ce titre est parfaitement exact : ses gracieuses promesses sont fidèlement tenues par l'auteur dans tout le cours de l'ouvrage.

On revoit avec émotion ces légendes sacrées ou profanes qui se rattachent aux fêtes catholiques et aussi aux fêtes locales de maintes villes ou villages de France. Nous avons surtout remarqué la partie de l'ouvrage qui se rapporte aux *Fêtes de Pâques*. C'est une monographie des plus complètes : aucun récit n'est oublié, de l'histoire de la résurrection de Jésus jusqu'à celle, plus humble, des petits œufs durs dont on fait encore une si grande consommation dans notre bonne ville de Paris.

M. de Ponthieu semble en maint endroit se plaindre de ce que

nous n'aimons plus les légendes. Que lui importe? Nous lirons toujours les siennes. Pour être cueilli sur des tombeaux, son bouquet n'en est pas moins d'un arrangement exquis et d'une odeur enivrante.
(*La Fraternité du 6 mars.*)

EDOUARD VALLIER.

Ceci n'est pas précisément, il faut bien l'avouer, *La légende des siècles* de Victor Hugo, mais qu'importe! Si l'aigle plane au haut des cieux, le passereau peut voleter dans la prairie, puisque Dieu leur donne des ailes à tous deux.

D'ailleurs, si l'histoire de l'humanité crayonnée au fusin par le grand poëte est plus épique, les *Fêtes légendaires* ont leur côté plus facilement accessible. Elles parlent à l'imagination du rêveur, elles plaisent aux esprits simples qui ont la foi robuste; elles nous reportent surtout aux premiers jours de notre enfance, et c'est peut-être ce qui nous touche le plus en elles. Je me figure que M. Amédée de Ponthieu a dû s'arrêter par un beau jour d'été sous le porche d'une vieille église de village. Les cloches envoyaient leurs joyeuses volées dans l'air; le curé souriait en passant par les rues qui se tendaient de blanc. Les bonnes gens, dans leurs habits du dimanche, entraient à l'église escortant des jeunes filles chargées de fleurs. A ce gracieux spectacle, M. Amédée de Ponthieu s'est senti attendri et le germe du livre que nous venons de lire était déposé dans son esprit.

La part de la compilation est nécessairement la plus considérable dans une œuvre comme celle-ci. Il a fallu une patience de bénédictin pour réunir tous les matériaux de ce livre: *Noël et ses légendes, Les vieux Noëls, l'Epiphanie, Le Carême, La légende des Rameaux, Les œufs de Pâques, La Pentecôte, Les feux de de la Saint-Jean, La dernière hirondelle,* et enfin *La légende des Trépassés.*

Ce mérite du compilateur n'est pas le seul que nous ayons à louer dans le livre de M. Amédée de Ponthieu. Toutes ses légendes sont choisies et groupées avec beaucoup d'art, diversifiées de façon à faire succéder la note gaie à la note triste, le rire aux larmes. Quand une anecdote se rencontre sous la plume de l'historien des *Fêtes légendaires*, elle est toujours contée d'une façon charmante, avec une bonne humeur exempte de prétention qui rend la lecture du livre facile et agréable. En voilà plus qu'il n'en faut pour assurer le succès du livre de M. Amédée de Ponthieu. Il sera bientôt dans toutes les mains.

(*La joie du Foyer*, 1 juin 1866.)

Francis Tesson.

Les Fêtes légendaires. Tel est le titre d'un gracieux volume que vient de faire paraître M. Amédée de Ponthieu.

Après nous avoir fait assister à l'origine des légendes, l'auteur place sous nos yeux les récits merveilleux auxquels ont donné naissance nos principales fêtes, Noël, Pâques, la Pentecôte, la Saint-Jean, etc., etc. Lisez le livre ; il est écrit avec beaucoup de charme et d'esprit ; vous y puiserez à pleines mains les plus amusantes anecdotes, tout en y trouvant une lecture instructive que vous verrez trop tôt finir.

Puisse le succès mérité qu'a déjà obtenu le volume des Fêtes légendaires, encourager l'auteur à poursuivre son œuvre et à nous donner bientôt un livre nouveau. Tout est légende en France et, tous nous aimons ces récits surnaturels. Du reste, disons-le avec M. de Ponthieu, c'est par les légendes qu'on pénètre jusqu'à l'âme du peuple ; « c'est avec les traditions que nous nous asseyons, à la veillée, au foyer du paysan, que nous causons avec lui à cœur ouvert ; c'est par ces modestes et pittoresques annales que nous savons ce que le peuple pense, ce qu'il souffre, ce qu'il aime, ce qu'il espère ; c'est dans ces récits intimes, éclos pour la plupart au seuil de la chaumière, qu'il a pour ainsi dire infusé ses idées, ses croyances, ses misères, ses défaillances, ses colères et ses ambitions. »

Conservons donc précieusement nos légendes ; elles sont d'ailleurs le berceau de notre histoire et vivront plus longtemps qu'elle.

(*Le Contentieux administratif*, mai 1866.)

Théophile Lukomski.

C'est à Vals, mes amis, sur les rives de la Volane, non loin des belles ruines du château d'Entraigues, au milieu des torrents, des rochers, des colonnades basaltiques, des grottes fraîches, des volcans éteints, des chutes d'eau et des mille souvenirs historiques de grandes guerres religieuses, qu'il fera bon lire l'instructif et charmant ouvrage qu'un de nos collaborateurs vient de publier sous ce titre : *Les Fêtes légendaires*.

M. Amédée de Ponthieu, qui prépare encore *Une Poignée de légendes* et les *Légendes du vieux Paris*, est l'homme de ce siècle sceptique qui comprend le mieux et nous fait le mieux comprendre la poésie du passé, les touchantes traditions des âges simples et naïfs.

« C'est, dit-il, dans son introduction, c'est par les sentiers fleuris des récits légendaires qu'on pénètre jusqu'à l'âme du peuple. Avec les traditions, nous nous asseyons, à veillée, au foyer du paysan de France, nous causons avec lui à cœur ouvert. Nous avons le modeste espoir, en les groupant autour des grandes fêtes (*Noël, l'Épiphanie, le Carême, Pâques, la Pentecôte*, etc)... de faire aimer davantage notre belle France, la plus héroïque, la plus chevaleresque, la plus poétique de toute les nations. »

Pieux dessein, intelligente et patriotique entreprise, espoir légitime, qui, nos y comptons, ne sera point déçu.

(*Revue illustrée*, 8 avril 1866.)

HENRI D'AUDIGIER.

« Chaque fête a son cortége de coutumes et de traditions charmantes que les siècles se sont fidèlement transmises ; elles symbolisent d'une manière populaire le grand événement religieux ou historique dont elles sont, pour ainsi dire, la couronne poétique.

« Noël a son arbre magique qui produit joujoux et bonbons, et le bonhomme légendaire vidant ses poches généreuses dans le petit soulier du riche comme dans le sabot du pauvre.

« Les rois ont leur galette avec la fève et le joyeux cri du *roi boit*.

« La Fête-Dieu a ses reposoirs de fleurs, ses guirlandes et ses processions.

« La Saint-Jean a ses feux de joie.

« Pâques fleuries ses verdoyants rameaux enjolivés de rubans, de devises et d'œufs rouges.

« La Vierge d'août, la première grappe de raisin et la gerbe fleurie.

« Pâques a ses œufs à surprises, émotions charmantes qui font époque dans la vie des bambins. Plus tard, les croix, les places et les honneurs seront les joujoux de ces enfants devenus grands auxquels les innocentes émotions de l'œuf de Pâques ne suffisent plus.

Qui parle ainsi?

M. Amédée de Ponthieu dans son excellent livre *les Fêtes légendaires*.

M. Amédée de Ponthieu est un de ceux qui ont conservé très-vif le souvenir des récits fabuleux qui ont charmé notre enfance. Il a cru que les hommes, grands enfants qu'ils sont, — pourraient bien eux aussi, écouter avec plaisir toujours, avec émotion quelquefois, les récits de ces merveilles avec lesquelles nos nourrices ont bercé nos premiers ans : M. Amédée de Ponthieu ne s'est pas trompé, et il y a dans ses *Fêtes légendaires* autre chose qu'un simple travail de compilation. Il y a aussi dans l'art de grouper les diverses légendes, dans le charme du récit, dans la douce émotion qu'il éveille souvent, un vrai talent que nous sommes heureux de reconnaître.

Un pareil livre ne s'analyse pas, il se lit. Lisez-le donc, mesdames. Pour vous en donner un avant-goût, je voudrais choisir entre ces légendes la *Dernière Hirondelle*. Après nous avoir montré la dernière hirondelle partant en même temps que meurt la dernière rose; après nous avoir conté l'histoire du martinet et du roitelet que les Normands, dans leurs langage naïf, appelaient mignonnement les *petites poulettes du bon Dieu*, l'auteur sent le besoin de nous égayer un peu. Il nous montre les chiens de Chantilly à la messe. Cette messe avait pour but d'éloigner des chiens le mal d'oreille, les crevasses, les morsures des serpents, les piqûres des plantes vénéneuses, la blessure des sangliers et surtout la rage et les accidents de chasse. Rien n'était omis dans la liturgie spéciale. Ainsi l'aumônier du château montait en chaire et faisait aux chiens un discours et les sermonnait sur les devoirs de leur état, leur recommandant avant toutes choses, de respecter la couvée bénie de Dieu, les oiseaux utiles au laboureur.

Tous les chiens devaient écouter en silence, il était même expressément défendu de bailler d'une façon incivile...

Mais ce n'est point là la légende que je dois vous conter. Nous sommes en pleine fête de Pâques au moment où vous lisez ces lignes, chères mesdames, et vous me demandez peut-être de vous conter les légendes de Pâques, car elles sont nombreuses. Je laisse cette tâche M. Amédée de Ponthieu. Ouvrez son livre et lisez.

(*L'Illustrateur des dames et des demoiselles, avril* 1866.)

CHARLES VINCENT.

J'ai à vous parler de ce charmant ouvrage que vient de publier M. Amédée de Ponthieu sous le titre des *Fêtes légendaires*.

Lisez-le, car c'est un bon et un joli livre que ce recueil, écrit de ce style alerte et fantaisiste que vous connaissez depuis longtemps déjà à notre spirituel collaborateur. Pour moi, de la première à la dernière page, je l'ai lu d'une seule haleine, avec intérêt et avec plaisir. Avec intérêt; car la légende, ai-je besoin de le dire, est l'histoire de l'homme. Elle est l'expression d'une vérité, et partant, au fond, toujours sérieuse, philosophique et moralisatrice.

Notre auteur ne perd pas son temps en réflexions fatigantes, en rapprochements savants. Le récit en est plus vif, plus dégagé et néanmoins j'ai envie de lui reprocher cette lacune. « L'antique Asie, dit-il quelque part, revit tout entière dans les récits fabuleux que le moyen âge nous a légués. » Cela est vrai de tout point. Mais quelle bonne occasion de fouiller dans ce vieil Hindoustan qui inspira les philosophes grecs et l'école d'Alexandrie et qui marqua de son signe, avant de les rejeter au delà de l'Himalaya, les hordes Germaines et tartares. C'est par cette voie autant que par le chemin de la Grèce et de Rome que sont venues jusqu'à nous les légendes religieuses de brames et les rêves des gymnosophistes, les aïeux de nos francs-maçons.

Ce que M. de Ponthieu ne dit pas se devine. Borné par le plan qu'il a imposé à son œuvre, il vous laisse le facile loisir et la satisfaction d'ajouter à sa chansonnette plusieurs couplets que vous êtes tout surpris de chanter de souvenir.

Parcourez *Noël et ses légendes*, que de vérité que de couleur dans ces contes d'autrefois, enfants trouvés Dieu sait où, au hameau, à la ville, dans les forêts, dans les montagnes. Ne croyez pas que M. de Ponthieu ait eu le mauvais goût de les habiller aristocratiquement pour les faire défiler devant vous. Non, il leur a conservé leur originalité rustique, leur cachet de vieille jeunesse; ils passent, celui-ci triste celui-là folâtre, quelqu'un un peu, pas trop, mal élevé, de telle sorte que la vertu la plus austère n'a rien à redire. Que d'attrait dans la description des anciennes fêtes et des naïves cérémonies dont notre siècle n'a pas encore tout à fait déraciné l'usage dans nos campagnes; idyles villageoises, noëls composés par le cœur, qui auront toujours leur charme de simplicité.

La légende de la Rose est la perle de l'écrin. A elle seule, elle vaut mieux qu'un roman des mieux ourdis. « Aujourd'hui, 1er mai, j'ai là, devant moi, une branche de rosier à l'extrémité de laquelle s'épanouit en éventail odorant une belle rose, messagère de l'été. Un peu plus bas, à quatre épines de distance, se bifurque une autre branche plus faible terminée par la pointe tailladée d'un bouton prêt à faire craquer la capsule verte et veloutée qui l'emmaillote. » Voilà le début et tout est aussi gracieux jusqu'à la dernière ligne.

Je laissais passer : les *prédicateurs burlesques*. Vous y apprendrez bien des choses que vous saviez, mais que vous avez oubliées. C'est tout un livre. Les prédicateurs du dix-septième siècle font figure, Cotin à leur tête, l'abbé Cotin que Boileau et Molière ont immortalisé et que M. de Ponthieu couronne, à son tour, d'une auréole singulière.

Tournez quelques feuillets ; vous avez là une légende de circonstance : la Pâque. Que de recherches condensées dans ce chapitre ! L'histoire, la chronique poudreuse, le conte léger, la légende se suivent et vous enchaînent. La Pâque des Hébreux, des chrétiens; triste destinée des Juifs durant le moyen âge; la Pâque de l'an mil; terreur du monde chrétien; presque tout le sol de la France devenu bien de mainmorte ; les Vêpres Siciliennes, le joujou et son histoire : vous touchez à tout sans sortir du jour de Pâques. L'omelette de la tradition a ici ses annales. Je voudrais citer une anecdote, mais laquelle choisir? Au moins la touchante légende de Marguerite d'Autriche; mais ce serait trop peu pour déflorer le plaisir que vous aurez à la lire dans son cadre. A chaque instant vous rencontrez une curiosité historique que l'auteur a ramassée en courant et qu'il a gentiment incrustée dans son récit.

Tout n'est pas là. Je me repends presque d'avoir élaboré cette maussade tartine; j'aurais bien mieux fait de reproduire tout simplement la table de l'ouvrage. Il vous aurait fait plus d'envie. Or, je vous préviens qu'il aura une vogue durable, parce qu'il a la fraîcheur de son sujet.

(*Courrier du Gers* du 5 avril 1866)

L.-S. SABATIER.

SUR LES FÊTES LÉGENDAIRES

M. de Ponthieu, connu par sa collaboration à plusieurs journaux, a surtout pour but d'étudier les légendes. Aujourd'hui il nous parle des fêtes légendaires. On y trouve une plume délicate qui s'affermit, des nuances douces, des recherches sérieuses, en un mot toutes les qualités qui commandent le succès.

Dans une introduction élégamment écrite, l'auteur recherche l'origine des légendes ; il les attribue à diverses causes : d'abord, comme il le dit lui-même, « le besoin inné chez tous les peuples de traduire leurs impressions et leur admiration pour les héros et de consigner, dans des traditions qui se transmettent de génération en génération, les cataclysmes terribles qui ont fait époque dans leur vie ; » l'ignorance qui domine certains siècles ; les récits des croisés, des trouvères et leur fertile imagination ; la cupidité de certains ordres religieux qui créent des miracles pour attirer aux pèlerinages et aux monastères une foule crédule et généreuse ; le sentiment profond de la justice divine.

Cette division répond aux besoins de l'histoire, mais qui de nous ne se rappelle avec plaisir les récits de la légende ; elle est en nous dès nos premières années et ne fera que croître. Nous tremblions aux cruautés de Barbe-Bleue, nous aimions ces quatre fils Aymond unis par l'amitié ; plus tard on nous représente, pour répondre à nos jeunes goûts guerriers, cette épée de Roland laissant sa trace dans le roc de Roncevaux ; le diable avec sa hardiesse jetant des ponts sur les torrents, perçant les montagnes, ouvrant de larges cratères dont le feu embrase l'espace, d'autres fois plus doux, faisant le bien d'un pays entier ; il lui faut sa pâture, ses victimes. Alors arrive un saint qui lutte avec lui et triomphe. Quelquefois on le prend par la ruse ; le premier être humain qui franchira sur le torrent sera un bouc, d'autres fois même une créature humaine, mais elle portera sur sa poitrine la croix ; le diable veut le saisir ; devant l'effigie du Christ il s'arrête et l'on montre la griffe gravée sur la pierre, le rocher qu'il a franchi et qui, écrasé par son poids, est tombé dans le torrent qui en mugit encore.

Et maintenant ces arbres miraculeux où l'on a trouvé des vierges, des piétas et qui sont enfermés dans des chapelles ; ces fontaines ouvertes à la voix des saints et qui donnent une eau si pure qu'on vient en recueillir pour la guérison des douleurs. Toutes ces légendes si naïves et en même temps aussi poétiques qu'elles sont gracieuses, nous reportent à nos premières années et qu'avec bonheur nous suivons un guide aussi sûr que M. de Ponthieu pour étudier les fêtes légendaires.

Nous regrettons de ne pouvoir analyser les dix-huit chapitres du livre intéressant dont nous rendons compte ; nous voudrions citer, mais on en revient toujours au panier des cerises de madame de Sévigné ; on choisirait la légende la plus poétique, celle qui vous a plu davantage, et si on la compare à sa voisine on se demande si l'on ne s'est pas trompé, si la suivante n'était meilleure et l'on se borne à engager le lecteur à acheter le livre où il trouvera de gracieux récits pour la famille, une lecture toujours facile et remplie d'intérêt. Les soirées d'hiver sont longues, les jours de pluie sont fréquents ; la neige déjà a non-seulement couvert les Alpes et les Pyrénées, mais elle a jeté à Paris sa froide carte de visite ; garantissez-vous, lecteur, contre l'ennui et vous trouverez dans M. de Ponthieu un auteur attrayant, toujours sûr de vous plaire.

Cependant essayons de vous donner un aperçu de cet ouvrage ; c'est d'abord Noël, que l'on chante partout, fête si populaire en France ; qui ne se rappelle en Artois le gâteau dû à l'enfant ; en Flandre et surtout en Angleterre le repas si prolongé ; partout cette réunion au sortir de l'office de minuit. M. de Ponthieu nous donne de précieuses indications ; selon lui, les chrétiens célébraient la fête de Noël au mois de mai, lorsque la nature revient à la vie et se régénère au milieu des pâquerettes et des roses en bouton.

Le pape Jules Ier, de 337 à 352, célèbre par l'appui qu'il accorda à saint Athanase contre les ariens, fixa la fête au 25 décembre. Nous donnons cette indication sous toutes réserves, mais la légende du prêtre forcé par les angoisses du purgatoire de célébrer une messe fantastique et se retrouvant seul parce que ses prières avaient été exaucées, est d'un grand charme. Les trois bohémiens disant la bonne aventure au petit Jésus sont un récit curieux ; les nombreux noëls conservés offrent de l'intérêt. Mais nous nous apercevons que si nous voulons analyser et même indiquer chaque chapitre, notre article serait trop long pour l'espace qui nous est consacré. L'auteur parle de l'Épiphanie et de ses légendes, en un mot des principales fêtes de l'année. La naissance de la rose, sortie d'un sourire le jour qui précéda la chute d'Ève ; comment de blanche elle devint rouge, tombée de la chevelure d'Ève lorsqu'elle fût chassée du paradis ; comment Jésus et Marie pleurant sur des roses desséchées versèrent des larmes si abondantes que la rose reprit la vie et redevint blanche ; tous ces détails forment un chapitre traité avec la plus grande délicatesse. On voit que l'auteur aime la rose, cette gracieuse reine des fleurs dont on n'enlèvera point le sceptre; il lui consacre quatre chapitres : la rose chez les anciens, la rose au moyen âge, la rose chez les modernes. Nous le félicitons sincèrement, car il a trouvé le moyen de rendre poétique l'aridité des recherches historiques ; il a entremêlé son récit de piquantes anecdotes, soit dit sans le moindre calembour ; il nous a montré le rôle que la rose a toujours joué, depuis la fête des rosières jusqu'à la gerbe des moissons qui en est parée, et il nous représente cette belle fleur offerte à la fiancée et couronnant le cercueil de la vierge enlevée dans ses premières années.

Le chapitre consacré au drapeau français à l'occasion du 15 août est une histoire complète de ce glorieux symbole de notre nationalité. Il a pu changer depuis que les rois francs portaient un simple voile sur lequel saint Martin était représenté, depuis l'oriflamme déposée pendant la paix dans le monastère de Saint-Denys jusqu'à ce glorieux étendard victorieusement porté à travers l'Europe et protégeant de son ombre tous les peuples en souffrance. Laissons la parole à M. de Ponthieu, c'est un moyen de faire connaître son sincère patriotisme et en même temps la vigueur de son style :

« Saluez-le, jeunes gens, avec orgueil et respect, car le regard mourant de nos aïeux tués sur le champ d'honneur a été fixé sur lui. Et si l'ennemi voulait le prendre, plus d'un sortirait de sa tombe pour venir le défendre. Quand vous le verrez passer, saluez-le avec amour, car c'est la France qui passe et soyez toujours prêts à mourir pour sa gloire et son honneur.

» Le plus glorieux de tous, c'est celui de la France, et lorsqu'il flotte sur un pays, on peut dire que c'est l'arc-en-ciel de la liberté et de la civilisation. »

(*L'Analyse*, mois d'octobre 1866.)

Comte ACHMET D'HÉRICOURT.

Voir encore *le Petit Journal* du 26 mars 1866 ; Timothée Trimm. — *L'Événement* du 1er mai 1866 ; Émile Zola : — *Le Journal Illustré* du 1er avril 1866 ; E. Chavette : — *Le Soleil* du 10 juillet 1866 ; Xavier Eyma : — *Le Progrès* (*revue de Bordeaux*) du 15 avril 1866 ; René Biémont : — *La Gazette des étrangers*, du 16 juin 1866 ; Edmond Dardenne : — *La Jeune Revue*, mai 1866 ; — *Courrier du Jura*, 21 août 1866 ; Harry Milner ; — *La Gazette des enfants*, 20 mai 1866,

Félix Frank; — *La Liberté*, 20 août 1866 ; A Rosely ; — *La Revue populaire de Paris*, mois de novembre 1866; — *Le Courrier du Pas-de-Calais*, 25 octobre ; — *Le Léman*, 28 octobre 1866... etc...

Je remercie mes confrères de Paris et de province qui ont salué de la plume et du cœur d'une manière aussi courtoise qu'affectueuse mon ouvrage : les *Fêtes légendaires* ; ainsi que tous ceux dont le nom ne m'est pas parvenu et qui ont toujours accompagné leurs nombreux extraits de paroles aussi bienveillantes que flatteuses.

Amédée de Ponthieu.

Clichy. — Imprim. Maurice Loignon et Cie, rue du Bac-d'Asnières, 12.